Impact 전산회계 2급

박춘발 저

합격하는 암기를 위한 Impact Point 수록

시험에 빈출되는 문제를 유형별로 정리하여 수록

공부 방향을 결정하는 기출문제 분석 자료 수록

머리말

본서는 한국세무사회에서 주관하는 전산회계2급 시험을 준비하는 수험생들이 효율적으로 합격하는 공부 방법에 대한 수단을 제공하기 위하여 쓰여진 책입니다.

전산세무회계 자격증은 국가로부터 인정받은 공인자격증입니다. 매년 상당수의 수험생이 전산세무회계 자격증을 취득하기 위하여 많은 노력들을 하고 있습니다. 또한 많은 기업체에서도 검증된 실력을 갖춘 좋은 인재를 채용하기 위하여 전산세무회계 자격증 취득자를 우대하고 있는 상황입니다.

본서는 전산세무회계 자격증에 도전하는 많은 수험생의 노력을 합격으로 이어보고자 집필하게 되었고 효율적으로 합격하는 공부 수단을 제공하기 위하여 아래와 같은 특징으로 구성되었습니다.

> **첫째,**
> 회계와 세법의 기본적인 개념 위주로 이해하고 암기하도록 구성하였습니다.
>
> **둘째,**
> 공부의 연속성을 위하여 이론편 - 예제문제편 - 회계처리편 - 실무능력편 - 기출문제편으로 각편을 구분하여 구성하였습니다.
>
> **셋째,**
> 복잡한 내용은 과감히 삭제하고 시험에 출제되는 내용 중심으로 구성하였습니다.

본서를 출간하기까지 많은 분들로부터 도움을 받았습니다. 웅지세무대학교의 서문교 교수님, 박석재 팀장님, 한국직업개발원의 김형기 실장님, 안동주 대리님, 한기범 주임님, 후배 박부현 세무사님, 세무회계이수의 이예지 세무사님, 박소영님, 서지현님, 이수진님, 인향기님, 형설출판사의 황승주 상무님, 최수환 과장님께 깊은 감사를 전합니다.

끝으로 본서로 공부하는 수험생들의 합격을 기원하며, 응원합니다!

2021년 7월
수험생들의 합격을 기원하며
박춘발 씀

목차

PART 01. 회계 원리   11

Chpater 01. 회계의 기초이론   12
- 제1절 회계의 기본개념   12
- 제2절 재무상태표의 이해와 작성   16
- 제3절 손익계산서의 이해와 작성   24
- 제4절 회계의 기록과 순환과정   30

Chpater 02. 계정과목별 회계처리의 이해   42
- 제1절 당좌자산   42
- 제2절 재고자산   47
- 제3절 유가증권   53
- 제4절 유형자산   56
- 제5절 무형자산   62
- 제6절 기타비유동자산   66
- 제7절 부채   67
- 제8절 자본   69
- 제9절 수익의 비용   70
- 제10절 결산   76

PART 02. 예제문제   81

Chpater 01. 회계의 기초이론 예제문제   82
Chpater 02. 계정과목별 회계처리의 이해 예제문제   101

PART 03. 회계처리   163

Chpater 01. 회계처리   164
- 제1절 회계의 순환과정   169
- 제2절 당좌자산   176

제3절 재고자산	185
제4절 유가증권	193
제5절 유형자산	194
제6절 기타비유동자산	199
제7절 부채	200
제8절 자본	205
제9절 수익과 비용	207
제10절 결산	218

PART 04. 실무능력 … 229

Chpater 01. 실무능력 … 230

제1절 실무시험 개요	230
제2절 기초정보관리	231
제3절 전기분 재무제표 수정 및 추가 입력	238
제4절 일반전표입력	243
제5절 오류수정	253
제6절 결산	262
제7절 제장부조회	269

PART 05. 기출문제 … 285

Chpater 01. 기출문제 분석	286
Chpater 02. 제88회 전산회계 2급 A형	288
Chpater 03. 제90회 전산회계 2급 A형	297
Chpater 04. 제91회 전산회계 2급 A형	306
Chpater 05. 제92회 전산회계 2급 A형	315
Chpater 06. 제93회 전산회계 2급 A형	325
기출문제 정답	336

Impact(임팩트) 합격 학습 방법

1. 합격하는 Impact(임팩트) 교재의 구성
시험은 합격하는 것이 궁극적인 목표가 될 것입니다. 물론 회계의 복잡한 논리를 이해하고 세법의 이면에 있는 법의 취지를 이해하는 것이 가장 좋지만 개인에게 주어진 가용시간과 환경이 다르기 때문에 본서에서는 단기간 내에 합격할 수 있는 학습 컨디션을 제공하기 위하여 아래와 같이 교재를 구성하였습니다.

2. 합격하는 Impact(임팩트) 학습방법
최단기간 내에 시험에 합격하기 위해서는 효율적인 공부방법이 필요합니다.

구분	내용
1. 이론편	강의와 병행하여 가장 많은 노력을 투입해야 하는 부분입니다. 재무회계는 회계처리를 잘 할 수 있도록 공부하여야 하며, 원가회계는 이론적인 부분의 이해와 계산문제를 잘 해결 할 수 있게 공부하여야 하며, 세법은 이론적인 부분의 이해와 신고서 및 서식을 작성할 수 있도록 공부하여야 합니다.
2. 예제문제편	이론편을 공부한 후 예제문제를 풀면서 이론을 날카롭게 다듬어야 하는 부분입니다. 예제문제를 풀면서 동시에 이론편이 암기가 될 수 있도록 하여야 합니다.
3. 회계처리편	전산세무회계 시험은 회계처리를 잘하여 기본적인 점수를 획득해야 합니다. 그리고 나머지 부분에서 어느 정도 점수를 획득하여야 합격할 수 있습니다. 회계처리편에서 학습할 때 이론편을 자주 보면서 회계처리에 대한 원리를 파악할 수 있도록 학습하여야 합니다.
4. 실무능력편	이론 공부를 충실히 하였다면 실무능력시험도 손쉽게 해결할 수 있습니다. 하지만 이론 공부가 아무리 충실하게 되었다 하더라도 연습을 하지 않는다면 좋은 점수를 획득할 수 없습니다. 따라서 실무능력편에서 어떻게 입력하여야 하는지에 대하여 학습을 하고 몇 번의 연습을 한다면 좋은 점수를 획득할 수 있습니다.
5. 기출문제편	위와 같이 학습 후 반드시 기출문제를 풀어보면서 마지막 점검을 하여야 합니다. 기출문제는 가장 좋은 교재이기 때문에 학습 후 최종적으로는 기출문제 3~6회 분량을 반드시 풀어 보아야 좋은 점수를 획득할 수 있습니다.

첫째, 강의와 함께 이론편을 충분하게 학습 하여야 합니다.
강의를 통하여 이해력을 높이고 예제문제를 풀면서 다시 이론편을 한번 더 공부해서 암기를 하여야 합니다. 암기에 도움을 주고자 'Impact(임팩트) 포인트'를 해당 Chapter 마지막에 수록하였으니 적극적으로 활용하셔야 합니다.

둘째, 회계처리 공부를 충분하게 학습 하여야 합니다.
일반적으로 제시된 문제에 대하여 회계처리를 할 수 있다면 그에 대한 회계지식도 함께 있다는 것을 의미합니다. 또한 전산세무회계시험은 회계처리에 대한 배점의 비중이 높기 때문에 회계처리를 잘 하여야 합격할 수 있습니다. 만약 회계처리가 잘 되지 않는다면 다시 이론편으로 돌아가 학습을 하여야 합니다.

셋째, 기출문제를 충분하게 풀어보아야 합니다.
기출문제는 가장 좋은 교재에 해당합니다. 기출문제를 3~6회 문제를 풀어본다면 시험적응력도 높아지며 학습한 내용을 최종적으로 점검하는 효과도 있습니다.

넷째, 어려운 공부를 하지 말고 가볍게 개념을 풍부하게 이해하고 암기하여야 합니다.
전산세무회계 시험은 아주 고난이도의 문제가 출제되지 않습니다. 설령 출제된다고 하더라도 아주 일부분에 해당합니다. 교재에 수록된 내용을 자주 다독하여 개념을 이해하고 암기를 하여 회계와 세법에 대한 지식을 쌓아가는 것이 좋습니다. 시험은 100점 만점이나 수석 합격하기 위해서 공부하기 보다는 일반적인 합격할 수 있도록 공부 하는 것이 효율적으로 공부하는 것입니다.

전산회계2급 시험 안내

1. 검정기준
대학 초급 또는 고등학교 상급수준의 재무회계(회계원리)에 관한 기본지식을 갖추고 기업체의 세무회계 업무보조자로서, 전산회계 프로그램을 이용한 회계업무 처리능력을 평가함.

2. 2021년 시험일정

종목 및 등급	회차	원서접수	장소공고	시험일자	합격자 발표
전산회계2급	제94회	01.20. ~ 01.26.	02.15. ~ 02.21.	02.21(일)	03.09(화)
	제95회	03.11. ~ 03.17.	04.05. ~ 04.11.	04.11(일)	04.27(화)
	제96회	04.29. ~ 05.06.	05.31. ~ 06.05.	06.05(토)	06.24(목)
	제97회	07.08. ~ 07.14.	08.02. ~ 08.07.	08.07(토)	08.26(목)
	제98회	09.01. ~ 09.07.	09.27. ~ 10.03.	10.03(일)	10.21(목)
	제99회	11.04. ~ 11.10.	11.29. ~ 12.04.	12.04(토)	12.22(수)

시험일정은 상황에 따라 변동될 수 있으므로 자세한 일정은 한국세무사회 국가공인자격시험 사이트 (http://license.kacpta.or.kr)에서 확인하여야 합니다.

3. 평가범위

종목 및 등급	구분	평가범위
전산회계2급	이론(30%)	회계원리
	실무(70%)	기초정보 등록 및 수정(20%) 거래자료 입력(40%) 입력자료 및 제장부조회(10%)

이론(30%)은 객관식 4지 선다형 필기시험으로, 실무(70%)는 PC에 설치된 전산세무회계프로그램(케이렙: KcLep)을 이용한 실기시험으로 함.

4. 합격자 결정기준 : 100점 만점에 70점 이상

MEMO

회계 원리

1. 회계의 기초이론
2. 계정과목별 회계처리의 이해

CHAPTER 01 회계의 기초이론

제1절 회계의 기본개념

1 회계의 개념 및 목적

회계란 회계정보이용자가 합리적인 판단과 의사결정을 할 수 있도록 기업의 경제적 활동에 관한 유용한 정보를 식별, 측정, 기록하여 이해관계자에게 제공하는 것이다.

2 회계의 종류

회계는 정보이용자, 목적 등에 따라 재무회계와 원가·관리회계로 구분할 수 있다.

구분	재무회계	원가·관리회계
목적	<u>외부 정보이용자</u>에게 유용한 정보를 제공	<u>내부 정보이용자</u>에게 유용한 정보를 제공
정보이용자	외부 정보이용자 (투자자, 채권자, 정부기관 주주, 거래처 등)	내부 정보이용자 (경영자, 관리자, 종업원 등)
전달수단	재무제표	형식이 없는 특정 보고서
작성방법	일반적으로 인정된 회계원칙을 준수하여 작성	특별한 기준이나 원칙 없이 작성
작성특징	과거 중심	미래 중심

3 기업(회사)의 분류

(1) 법률적 소유 형태에 따른 분류

기업은 법률적 소유 형태에 따라 개인기업과 법인기업으로 분류할 수 있다. 이는 기업을 소유와 경영의 분리 상태에 따라 구분하는 것이다.

구분	내용
개인기업	① 소유와 경영의 구분이 명확하지 않다. 　즉, 기업과 기업주가 대체로 일치된다. ② 법인기업보다 규모와 이해관계자가 적다. ③ 법인기업보다 자금조달 규모와 수단이 적다.
법인기업	① 소유와 경영의 구분이 명확하다. 　즉, 기업의 소유주인 주주와 기업을 경영하는 경영자로 구분된다. ② 개인기업보다 규모와 이해관계자가 많다. ③ 개인기업보다 자금조달 규모와 수단이 많다.

(2) 영업활동 형태에 따른 분류

구분	내용
상기업	상품을 구매해서 이윤을 붙여 판매하는 활동을 주요활동으로 하는 기업을 의미한다.
제조기업	제품을 제조해서 이윤을 붙여 판매하는 활동을 주요활동으로 하는 기업을 의미한다.
서비스제공기업	서비스(용역)를 제공하는 활동을 주요활동으로 하는 기업을 의미한다.

전산회계 2급 과정에서는 상기업이면서 개인기업에 대한 내용이 시험범위에 해당한다.

4 회계연도

기업이 영업활동을 통해 얻은 이익을 계산할 때는 인위적인 기간을 설정해야 한다. 이를 회계연도 또는 회계기간, 보고기간이라고 한다. 일반적으로 1월 1일(기초)부터 12월 31일(기말)까지를 1회계기간으로 하고 있다(현행 법률과 회계기준에서는 회계기간을 1년을 초과할 수 없다고 규정하고 있다.).

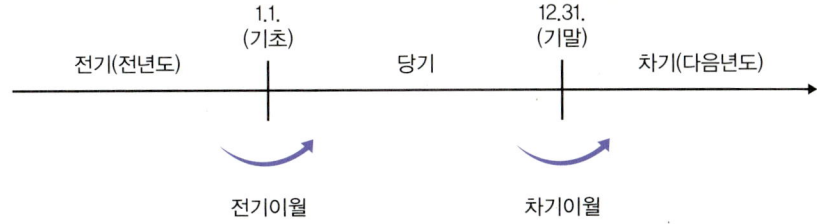

※ 기말 : 결산일, 보고기간말, 보고기간 종료일, 재무상태표일, 회계연도말

5 회계단위

기업이 보유하고 있는 자산, 부채, 자본의 증감 변화를 기록, 계산, 정리하기 위한 장소적 범위를 회계단위라고 한다. 상황에 따라서 기업전체를 하나의 회계단위로 할 수도 있으며 본점과 지점 등을 구별하여 각각 하나의 회계단위로 할 수도 있다.

6 재무제표의 종류와 기본가정

(1) 재무제표의 종류

재무제표는 재무상태표, 손익계산서, 현금흐름표, 자본변동표로 구성되며, 주석을 포함한다. 이러한 재무제표의 작성 책임은 경영자에게 있다.

구분	내용
재무상태표	일정 시점 현재 기업실체가 보유하고 있는 경제적 자원인 자산과 경제적의무인 부채, 그리고 자본에 대한 정보를 제공한다.
손익계산서	일정 기간 동안 기업실체의 경영성과에 대한 정보를 제공한다.
현금흐름표	일정 기간 동안 기업실체에 대한 현금유입과 현금유출에 대한 정보를 제공한다.
자본변동표	일정 기간 동안 기업실체에 대한 자본의 크기와 그 변동에 관한 정보를 제공한다.
주석	재무상태표, 손익계산서, 현금흐름표, 자본변동표에 대한 세부내용을 해당과목과 금액에 기호를 붙여 추가적인 정보를 제공한다.

※ 미결산항목은 재무제표에 표시하지 않는다.
※ 재무제표의 항목의 표시나 분류방법이 변경되는 경우에는 전기의 항목도 재분류하여야 한다.

(2) 재무제표의 기본가정

재무제표는 일정한 가정 하에서 작성되며, 기본가정으로는 기업실체, 계속기업 및 기간별 보고를 들 수 있다.

구분	내용
기업실체의 가정	기업을 <u>소유주와는 독립적으로 존재</u>하는 회계단위로 간주하고 회계단위의 관점에서 그 경제활동에 대한 재무정보를 측정, 보고하는 것을 의미한다.
계속기업의 가정	기업실체는 그 목적과 의무를 이행하기에 <u>충분할 정도로 장기간 존속한다고 가정</u>하는 것을 의미한다. 즉, 기업실체는 그 경영활동을 청산하거나 중대하게 축소시킬 의도가 없을 뿐 아니라 청산이 요구되는 상황도 없다고 가정한다.
기간별보고의 가정	기업실체의 존속기간을 <u>일정한 기간 단위로 분할</u>하여 각 기간별로 재무제표를 작성하는 것을 의미한다. (1년을 초과할 수 없다.)

(3) 재무제표 정보의 특성과 한계

재무제표를 통해 제공되는 정보는 다음의 예와 같은 특성과 한계를 갖고 있다.

① 재무제표는 화폐단위로 측정된 정보를 주로 제공한다.
② 재무제표는 대부분 과거에 발생한 거래나 사건에 대한 정보를 나타낸다.
③ 재무제표는 <u>추정에 의한 측정치를 포함</u>하고 있다.
④ 재무제표는 특정기업실체에 관한 정보를 제공하며, 산업 또는 경제 전반에 관한 정보를 제공하지는 않는다.

Impact(임팩트) 포인트

- 내부이용자 : 경영자, 종업원, 관리자
- 외부이용자 : 투자자, 채권자, 정부기관, 주주, 거래처 등
- 회계연도 = 회계기간 = 보고기간
- 재무제표 = 재무상태표 + 손익계산서 + 현금흐름표 + 자본변동표 + 주석
- 재무상태표 : 일정 시점 자산, 부채, 자본 정보를 제공
- 손익계산서 : 일정 기간 경영성과 정보를 제공
- 주석 : 재무상태표 등 세부내용을 기호를 붙여 추가적인 정보를 제공

제 2 절　재무상태표의 이해와 작성

1 재무상태표의 정의

재무상태표는 **일정 시점** 현재 기업실체가 보유하고 있는 경제적 자원인 자산과 경제적의무인 부채, 그리고 자본에 대한 정보를 제공한다.

재무상태표

회사명　　　　　　　　　　　20X1년 12월 31일 현재　　　　　　　　　　(단위 : 원)

자산	유동자산	당좌자산	부채	유동부채
		재고자산		비유동부채
	비유동자산	투자자산	자본	자본금
		유형자산		자본잉여금
		무형자산		자본조정
		기타비유동자산		기타포괄손익누계액
				이익잉여금

❋ 전산회계2급 과정은 개인기업이면서 상기업이 시험범위이므로 자본계정에서는 자본금만 사용한다.

2 재무상태표의 구성요소와 등식

(1) 재무상태표의 구성요소

일정 시점 현재 기업실체의 재무상태에 대한 정보를 제공하는 재무상태표의 기본요소는 자산, 부채 및 자본이다.

구분	내용
자산	① 과거의 거래나 사건의 결과로서 ② 현재 기업실체에 의해 지배되고 ③ 미래에 경제적 효익을 창출할 것으로 기대되는 자원이다. 자산에 내재된 미래의 경제적 효익이란 직접 또는 간접적으로 기업실체의 미래 현금흐름 창출에 기여하는 잠재력을 말한다.

구분	내용
부채	① 과거의 거래나 사건의 결과로 ② 현재 기업실체가 부담하고 있고 ③ 미래에 자원의 유출 또는 사용이 예상되는 의무이다.
자본	기업실체의 자산 총액에서 부채 총액을 차감한 잔여액 또는 순자산으로서 기업실체의 자산에 대한 소유주의 잔여청구권이다.

✽ 기업의 자금조달 방법에 따라 타인자본(부채)과 자기자본(자본)으로 구분한다.

(2) 재무상태표 등식

재무상태표는 자산을 왼쪽(차변)에 기재하고, 부채와 자본을 오른쪽(대변)에 기재한다. 차변의 자산 합계와 대변의 부채와 자본의 합계는 언제나 일치하게 된다. 따라서 다음의 공식이 성립한다.

$$자산 = 부채 + 자본$$
$$\rightarrow 자산 - 부채 = 자본$$

3 재무상태표의 계정과목

(1) 자산

1) 유동자산

유동자산은 현금및현금성자산과 회계기간 종료일로부터 1년 이내에 현금화될 수 있는 유동성이 높은 자산이다. 유동자산은 당좌자산과 재고자산으로 구분할 수 있다.

① 당좌자산

당좌자산은 유동자산 중에 재고자산을 제외한 자산을 의미한다.

계정과목		내용
현금 및 현금성 자산 (통합표시계정)	통화	지폐 또는 동전
	통화대용증권	타인발행당좌수표, 은행발행자기앞수표, 송금수표, 가계수표, 우편환증서, 배당금지급통지표, 만기가 도래한 공사채 이자표 등
	요구불예금	① 보통예금, 당좌예금(당점발행수표) 등 ② 질권이 설정된 예금 등은 현금성자산에서 제외
	현금성자산	금융상품 중 취득 당시 만기가 3개월 이내에 도래하는 것
현금과부족		장부상 현금잔액과 실제 현금 잔액이 일치하지 않는 경우 사용하는 임시계정
단기투자자산 (통합표시계정)	단기금융상품	정기예금 및 정기적금 등 보고기간말로부터 만기가 1년 이내에 도래하는 것
	단기매매증권	단기간 내의 매매차익을 목적으로 취득한 유가증권(지분증권, 채무증권 등)
	단기대여금	타인에게 빌려준 금전으로서 보고기간말로부터 만기가 1년 이내에 도래하는 것
매출채권 (통합표시계정)	외상매출금	주된 영업활동의 일환으로 재화 또는 용역을 공급하고 받지 않은 외상대금
	받을어음	주된 영업활동의 일환으로 재화 또는 용역을 공급하고 상대방으로부터 받은어음
대손충당금		외상매출금 등에 대하여 회수되지 못할 가능성을 추정하여 기록하는 차감적 평가계정
미수금		주된 영업활동 이외의 거래에서 발생하는 채권
미수수익		결산 시 발생주의에 따라 당기 기간경과분에 대한 수익으로서 수취하지 못한 것
선급금		원재료 등의 구매조건에 따라 미리 지급한 금액이나 계약금
선급비용		결산 시 발생주의에 따라 당기에 지급한 금액 중 차기에 비용으로 처리해야 하는 금액
가지급금		금전을 지급하였으나 그 내용이 확정될 때까지 사용하는 임시계정
부가세대급금		원재료 등을 구매할 때 부담하는 부가가치세로서 매입세액 공제를 받을 수 있는 것
선납세금		법인세 중간예납세액 및 이자수익에 대한 원천납부세액으로서 기중에 지급한 것
소모품		소모성 비품을 구입하면서 자산처리 한 것

② 재고자산

재고자산은 <u>정상적인 영업과정에서 판매를 위하여 보유</u>하거나 <u>생산과정에 있는 자산 및 생산 또는 서비스 제공과정에 투입될 원재료나 소모품의 형태로 존재하는 자산</u>을 말한다.

구분	내용
상품	판매할 목적으로 외부에서 구입한 물품
제품	판매할 목적으로 제조하여 생산한 물품
재공품	제품의 제조를 위하여 공정과정에 있는 물품
원재료	제품의 제조를 위하여 투입하는 물품
반제품	중간생산품으로 판매가 가능한 물품
저장품	제품생산에 보조적으로 소비되는 소모품, 수선용 부분품
미착품	재고자산을 주문하였으나 현재 운송 중에 있어서 도착하지 않은 물품

2) 비유동자산

비유동자산이란 영업활동을 위하여 장기간 보유하는 자산이다. 회계기간 종료일로부터 1년 이후에 현금화되는 자산으로 투자자산, 유형자산, 무형자산, 기타비유동자산으로 구분할 수 있다.

구분	내용
투자자산	① 투자자산이란 장기적인 투자수익을 얻기 위하여 보유하고 있는 자산을 의미한다. ② 장기금융상품(정기예.적금 등), 장기대여금, 투자부동산, 장기투자증권(매도가능증권, 만기보유증권 등)
유형자산	① 유형자산이란 기업이 장기간 영업활동에 사용할 목적으로 보유하고 있는 물리적 형체가 있는 비화폐성 자산을 의미한다. ② 토지, 건물, 구축물, 기계장치, 차량운반구, 선박, 비품, 건설중인 자산 등
무형자산	① 무형자산이란 기업이 장기간 영업활동에 사용할 목적으로 보유하고 있는 물리적 형체가 없는 비화폐성 자산으로서 식별가능하고 기업이 통제하고 있으며, 미래 경제적 효익이 있는 자산을 의미한다. ② 영업권, 산업재산권, 개발비, 광업권, 어업권, 소프트웨어 등

구분		내용
기타 비유동자산	임차보증금	타인의 부동산을 사용하기 위하여 임대차계약에 의하여 임대인에게 지급하는 보증금(임차권리금은 무형자산)
	전세권	월세조건 없이 타인의 부동산을 사용, 수익하기 위하여 임대인에게 지급하는 보증금
	장기매출채권 (통합 표시 계정) 장기외상매출금	기업의 주된영업활동에서 발생한 장기의 외상대금으로서 만기가 결산일로부터 1년 이후에 도래하는 것
	장기매출채권 (통합 표시 계정) 장기받을어음	기업의 주된영업활동에서 발생한 장기의 받을어음으로서 만기가 결산일로부터 1년 이후에 도래하는 것
	부도어음과 수표	① 부도된 어음을 관리하기 위하여 사용하는 임시계정 ② 실제 대손이 확정될 때까지 일반 어음과 구분하여 관리 ③ 외부에 보고되는 재무제표에는 매출채권에 포함하여 보고
	기타	이연법인세자산, 장기미수금 등

(2) 부채

1) 유동부채

유동부채는 보고기간종료일로부터 1년 이내에 상환기간이 도래하는 부채를 의미한다. 다만, 정상적인 영업주기 내에 소멸할 것으로 예상되는 매입채무와 미지급비용 등은 보고기간종료일로부터 1년 이내에 결제되지 않더라도 유동부채로 분류한다.

① 당좌차월, 단기차입금 및 유동성장기차입금 등은 보고기간종료일로부터 1년 이내에 결제되어야 하므로 영업주기와 관계없이 유동부채로 분류한다.
② 비유동부채 중 보고기간종료일로부터 1년 이내에 자원의 유출이 예상되는 부분은 유동부채로 분류한다.

구분		내용
매입채무 (통합 표시 계정)	외상매입금	기업의 주된 영업활동에서 발생한 외상대금
	지급어음	기업의 주된 영업활동에서 발생한 지급어음
단기차입금		보고기간종료일로부터 1년 이내에 만기가 도래하는 것
미지급금		기업의 주된 영업활동 이외에서 발생한 외상대금

구분	내용
미지급비용	당기에 속하는 비용 중 차기에 지급 예정인 비용
선수금	계약금 성격으로 상품 판매 전에 미리 받은 금액
선수수익	당기에 수취한 금액 중에서 차기에 수익으로 계상할 수익
예수금	거래처나 종업원으로부터 일시적으로 미리 받아 둔 금액
부가세예수금	부가가치세법에 따라 납부하여야 하는 매출세액
미지급배당금	배당 결의일 현재 미지급된 현금배당액
유동성장기부채	장기차입금 등 비유동부채 중 보고기간종료일로부터 만기가 1년 이내에 도래하는 것
미지급세금	당해연도에 부담해야 할 세금으로서 아직 납부하지 않은 금액
가수금	계정과목이나 금액이 확정되지 않았을 때 사용하는 임시계정

2) 비유동부채

비유동부채는 유동부채가 아닌 부채로서, 보고기간종료일로부터 1년 이후에 만기가 도래하는 부채를 의미한다. 비유동부채의 분류의 예로 사채, 신주인수권부사채, 전환사채, 장기차입금, 퇴직급여충당부채, 이연법인세부채 등이 있다.

구분		내용
장기매입채무	장기외상매입금	기업의 주된 영업활동에서 발생한 것으로 보고기간종료일로부터 만기가 1년 이후에 도래하는 외상대금
	장기지급어음	기업의 주된 영업활동에서 발생한 것으로 보고기간종료일로부터 만기가 1년 이후에 도래하는 지급어음
장기차입금		보고기간종료일로부터 만기가 1년 이후에 도래하는 차입금
장기미지급금		기업의 주된 영업활동 이외에서 발생한 외상대금으로서 보고기간종료일로부터 만기가 1년 이후에 도래하는 미지급금
임대보증금		타인에게 부동산을 임대하고 임대차계약에 의하여 임차인에게 지급받는 보증금
사채		장기자금을 조달하기 위하여 발행한 채무증권
퇴직급여충당부채		장래에 종업원이 퇴직할 때 지급하게 될 퇴직금 준비액

(3) 자본

기업실체의 자산 총액에서 부채 총액을 차감한 잔여액 또는 순자산으로서 기업실체의 자산에 대한 소유주의 잔여청구권이다. 전산회계2급에서는 개인기업이 시험범위이므로 투자한 출자금으로서의 자본금만 해당한다.

4 재무상태표의 작성기준

구분	내용
구분과 통합표시	① 자산, 부채, 자본 중 중요한 항목은 재무상태표 본문에 별도 항목으로 구분하여 표시한다. ② 중요하지 않은 항목은 성격 또는 기능이 유사한 항목에 통합하여 표시할 수 있으며, ③ 통합할 적절한 항목이 없는 경우에는 기타항목으로 통합할 수 있다.
총액표시	① 자산과 부채는 원칙적으로 상계하여 표시하지 않는다. ② 회계기준에서 요구하거나 허용하는 경우에는 예외로 한다. ③ 기업이 채권과 채무를 상계할 수 있는 법적 구속력이 있는 권리를 가지고 있고, 채권과 채무를 순액기준으로 결제하거나 채권과 채무를 동시에 결제할 의도가 있다면 상계하여 표시한다. ④ 매출채권에 대한 대손충당금 등은 해당 자산이나 부채에서 직접 가감하여 표시할 수 있으며, 이는 상계에 해당하지 아니한다.
유동성 구분	① 자산과 부채는 1년을 기준으로 유동자산(부채)과 비유동자산(부채)으로 분류한다. ② 다만, 정상적인 영업주기 내에 판매되거나 사용되는 재고자산과 회수되는 매출채권 등은 보고기간종료일로부터 1년 이내에 실현되지 않더라도 유동자산으로 분류하며, (유형자산 등 X) ③ 정상적인 영업주기 내에 소멸할 것으로 예상되는 매입채무와 미지급비용 등은 보고기간종료일로부터 1년 이내에 결제되지 않더라도 유동부채로 분류한다.
유동성 배열	자산과 부채는 유동성(환금성)이 높은 항목부터 배열하는 것을 원칙으로 한다.

chapter 01. 회계의 기초이론

Impact(임팩트) 포인트

- 재무상태표 양식 : 상호 + 보고기간종료일 + 단위 + 보고통화
- 자산 = 유동자산 + 비유동자산
- 유동자산 = 당좌자산 + 재고자산
- 비유동자산 = 투자자산 + 유형자산 + 무형자산 + 기타비유동자산
- 부채 = 유동부채 + 비유동부채
- 자산 − 부채 = 자본(순자산)
- 자산 : 미래의 경제적효익으로 현금흐름 창출에 기여하는 잠재력
- 부채 : 미래에 자원의 유출 또는 사용이 예상되는 의무
- 자본 : 자산에서 부채를 차감한 잔여액 또는 순자산으로서 자산에 대한 소유주의 잔여청구권
- 자금조달 방법 = 타인자본(부채) + 자기자본(자본)
- 당좌자산 : 현금및현금성자산, 현금과부족, 단기투자자산(단기금융상품, 단기매매증권, 단기대여금), 매출채권(외상매출금, 받을어음), 미수금, 미수수익, 선급금, 선급비용, 가지급금, 부가세대급금, 선납세금, 소모품
- 재고자산 : 상품, 제품, 재공품, 원재료, 반제품, 저장품, 미착품
- 투자자산 : 장기금융상품, 장기대여금, 투자부동산, 매도가능증권, 만기보유증권 등
- 유형자산 : 토지, 건물, 구축물, 기계장치, 차량운반구, 선박, 비품, 건설중인자산 등
- 무형자산 : 영업권, 산업재산권, 개발비, 광업권, 어업권, 소프트웨어 등
- 기티비유동자산 : 임차보증금, 전세권, 장기매출채권(장기외상매출금, 장기받을어음)
- 유동부채 : 외상매입금, 지급어음, 단기차입금, 미지급금, 미지급비용, 선수금, 선수수익, 예수금, 부가세예수금, 미지급배당금, 유동성장기부채, 미지급세금, 가수금 등
- 비유동부채 : 장기외상매입금, 장기지급어음, 장기차입금, 장기미지급금, 임대보증금, 사채, 퇴직급여충당부채 등
- 재무상태표 작성기준 : 구분과 통합표시, 총액표시, 유동성구분, 유동성배열
- 구분과 통합표시 : 자산, 부채, 자본 중 중요한 항목은 구분표시하며, 중요하지 않은 항목은 통합하여 표시 가능
- 총액표시 : 자산과 부채는 총액으로 표시한다. 다만 회계기준에서 요구하거나 권리가 있다면 순액기준으로 표시가능
- 유동성구분 : 자산과 부채는 1년을 기준으로 유동자산(부채)과 비유동자산(부채)으로 구분
- 유동성배열 : 자산과 부채는 유동성(환금성)이 높은 항목부터 배열

제 3 절　손익계산서의 이해와 작성

1 손익계산서의 정의

손익계산서는 **일정 기간** 동안 기업실체의 경영성과에 대한 정보를 제공한다.

(1) 수익

수익이란 영업활동을 통하여 벌어들인 자산으로서 매출, 임대료, 용역수수료, 이자수익 등이 있다. 수익은 자산을 증가시키거나 부채를 감소시켜 기업의 재무상태에 좋은 방향으로 영향을 준다.

(2) 비용

비용이란 수익을 창출하는 과정에서 소비하거나 지출한 원가를 의미한다. 매출원가, 급여, 임차료, 감가상각비, 이자비용 등 이 있다. 비용은 자산이 감소하거나 부채가 증가하여 기업의 재무상태에 나쁜 방향으로 영향을 준다.

2 손익계산서의 기본구조와 등식

(1) 손익계산서의 기본구조

1) 계정식 손익계산서

상호	손익계산서(계정식) 20X1.1.1.~20X1.12.31.		단위 : 원
총비용		총수익	
순이익			
합계		합계	

2) 보고식 손익계산서

손익계산서(보고식)
20X1.1.1.~20X1.12.31.
상호   단위 : 원
I. 매출액 II. 매출원가 III. 매출총손익 IV. 판매비와 관리비 V. 영업손익 VI. 영업외수익 VII. 영업외비용 VIII. 소득세비용 차감 전 순손익 IX. 소득세비용 X. 당기순손익

(2) 손익계산서 등식

손익계산서는 비용과 순이익을 왼쪽(차변)에 기재하고, 수익을 오른쪽(대변)에 기재한다. 차변의 비용과 순이익의 합계와 대변의 수익 합계는 언제나 일치하게 된다. 따라서 다음의 공식이 성립한다.

$$비용 + 순이익 = 수익$$
$$\rightarrow 수익 - 비용 = 순이익$$

3 손익계산서의 계정과목

손익계산서는 다음과 같이 구분하여 표시한다. **다만 제조업, 판매업 및 건설업 외의 업종에 속하는 기업은 매출총손익의 구분표시를 생략할 수 있다.**

구분	내용
I. 매출액	(순)매출액 = 총매출액 - 매출환입 - 매출에누리 - 매출할인
II. 상품매출원가	① 상품 매출원가 = 기초상품재고액 + 당기상품매입액 - 기말상품재고액 ② 당기상품매입액 = (순)매입액 = 총매입액 - 매입에누리 - 매입환출 - 매입할인

구분		내용
Ⅲ. 매출총이익(손실)		매출총이익(손실) = 매출액 − 매출원가
Ⅳ. 판매비와 관리비		판매비와 관리비란 주된 영업활동 관련된 거래나 사건으로 발생하는 비용을 의미하며 매출원가에 속하지 아니하는 모든 영업비용을 말한다.
	복리후생비	종업원의 복지를 위하여 지출하는 금액 (회식비, 경조사비, 건강보험료의 회사부담금 등)
	급여(잡급)	종업원에게 근로의 대가로 지급하는 금액(일용직)
	퇴직급여	종업원이 퇴직할 때 근로의 대가로 지급하는 금액
	임차료	건물, 토지 등을 임차하여 사용하는 대가로 지급하는 금액
	수수료비용	용역을 제공받고 그 대가로 지급하는 금액
	접대비	거래처와 관계 개선을 위하여 지급하는 금액 (선물구입비, 경조사비, 식대 등)
	광고선전비	판매촉진을 위한 광고, 선전, 홍보 등을 위하여 지급하는 금액
	감가상각비	유형자산, 비품의 취득원가를 합리적으로 배분하는 비용
	무형자산상각비	무형자산의 취득원가를 합리적으로 배분하는 비용
	대손상각비	매출채권에 대하여 대손으로 인식하는 금액
	여비교통비	출장경비, 시내외 교통비 등으로 지급하는 금액
	소모품비	소모품을 구입하는 비용(사무용품, 청소용품 등)
	교육훈련비	종업원의 직무향상을 위한 교육비 등
	세금과공과	세금과 기타의 공과금 (자동차세, 일반협회비, 재산세, 벌금, 과태료 등)
	보험료	건물 등 보험가입에 따라 지급하는 금액
	차량유지비	차량에 대한 유지비용 (주유비, 차량수리비, 톨게이트 비용, 주차비 등)
	수선비	유형자산 등의 성능 유지를 위한 수리비 등
	도서인쇄비	도서, 신문 등의 구입 및 인쇄와 관련된 비용
	통신비	전화, 우편, 인터넷 사용료 등
	운반비	상품, 제품 등을 발송하는 데 소요된 금액(택배비, 퀵 등)
	수도광열비	수도요금, 전기료, 가스요금 등

구분	내용	
V. 영업이익 (영업손실)	영업이익(영업손실) = 매출총이익 − 판매비와 관리비	
VI. 영업외수익	영업외수익이란 주된 영업활동 이외의 거래나 사건으로 발생하는 수익을 의미한다.	
	임대료	건물, 토지 등을 임대하여 받는 대가
	수수료수익	용역을 제공하고 받는 대가
	이자수익	예금, 적금, 대여금 등에 대하여 받는 이자
	배당금수익	주식 등에 대하여 이익분배 받은 금액
	유형자산 등 처분이익	유형자산, 무형자산, 비품 등을 처분하였을 때 발생하는 이익
	자산수증이익	무상으로 증여 받은 금액으로 인하여 발생하는 이익
	채무면제이익	채무를 면제 받아 발생하는 이익
	잡이익	일시적으로 발생하는 중요하지 않은 소액의 이익
VII. 영업외비용	영업외비용이란 주된 영업활동 이외의 거래나 사건으로 발생하는 비용을 의미한다.	
	이자비용	차입금 등에 대하여 지급하는 이자
	기타의 대손상각비	미수금 등에 대하여 대손으로 인식하는 금액
	기부금	업무와 무관하게 기부하는 금전 및 현물의 대가
	매출채권처분손실	매출채권을 금융회사 등에 처분 시 발생하는 손실
	유형자산 등 처분손실	유형자산, 무형자산, 비품 등을 처분하였을 때 발생하는 손실
	재해손실	천재지변, 화재 등 재해로 발생하는 손실
	잡손실	일시적으로 발생하는 중요하지 않은 소액의 손실
VIII. 소득세비용 차감전순손익	소득세비용차감전순손익 = 영업이익(영업손실) + 영업외수익 − 영업외비용	
IX. 소득세비용	소득세비용이란 소득세법 등의 법령에 의하여 납부하여야 할 금액을 말한다.	
X. 당기순이익 (당기순손실)	당기순이익(당기순손실) = 소득세비용차감전순손익 − 소득세비용	

4 손익계산서의 작성기준

구분	내용
발생주의	현금의 유·출입시점이 아닌 해당 거래나 사건이 발생한 기간에 수익과 비용을 인식하는 것을 의미한다.
실현주의	① 수익은 실현된 시기를 기준으로 인식한다. ② 즉, 가득기준과 실현기준이 모두 충족할 때 인식한다.
수익 비용 대응의 원칙	비용은 그와 관련된 수익이 인식된 기간에 그 관련 수익에 대응시켜서 인식해야 한다.
총액주의	① 수익과 비용은 각각 총액으로 보고하는 것을 원칙으로 한다. ② 다만, 회계기준에서 수익과 비용을 상계하도록 요구하는 경우에는 상계하여 표시 가능하다. ③ 중요하지 않은 차익과 차손 등을 상계하여 표시할 수 있다.
구분계산의 원칙	① 손익은 매출총손익, 영업손익, 소득세비용차감전순손익, 당기순손익 등으로 구분하여 계산하여야 한다. ② 단, 제조업, 판매업, 건설업에 속하지 않는 기업은 매출총손익의 구분표시를 생략할 수 있다.

5 재무상태표와 손익계산서의 관계

기업은 1회계기간 동안의 경영성과를 손익계산서로 작성한다. 손익계산서상의 순이익(순손실)은 기말 재무상태표의 자본금을 증가(감소)시키게 된다. 이러한 재무상태표와 손익계산서의 관계를 다음의 등식으로 표현할 수 있다.

```
기말자산 + 비용 = 기말부채 + 기초자본 + 수익
기말자산 = 기말부채 + 기초자본 + 수익 - 비용
기말자산 = 기말부채 + 기말자본
기말자산 - 기말부채 = 기말자본
기말자본 = 기초자본 + 수익 - 비용
기말자본 - 기초자본 = 수익 - 비용
기말자본 - 기초자본 = 순이익
기초자본 + 순이익 = 기말자본
```

재무상태표(계정식) 20X1.12.31.현재		
상호		단위 : 원
자산	부채	
	자본금	
합계	합계	

손익계산서(계정식) 20X1.1.1.~20X1.12.31.		
상호		단위 : 원
총비용	총수익	
순이익		
합계	합계	

따라서 추가적인 자본출자나 인출금이 없다면 기초자본에서 순이익을 더해주면 기말자본이 된다.

Impact(임팩트) 포인트

- 손익계산서 양식 : 상호 + 보고기간 + 단위 + 보고통화
- 매출액 − 매출원가 = 매출총손익
- 매출총손익 − 판매비와 관리비 = 영업손익
- 영업손익 + 영업외수익 − 영업외비용 = 소득세비용 차감 전 순손익
- 소득세비용 차감 전 순손익 − 소득세비용 = 당기순손익
- 판매비와 관리비 : 복리후생비, 급여, 잡급, 퇴직급여, 임차료, 수수료비용, 접대비, 광고선전비, 감가상각비, 무형자산상각비, 대손상각비, 여비교통비, 소모품비, 교육훈련비, 세금과공과, 보험료, 차량유지비, 수선비, 도서인쇄비, 통신비, 운반비, 수도광열비
- 영업외수익 : 임대료, 수수료수익, 이자수익, 배당금수익, 유형자산 등 처분이익, 자산수증이익, 채무면제이익, 잡이익
- 영업외비용 : 이자비용, 기타의 대손상각비, 기부금, 매출채권처분손실, 유형자산 등 처분손실, 재해손실, 잡손실
- 손익계약서의 작성기준 : 발생주의, 실현주의, 수익비용대응의원칙, 총액주의, 구분계산의 원칙
- 발생주의 : 수익과 비용의 인식은 현금기준이 아닌 거래가 발생한 기간에 인식
- 실현주의 : 수익은 가득기준과 실현기준이 모두 충족된 시기에 인식한다.
- 수익비용대응의 원칙 : 비용은 그와 관련된 수익이 인식된 기간에 수익에 대응시켜서 인식한다.
- 총액주의 : 수익과 비용은 총액으로 보고하는 것을 원칙으로 한다. 다만 회계기준에서 요구하거나 중요하지 않은 차익과 차손은 상계표시(순액) 가능하다.
- 구분계산의 원칙 : 매출총손익, 영업손익, 소득세비용차감전순손익, 당기순손익으로 구분하여 계산한다.
- 재무상태표 등식 : 자산 − 부채 = 자본
- 손익계산서 등식 : 수익 − 비용 = 순손익
- 결합 : 기말자산 + 비용 = 기말부채 + 기초자본 + 수익
  기말자산 − 기말부채 = 기초자본 + 수익 − 비용

제 4 절 회계의 기록과 순환과정

1 회계의 기록대상(회계상 거래)

회계의 기록대상은 어떠한 거래가 해당 기업의 자산, 부채, 자본의 증감 변동에 영향을 가져오는 사건을 의미한다. 따라서 회계의 기록대상이 되기 위해서는 ① **기업의 자산, 부채, 자본의 증감에 영향**을 미쳐야 하며, ② 그 증감 영향에 대해서 **금액으로 측정**할 수 있어야 한다.

※ 회계의 기록대상이 아닌 거래
① 구입계약을 체결
② 상품을 주문하거나 구입하기로 약속
③ 종업원을 채용
④ 담보를 제공

2 부기의 종류

부기란 장부기록의 줄임말로 회계상 거래에 대하여 자산 등의 증감 변화를 장부에 기록, 계산, 정리하는 것을 의미한다. 부기하는 방법에 따라 단식부기와 복식부기로 구분할 수 있다.

구분	내용
단식부기	① 일정한 원리나 원칙이 없다. ② 간편한 장점이 있으나 변화과정을 상세히 파악하기 어려운 단점이 있다.
복식부기	① 일정한 원리나 원칙이 있다. ② 원인과 결과의 이중 기록으로 오류 등을 발견할 수 있는 자기검증기능을 가진 계산방법으로 대부분의 기업에서 사용하고 있다.

3 복식부기의 특징

복식부기의 경우 자산 등의 증감 변화를 일정한 원리나 원칙에 따라 기록하므로 다음의 특징을 가지게 된다.

(1) 거래의 이중성

회계상 거래는 원인과 결과로 이루어져 있다. 이러한 원인과 결과는 차변과 대변요소로 결합되어 양쪽에 같은 금액으로 기록된다. 이를 거래의 이중성 또는 양면성이라 한다.

(2) 대차평균의 원리

회계상 거래는 거래의 이중성에 따라 동일한 금액이 차변과 대변에 기록된다. 따라서 차변과 대변의 합계금액은 언제나 일치하게 된다. 이를 대차평균의 원리라고 한다.

(3) 자기검증기능

회계상 거래는 거래의 이중성과 대차평균의 원리에 따라 장부에 기록되는 내용에 대하여 오류나 탈루를 자동적으로 발견할 수 있는 자기검증기능이 있다.

4 회계상 거래의 8요소와 결합관계

회계상 거래는 자산의 증가와 감소, 부채의 증가와 감소, 자본의 증가와 감소, 수익과 비용의 발생이라는 8개의 요소로 구성된다. 이를 거래의 8요소라고 한다.

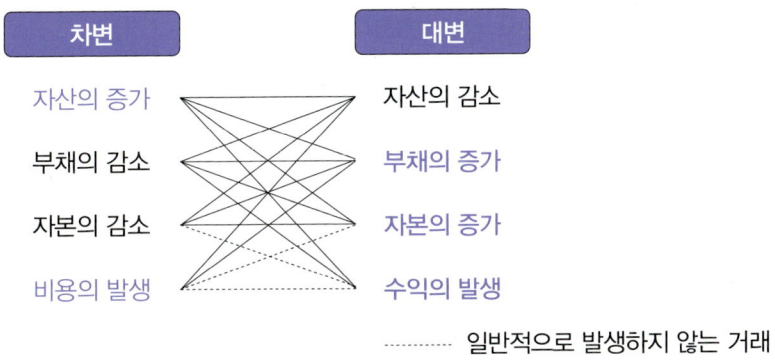

5 회계상 거래의 종류

회계상 거래는 그 거래 내용에 손익이 발생하였는지 여부에 따라 교환거래, 손익거래, 혼합거래로 구분할 수 있다.

구분	내용
교환거래	손익이 발생하지 않고 자산, 부채, 자본의 증감만 나타나는 거래
손익거래	차변 또는 대변에 수익이나 비용이 발생하는 거래
혼합거래	교환거래와 손익거래가 함께 나타나는 거래

6 회계의 순환과정

회계의 순환과정이란 회계상 거래를 식별하여 장부에 기록하는 것부터 정보이용자들에게 유용한 재무정보를 제공하기 위한 수단인 재무제표를 작성하는 단계까지의 절차 또는 과정을 의미한다. 이러한 과정은 회계기간마다 반복해서 이루어진다.

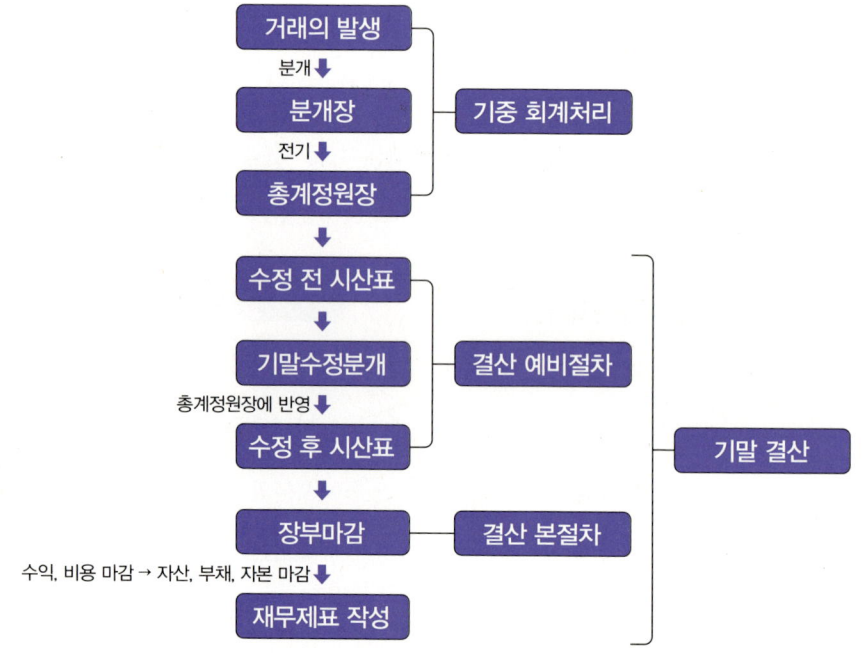

(1) 분개

분개란 회계상 거래가 발생하면 거래의 이중성에 따라 그 거래의 내용을 차변요소와 대변요소로 구분하여 계정과 금액을 기록하는 것을 의미한다.

구분	내용
전표	회계상 거래의 내용인 분개를 한 장의 종이에 기록한 서식
분개장	각 전표에 기록된 분개들을 하나의 서식에 차례대로 기록한 문서

※ 분개의 고려사항
① 회계상 거래 여부 판단
② 계정과목의 결정
③ 차변과 대변의 결정
④ 금액의 결정

(2) 전기와 총계정원장(또는 원장)

구분	내용
전기	전표나 분개장에 기록된 분개의 내용을 각 계정과목별로 분류해서 해당계정에 옮겨 적는 것을 의미한다.
총계정원장	전기를 통하여 옮겨 적은 모든 계정들을 모아 놓은 장부를 의미한다. 원장에서는 모든 거래가 계정과목별로 정리되어 있기 때문에 자산, 부채, 자본, 수익, 비용 등의 증감과 변동을 쉽게 알아볼 수 있다.

ex) 3월 15일에 현금 100,000원을 지급하고 비품을 구입하다.
① 분개 : (차) 비품 100,000   (대) 현금 100,000
  - 위 분개내용을 전표에 기록하고 순서대로 분개장에 기록
② 전기 : 분개내용을 총계정원장에 옮겨 적음
③ 총계정원장

현금	비품
비품 100,000	현금 100,000

총계정원장을 작성할 때 증감과 변동의 이유를 나타내기 위하여 해당 계정의 반대편에 기재되었던 계정과목을 기록한다. 또한 총계정원장의 내용을 확인하고 해당 거래의 분개 내용을 알 수 있어야 한다.

현금	
	비품 100,000

현금 계정 대변에 금액이 기록되어 있으므로 현금이 감소하였고, 현금이 감소한 이유는 비품 100,000원을 구입하였기 때문이라는 것을 알 수 있다.

비품	
현금 100,000	

비품 계정 차변에 금액이 기록되어 있으므로 비품이라는 자산이 증가하였고, 비품이 증가한 이유는 현금 100,000원을 지급하고 비품을 구입하였기 때문이라는 것을 알 수 있다.

(3) 시산표

시산표란 일정 시점에서 각 계정과목별로 총액과 잔액을 산출하여 계정과목과 그 잔액을 모아 놓은 표를 의미한다. 시산표를 작성함으로써 대차평균의 원리에 의해 총계정원장의 기록에 오류가 없는지를 찾아내는 자기검증의 기능을 가지고 있다.

1) 시산표의 종류

구분	내용
합계시산표	모든 계정의 차변과 대변 합계를 모은 표
잔액시산표	모든 계정의 잔액만을 모아 놓은 표
합계잔액시산표	합계시산표와 잔액시산표를 하나로 만든 표

시산표의 작성 목적은 분개의 오류, 전기하는 과정에서 잘못 기입 등의 오류를 발견해서 수정하는 것이므로 회계장부나 재무제표에 해당하지 않는다. 따라서 반드시 작성해야 하는 것은 아니다.

2) 시산표의 유용성
① 분개와 전기과정에서 발생한 오류를 파악할 수 있다.
② 개괄적인 재무상태나 경영성과를 파악하여 보다 쉽게 재무상태표나 손익계산서를 작성할 수 있다.

다만, 분개의 누락, 이중분개, 차변과 대변을 반대로 기록, 계정과목의 오류, 분개가 잘못되었으나 차변과 대변의 금액이 일치하는 경우 등에 대해서는 오류를 발견할 수 없다.

3) 시산표 등식
시산표 등식은 아래와 같이 표현할 수 있다.

> 기말자산 + 총비용 = 기말부채 + 기초자본 + 총수익
> ① 기말자산 = 기말부채 + 기초자본 + 총수익 − 총비용
> ② 기말자산 = 기말부채 + 기말자본 → 기말자본 = 기초자본 + 총수익 − 총비용
> ③ 기말자산 − 기말부채 = 기말자본

합계잔액시산표

차변		계정과목	대변	
잔액	합계		합계	잔액
XXX	XX	현금(자산)	XX	
	XX	차입금(부채)	XX	XXX
	XX	자본금(자본)	XX	XXX
XXX	XX	급여(비용)	XX	
	XX	상품매출(수익)	XX	XXX
…	…	…	…	…
B	A	합계	A	B

① 차변합계와 대변합계는 일치하여야 한다.
② 차변잔액과 대변잔액은 일치하여야 한다.

(4) 기말수정분개
기말수정분개는 결산과정에서 가장 핵심적인 절차이다. 회계기간 중에 회계처리한 내용만

으로는 자산, 부채, 자본, 수익, 비용을 정확하게 나타내지 못하는 요소들이 있다. 따라서 회계연도 종료일(결산일)에 자산, 부채, 자본, 수익, 비용의 실질금액과 회사장부금액을 일치시키기 위하여 기말수정분개를 한다. 기말수정분개는 유형에 따라 분개장에 기록하고 총계정원장에 전기하면 수정후시산표가 작성된다.

1) 기말수정분개의 유형

기말수정분개의 유형을 살펴보면 다음과 같다.

구분	결산정리분개 내용
손익 관련	매출원가의 계상
	수익의 이연과 발생
	비용의 이연과 발생
자산 · 부채 관련	유가증권의 평가
	대손충당금의 설정
	재고자산의 평가
	퇴직급여충당부채의 설정
	외화자산 · 부채의 평가
	감가상각비의 계상
	비유동부채의 유동성대체
	소모품계정의 정리
	부가세대급금과 예수금계정의 정리
임시계정의 정리	가지급금 및 가수금의 정리
	현금과부족의 정리
	인출금계정의 정리

2) 수익 및 비용의 이연과 발생

구분	내용

수익의 이연	① 당기에 이미 수취한 수익 중에서 차기에 속하는 수익을 이연
	② 수익수취 시점에 모두 수익으로 인식한 경우
	    – 수익수취 시점 : (차) 현금 등　　XXX　　(대) 임대료 등　　XXX
	    – 결산정리 시점 : (차) 임대료 등　XXX　　(대) 선수수익　　XXX
	③ 수익수취 시점에 모두 선수수익(부채)으로 인식한 경우
	    – 수익수취 시점 : (차) 현금 등　　XXX　　(대) 선수수익　　XXX
	    – 결산정리 시점 : (차) 선수수익　　XXX　　(대) 임대료 등　　XXX

수익의 발생	① 당기 수익이지만 아직 회수되지 않은 부분을 수익으로 인식
	② 회계처리
	    – 결산정리 시점 : (차) 미수수익　　XXX　　(대) 이자수익 등　XXX
	    – 차기수취 시점 : (차) 현금 등　　　XXX　　(대) 미수수익　　XXX

비용의 이연	① 당기에 이미 지급한 비용 중에서 차기에 속하는 비용을 이연
	② 비용을 지급한 시점에서 모두 비용으로 인식한 경우
	    – 비용지급 시점 : (차) 보험료 등　XXX　　(대) 현금 등　　XXX
	    – 결산정리 시점 : (차) 선급비용　XXX　　(대) 보험료 등　XXX
	③ 비용을 지급한 시점에서 모두 선급비용(자산)으로 인식한 경우
	    – 비용지급 시점 : (차) 선급비용　XXX　　(대) 현금 등　　XXX
	    – 결산정리 시점 : (차) 보험료 등　XXX　　(차) 선급비용　XXX

비용의 발생	① 당기 비용이지만 아직 지급하지 않은 부분에 대하여 비용으로 인식
	② 회계처리
	    – 결산정리 시점 : (차) 이자비용 등 XXX　　(대) 미지급비용　XXX
	    – 차기지급 시점 : (차) 미지급비용 XXX　　(대) 현금 등　　XXX

3) 소모품계정의 정리

구분	내용
소모품 구입 시 모두 자산처리 한 경우	① 구입 시점 : (차) 소모품　　　XXX　　(대) 현금 등　XXX ② 결산 시점 : (차) 소모품비　　XXX　　(대) 소모품　　XXX – 소모품 사용량에 대하여 비용처리
소모품 구입 시 모두 비용처리 한 경우	① 구입 시점 : (차) 소모품비　　XXX　　(대) 현금 등　XXX ② 결산 시점 : (차) 소모품　　　XXX　　(대) 소모품비　XXX – 결산시점에 소모품 잔량에 대하여 비용을 취소하고 자산으로 처리

4) 임시계정의 기말수정분개

구분	내용
가지급금의 정리	① 가지급금의 발생 :　　(차) 가지급금　　 XXX　(대) 현금 등　　XXX ② 확인 또는 결산시점 :　(차) 여비교통비 등 XXX　(대) 가지급금　XXX
가수금	① 가수금의 발생 :　　　(차) 현금 등　　　XXX　(대) 가수금　　XXX ② 확인 또는 결산시점 :　(차) 가수금　　　　XXX　(대) 제품매출 등 XXX
현금과부족	① 실제 현금 > 장부상 현금 　- 현금과부족 발생시점 :(차) 현금　　　　　XXX　(대) 현금과부족 XXX 　- 확인 또는 결산시점 :　(차) 현금과부족　　XXX　(대) 잡이익 등　XXX ② 실제 현금 < 장부상 현금 　- 현금과부족 발생시점 :(차) 현금과부족　　XXX　(대) 현금　　　XXX 　- 확인 또는 결산시점 :　(차) 잡손실 등　　XXX　(대) 현금과부족 XXX
인출금	① 개인기업은 기업의 자본금을 자유롭게 추가 출자하거나 인출할 수 있다. 기중에 인출금으로 회계처리 후에 결산시점에서 자본금계정으로 대체한다. ② 기중에 기업에 추가 출자를 하는 경우 　(차) 현금 등　　XXX　　　(대) 인출금　　XXX ③ 기중에 개인적인 용도로 인출하는 경우 　(차) 인출금　　　XXX　　　(대) 현금 등　　XXX ④ 결산시점 　가. 추가 출자액 > 인출액 - 자본금 증가 　　(차) 인출금　　　XXX　　　(대) 자본금　　XXX 　나. 추가 출자액 < 인출액 - 자본금 감소 　　(차) 자본금　　　XXX　　　(대) 인출금　　XXX

5) 기말수정분개사항의 누락 등이 당기순손익에 미치는 효과

구분	상황		당기순손익에 미치는 효과
자산의 누락	수익의 발생	미수수익의 누락	당기순이익 과소 계상
	비용의 이연	선급비용의 누락	
부채의 누락	수익의 이연	선수수익의 누락	당기순이익 과대 계상
	비용의 발생	미지급비용의 누락	

자산 - 부채 = 자본의 등식을 이용하여,

① 자산의 누락 → 자산 과소 → 자본(이익잉여금) 과소 → 수익 과소 → 당기순이익 과소
② 부채의 누락 → 부채 과소 → 자본(이익잉여금) 과대 → 비용 과소 → 당기순이익 과대

(5) 장부마감

당기의 경영활동에 대한 경영성과와 재무상태를 파악하기 위하여 기말수정분개를 한 후에는 총계정원장의 각 계정들을 마감하여 다음 회계기간의 경영활동을 기록하기 위한 준비를 하여야 한다. 자산, 부채, 자본 등의 재무상태표 계정은 영구계정이므로 잔액이 차기로 이월되어야 하며 수익, 비용 등의 손익계산서 계정은 임시계정이므로 차기로 이월되지 않는다.

1) 손익계산서 계정의 마감

수익과 비용계정은 당기의 경영성과를 나타내주는 것이므로 다음 회계기간의 경영성과를 파악할 때 영향을 미쳐서는 안 된다. 따라서 수익과 비용계정은 한 회계기간이 끝나면 잔액을 '0'으로 만들어서 다음 회계기간의 손익계정이 '0'에서 시작하도록 계정을 마감해야 한다.

구분	내용
[1단계] 집합손익계정의 설정	수익과 비용계정을 마감하기 위하여 총계정원장에 집합손익계정을 새롭게 설정한다.
[2단계] 수익계정의 마감	① 수익계정의 잔액을 '0'으로 만들기 위하여 집합손익계정으로 대체한다. ② 회계처리 : (차) 수익　　　XXX　　(대) 집합손익　　XXX
[3단계] 비용계정의 마감	① 비용계정의 잔액을 '0'으로 만들기 위하여 집합손익계정으로 대체한다. ② 회계처리 : (차) 집합손익　XXX　　(대) 비용　　　　XXX
[4단계] 집합손익계정의 마감 (당기순손익의 대체)	① 수익과 비용계정을 마감하면서 발생한 집합손익계정잔액을 '0'으로 만들기 위하여 자본금계정으로 대체한다(법인기업의 경우는 이익잉여금계정으로 대체한다.). ② 수익 〉비용 – 자본금 증가 　　(차) 집합손익　　XXX　　(대) 자본금　　　XXX ③ 수익 〈 비용 – 자본금 감소 　　(차) 자본금　　　XXX　　(대) 집합손익　　XXX

2) 재무상태표 계정의 마감

자산, 부채, 자본의 재무상태표 계정은 수익과 비용계정과 달리 한 회계기간이 종료된다 하더라도 잔액을 '0'으로 마감하지 않고 차기로 이월하여 잔액을 유지하게 된다. 따라서 다음 회계기간으로 이월하기 위하여 다음과 같은 방법으로 마감한다.

구분	내용
자산계정의 마감	자산계정은 차변에 잔액이 남게 되므로 대변에 차변잔액금액만큼 기입하여 차변과 대변금액을 일치시켜 마감한다.
부채 및 자본계정의 마감	부채 및 자본계정은 대변에 잔액이 남게 되므로 차변에 대변잔액금액만큼 기입하여 차변과 대변금액을 일치시켜 마감한다.

(6) 재무제표의 작성

총계정원장상의 모든 계정들이 마감되어 금액이 확정되면 수정후시산표의 손익계산서계정잔액과 재무상태표계정잔액들을 기초로 일정 기간 동안의 경영성과를 나타내는 손익계산서와 일정 시점의 재무상태를 나타내는 재무상태표를 작성하게 된다.

7 회계장부

회계장부란 기업의 경영활동에 발생하는 회계정보를 기록, 계산, 정리한 여러 가지 장부를 의미한다. 회계장부는 크게 주요장부와 보조장부로 구분할 수 있다. 주요장부는 분개장과 총계정원장을 말하며 보조장부는 주요장부를 보충하기 위한 것으로서 더욱 상세하게 기재한 장부를 말한다.

구분		내용
주요장부		분개장
		총계정원장(또는 원장)
보조장부	보조기입장	현금출납장, 당좌예금출납장, 매입장, 매출장, 받을어음기입장, 지급어음기입장
	보조원장	상품재고장, 매입처원장, 매출처원장, 고정자산대장

※ 보조기입장 : 현금출납, 당좌예금, 매출, 매입 등 중요한 거래에 대하여 발생한 순서에 따라 내용을 구체적이고 상세하게 기록하는 장부
※ 보조원장 : 총계정원장의 내용을 보충하여 기록하는 장부

Impact(임팩트) 포인트

- 회계상 거래 : 거래가 자산, 부채, 자본의 증감 변동에 영향을 주는 사건
- 회계의 기록대상이 아닌 거래 : 계약체결, 약속, 채용, 담보제공
- 복식부기의 특징 : 거래의 이중성, 대차평균의 원리, 자기검증기능
- 교환거래 : 손익이 발생하지 않고 자산, 부채, 자본의 증감만 나타나는 거래
- 손익거래 : 수익이나 비용이 발생하는 거래
- 혼합거래 : 교환거래 + 손익거래
- 회계의 순환과정 : 거래발생 – 분개(분개장) – 전기(총계정원장) – 수정 전 시산표 – 기말수정분개 – 수정 후 시산표 – 장부마감 – 재무제표 작성
- 결산절차 : 결산 예비절차(시산표 작성) – 결산 본절차(장부마감) – 재무제표 작성
- 분개 : 회계상 거래가 발생시 차변과 대변요소를 구분하여 계정과 금액을 기록
- 전기 : 기록된 분개의 내용을 총계정원장에 옮겨적는 것
- 총계정원장 : 전기를 통하여 옮겨 적은 모든 계정을 모아 놓은 장부
- 시산표의 유용성 : 오류 파악(오류 파악 불가능 : 분개의 누락, 이중분개, 차변과 대변을 반대로 기록, 계정과목의 오류, 분개가 잘못되었으나 차변과 대변의 금액이 일치 등)
- 시산표 등식 : 기말자산 + 총비용 = 기말부채 + 기초자본 + 총수익
- 수익의 이연 : 선수수익(부채) – 이미 수취하였지만 차기 수익으로 이연
- 수익의 발생 : 미수수익(자산) – 아직 수취하지 않았지만 당기 수익으로 인식
- 비용의 이연 : 선급비용(자산) – 이미 지급하였지만 차기 비용으로 이연
- 비용의 발생 : 미지급비용(부채) – 아직 지급하지 않았지만 당기 비용으로 인식
- 자산의 누락 : 자산 과소 – 자본(이익잉여금) 과소 – 수익 과소 – 당기순이익 과소
- 부채의 누락 : 부채 과소 – 자본(이익잉여금) 과대 – 비용 과소 – 당기순이익 과대
- 주요장부 : 분개장, 총계정원장
- 보조장부 : 보조기입장, 보조원장
- 보조기입장 : 현금출납장, 당좌예금출납장, 매입장, 매출장, 받을어음기입장, 지급어음기입장
- 보조원장 : 상품재고장, 매입처원장, 매출처원장, 고정자산대장

CHAPTER 02 계정과목별 회계처리의 이해

제1절 당좌자산

1 당좌자산의 의의

당좌자산이란 유동자산 중 재고자산을 제외한 자산을 말한다. 즉, 현금및현금성자산과 <u>보고기간종료일로부터 1년 이내에 현금화되는 유동성이 높은 자산</u>이다.

계정과목		내용
현금 및 현금성 자산 (통합표시계정)	통화	지폐 또는 동전
	통화대용증권	타인발행당좌수표, 은행발행자기앞수표, 송금수표, 가계수표, 우편환증서, 배당금지급통지표, 만기가 도래한 공사채 이자표 등
	요구불예금	① 보통예금, 당좌예금(당점발행수표) 등 ② <u>질권이 설정된 예금 등은 현금성자산에서 제외</u>
	현금성자산	금융상품 중 <u>취득 당시 만기가 3개월 이내</u>에 도래하는 것
현금과부족		장부상 현금잔액과 실제 현금 잔액이 일치하지 않는 경우 사용하는 <u>임시계정</u>
단기투자자산 (통합표시계정)	단기금융상품	정기예금 및 정기적금 등 보고기간말로부터 <u>만기가 1년 이내에 도래</u>하는 것
	단기매매증권	단기간 내의 매매차익을 목적으로 취득한 유가증권(지분증권, 채무증권 등)
	단기대여금	타인에게 빌려준 금전으로서 보고기간말로부터 만기가 1년 이내에 도래하는 것
매출채권 (통합표시계정)	외상매출금	주된 영업활동의 일환으로 재화 또는 용역을 공급하고 받지 않은 외상대금
	받을어음	주된 영업활동의 일환으로 재화 또는 용역을 공급하고 상대방으로부터 받을어음

계정과목	내용
대손충당금	외상매출금 등에 대하여 회수되지 못할 가능성을 추정하여 기록하는 차감적 평가계정
미수금	주된 영업활동 이외의 거래에서 발생하는 채권
미수수익	결산 시 발생주의에 따라 당기 기간경과분에 대한 수익으로서 수취하지 못한 것
선급금	원재료 등의 구매조건에 따라 미리 지급한 금액이나 계약금
선급비용	결산 시 발생주의에 따라 당기에 지급한 금액 중 차기에 비용으로 처리해야 하는 금액
가지급금	금전을 지급하였으나 그 내용이 확정될 때까지 사용하는 임시계정
부가세대급금	원재료 등을 구매할 때 부담하는 부가가치세로서 매입세액공제를 받을 수 있는 것
선납세금	법인세 중간예납세액 및 이자수익에 대한 원천납부세액으로서 기중에 지급한 것
소모품	소모성 비품을 구입하면서 자산처리 한 것

2 현금 및 현금성자산

현금 및 현금성자산의 범위는 통화 및 타인발행수표 등 통화대용증권과 당좌예금, 보통예금 및 현금성자산으로 한다. 이 경우 현금성자산이라 함은 **큰 거래비용 없이 현금으로 전환이 용이**하고 **이자율변동에 따른 가치변동의 위험이 중요하지 않은** 유가증권 및 단기금융상품으로서 **취득당시 만기(또는 상환일)가 3개월 이내에 도래**하는 것을 말한다.

(1) 당좌수표 등

당좌수표를 발행한 경우는 당좌예금을 감소시키며, **타인발행 당좌수표와 자기앞수표는 현금계정으로 처리**한다. 다만 **선일자수표는 형식은 수표이지만 그 실질이 어음의 성격을 가지고 있으므로 매출채권 또는 미수금으로 분류**하여야 한다.

(2) 당좌차월

당좌수표는 원칙적으로 당좌예금 잔액 범위 내에서 발급 가능하다. 단, 은행과 당좌차월 약정을 맺음으로써 당좌예금 잔액을 초과하여 당좌수표를 발행할 수 있는데 당좌예금을 초과하여 발행한 금액을 당좌차월이라고 한다. 이러한 **당좌차월은 차입금의 성격이므로 유동부채**인 단기차입금으로 처리한다.

(3) 현금 및 현금성자산으로 분류할 수 없는 항목

우표, 수입인지, 수입증지, 선일자수표는 현금 및 현금성자산으로 분류하지 않는다. 우표는 통신비, 수입인지는 세금과공과, 수입증지는 수수료비용 계정과목으로 처리하며 선일자수표는 형식은 수표이지만 실질이 어음의 성격이므로 받을어음 계정과목으로 처리한다.

3 현금과부족

현금의 장부상 잔액과 실제 잔액이 일치하지 않는 경우 임시적으로 사용하는 계정에 해당한다.

구분	내용			
실제 현금 잔액 〉 장부상 현금 잔액	① 현금과부족 발생시점 : (차) 현금	XXX	(대) 현금과부족	XXX
	② 확인 또는 결산시점 : (차) 현금과부족	XXX	(대) 잡이익 등	XXX
실제 현금 잔액 〈 장부상 현금 잔액	① 현금과부족 발생시점 : (차) 현금과부족	XXX	(대) 현금	XXX
	② 확인 또는 결산시점 : (차) 잡손실 등	XXX	(대) 현금과부족	XXX

※ 분개요령 : 현금과부족 발생시점에서는 장부상 현금 잔액을 실제 현금 잔액으로 맞춘다.

4 매출채권

매출채권이란 **주된 영업활동**의 일환으로 재화 또는 용역을 공급하고 수취하지 않은 외상대금이나 상대방으로부터 미래의 일정한 날짜에 지급받을 수 있는 약속으로 수취하는 받을어음을 의미한다.

(1) 외상매출금

구분	회계처리			
외상으로 매출한 경우	(차) 외상매출금	XXX	(대) 상품매출	XXX
매출할인 등이 발생한 경우	(차) 매출할인	XXX	(대) 외상매출금	XXX
외상매출금을 회수한 경우	(차) 현금 등	XXX	(대) 외상매출금	XXX
외상매출금이 받을어음으로 대체된 경우	(차) 받을어음	XXX	(대) 외상매출금	XXX

(2) 받을어음

구분	회계처리
어음을 받고 매출한 경우	(차) 받을어음　　　XXX　　(대) 상품매출　　XXX
받을어음을 회수한 경우	(차) 현금 등　　　XXX　　(대) 받을어음　　XXX
받을어음을 추심하여 회수한 경우	(차) 현금 등　　　XXX　　(대) 받을어음　　XXX 　　수수료비용　　XXX 어음을 추심하는 경우 통상적으로 거래은행에서 추심수수료가 발생한다.(판매비와관리비로 처리)
받을어음을 할인하는 경우 (매각거래)	(차) 현금 등　　　XXX　　(대) 받을어음　　XXX 　　매출채권처분손실　XXX 어음을 만기일 전에 금융기관에 할인하는 경우에는 할인료와 수수료비용을 매출채권처분손실(영업외비용)계정으로 처리한다.
받을어음을 배서양도하는 경우	(차) 미지급금 등　　XXX　　(대) 받을어음　　XXX 어음은 만기일 전에 타인에게 양도 가능하다. 따라서 당해 회사가 지급해야 할 의무인 미지급금 또는 외상매입금 등을 받을어음인 채권을 양도하면서 해당 의무를 이행할 수 있다.

5 대손충당금

(1) 대손의 의의

매출채권, 미수금 등의 채권이 채무자의 부도, 파산, 사망 등의 이유로 회수하지 못한 상황이 발생하는데 이를 대손이라 한다.

(2) 대손충당금의 설정

회계기준에서는 대손이 실제로 발생하는 시점에 비용으로 처리하지 않고, **회계연도말에 대손으로 예상되는 금액을 충당금 설정법으로 비용처리한다. 이를 보충법이라 한다.**

기말대손충당금 설정액 = 기말매출채권잔액 × 대손추정율 − 설정 전 대손충당금 잔액

(3) 대손 회계처리

구분		회계처리
기말 대손충당금의 설정	대손충당금의 설정 (기말 대손예상액 〉 기말 설정 전 대손충당금 잔액)	(차) 대손상각비 XXX (대) 대손충당금 XXX ① 매출채권인 경우 : 대손상각비(판매비와관리비) ② 그 외 채권인 경우 : 기타의대손상각비(영업외비용)

	대손충당금의 환입 (기말 대손예상액 〈 기말 설정 전 대손충당금 잔액)	(차) 대손충당금 XXX (대) 대손충당금환입 XXX
		① 매출채권인 경우 :
		  대손충당금환입(판매비와관리비에서 차감)
		② 그 외 채권인 경우 :
		  대손충당금환입(영업외수익)

기중에 대손 발생 시	대손충당금 〉 대손금액	(차) 대손충당금 XXX (대) 외상매출금 XXX 대손 발생 시에는 대손금액만큼 대손충당금을 감소시킨다.
	대손충당금 〈 대손금액	(차) 대손충당금 XXX (대) 외상매출금 XXX 대손상각비 XXX 대손 발생 시에는 대손충당금에서 먼저 상계하고, 부족한 경우에는 대손상각비로 처리한다.
대손처리한 채권이 회수되는 경우		(차) 현금 등 XXX (대) 대손충당금 XXX 대손처리한 채권이 회수되는 경우에는 대손충당금 계정을 증가시킨다.

Impact(임팩트) 포인트

- 자산 = 유동자산 + 비유동자산
- 유동자산 = 당좌자산 + 재고자산
- 현금및현금성자산 : 지폐, 동전, 타인발행당좌수표, 은행발행 자기앞수표, 송금수표, 가계수표, 우편환증서, 배당금지급통지표, 만기가 도래한 공사채 이자표, 보통예금, 당좌예금, 취득당시 만기가 3개월 이내 도래하는 금융상품
- 현금및현금성자산으로 볼 수 없는 것 : 우표, 수입인지, 수입증지, 선일자수표 등
- 유동자산 : 보고기간종료일로부터 1년 이내에 현금화되는 자산
- 단기투자자산 : 단기금융상품, 단기매매증권, 단기대여금
- 매출채권 : 외상매출금, 받을어음 - 주된 영업활동에서 발생(상품 판매 등)
- 미수금 : 주된 영업활동 이외에서 발생(유형자산의 처분 등)
- 기말대손충당금 설정액 = 기말매출채권잔액 × 대손추정율 - 설정 전 대손충당금 잔액
- 대손상각비(판매비와관리비) : 주된 영업활동에서 발생한 매출채권의 대손
- 기타의 대손상각비(영업외비용) : 주된 영업활동이외에서 발생한 대여금, 미수금 등의 대손

제 2 절 재고자산

1 재고자산의 의의

재고자산은 <u>정상적인 영업과정에서 판매를 위하여 보유</u>하거나 <u>생산과정에 있는 자산 및 생산 또는 서비스 제공과정에 투입될 원재료나 소모품의 형태로 존재하는 자산</u>을 말한다.

구분	내용
상품	판매할 목적으로 외부에서 구입한 물품
제품	판매할 목적으로 제조하여 생산한 물품
재공품	제품의 제조를 위하여 공정과정에 있는 물품
원재료	제품의 제조를 위하여 투입하는 물품
반제품	중간생산품으로 판매가 가능한 물품
저장품	제품생산에 보조적으로 소비되는 소모품, 수선용 부분품
미착품	재고자산을 주문하였으나 현재 운송 중에 있어서 도착하지 않은 물품

2 재고자산의 취득원가

(1) 재고자산의 취득원가 산정

재고자산의 취득원가는 매입원가 또는 제조원가를 말한다. 재고자산의 취득원가에는 취득에 직접적으로 관련되어 있으며, 정상적으로 발생되는 기타원가를 포함한다.

> 취득원가 = (순)매입액 = 매입가액 + 매입부대비용 − 매입환출 − 매입에누리 − 매입할인 등

구분	내용
매입가액	순수한 재고자산의 매입원가
매입부대비용	① 운임, 수수료, 보험료, 하역비, 수입관세, 통관수수료 등 재고자산을 취득하여 사용하기까지 투입된 모든 비용 ② 관세환급금은 매출원가에서 차감
매입환출	매입한 재고자산에 하자가 발생하여 반품처리한 것
매입에누리	매입한 재고자산에 하자가 발생하여 가격을 할인해 준 것
매입할인	매입 조건에 따라 조기결제에 따른 가격을 할인해 준 것

❋ 재고자산의 비용화 과정 : 재고자산은 판매하여 수익을 인식하는 기간에 매출원가로 인식한다.

(2) 재고자산의 취득원가에 포함하지 않는 원가

재고자산의 취득원가에 포함하지 않고 발생기간의 비용으로 인식하여야 하는 원가의 예는 아래와 같다.
① 재료원가, 노무원가 및 기타 제조원가 중 비정상적으로 낭비된 부분
② 후속 생산단계에 투입하기 전에 보관이 필요한 경우 이외의 보관원가
③ 재고자산을 현재의 장소에 현재의 상태로 이르게 하는 데 기여하지 않은 관리간접원가
④ 판매원가(판매 시에 발생하는 운임, 수수료, 보험료 등의 부대비용을 의미)

3 재고자산의 수량 결정방법

재고자산의 수량 결정방법에는 계속기록법, 실지재고조사법, 혼합법이 있다.

구분	내용
계속기록법	① 계속기록법은 판매가능수량에서 실제로 판매된 수량을 차감하여 기말재고수량을 계산하는 방법이다. 따라서 상품의 입고, 출고량을 장부에 계속 기록하여야 한다. ② **기말재고수량** = 기초재고수량 + 당기매입수량 − 당기판매수량 ③ 판매가능수량 = 기초재고수량 + 당기매입수량
실지재고조사법	① 실지재고조사법은 보고기간말에 창고를 조사하여 기말재고수량을 파악한다. 즉, 기말재고수량을 제외한 수량은 판매된 것으로 간주하는 방법이다. ② 하지만 모두 판매된 것인지는 정확하지는 않다. (도난, 파손 등) ③ **당기판매수량** = 기초재고수량 + 당기매입수량 − 기말재고수량
혼합법	① 계속기록법과 실지재고조사법을 병행하여 기말재고수량을 파악하는 방법이다. ② 혼합법을 사용하는 경우 장부상 재고수량과 창고의 실제 재고수량을 확인할 수 있기 때문에 도난, 파손 등 재고감모수량을 파악할 수 있다. ③ 재고감모수량 = 장부상 재고수량 − 실제 파악한 재고수량

❋ 재고자산감모손실 : 파손, 마모, 도난, 분실 등으로 실제재고수량이 장부상의 재고수량보다 적은 경우에 발생하는 손실

4 재고자산의 단가 결정방법

재고자산의 취득 단가를 재고자산별로 확인한다는 것은 현실적으로 쉬운 일이 아니다. 따라서 취득단가가 일정한 흐름을 갖고 있다고 가정하는데, 이를 원가흐름의 가정이라고 한다. 이러한 원가흐름의 가정에 따라 매출원가와 기말재고자산의 단가가 달라진다. 단가를 결정하는 방법에는 개별법, 선입선출법, 후입선출법, 평균법이 있다.

(1) 재고자산의 단가 결정방법

구분	내용
개별법	① 상호 교환될 수 없는 재고항목이나 특정 프로젝트별로 생산되는 제품 또는 서비스의 원가는 개별법을 사용한다. ② 각 재고자산별로 매입원가 또는 제조원가를 결정한다. ③ 고가이고 소량인 재고자산에 쉽게 적용 가능하다. ④ 실제원가가 실제수익에 대응되므로 수익·비용 대응 원칙에 부합하는 방법이다. ⑤ 재고자산의 종류가 많거나 수량이 많은 경우에는 실무상 적용하기가 어렵다.
선입선출법	① 먼저 매입 또는 생산한 재고항목이 먼저 판매 또는 사용된다고 원가흐름을 가정하는 방법이다. ② 기말에 재고로 남아 있는 항목은 가장 최근에 매입 또는 생산한 항목이다. ③ 원가흐름의 가정이 실제 물량흐름과 유사하다.(장점) ④ 기말재고자산이 현행원가와 유사하다.(장점) ⑤ 현행수익에 과거원가를 대응시키므로 수익·비용 대응원칙에 부합하지 않는다.(단점) ⑥ 물가가 상승하는 경우에는 과거의 취득원가가 매출원가가 되므로 당기순이익이 과대계상된다. 　- 기말재고자산 ↑, 매출원가 ↓, 당기순이익 ↑
후입선출법	① 가장 최근에 매입 또는 생산한 재고항목이 가장 먼저 판매 또는 사용된다고 원가흐름을 가정하는 방법이다. ② 기말에 재고로 남아 있는 항목은 가장 과거에 매입 또는 생산한 항목이다. ③ 원가흐름의 가정이 실제 물량흐름과 일치하지 않는다.(단점) ④ 매출원가가 현행원가와 유사하다.(장점) ⑤ 현행수익에 최근원가를 대응시키므로 수익·비용 대응원칙에 부합한다.(장점) ⑥ 물가가 상승하는 경우에는 최근의 취득원가가 매출원가가 되므로 당기순이익이 과소계상된다. 　- 기말재고자산 ↓, 매출원가 ↑, 당기순이익 ↓ ⑦ 회계기준에서 인정되는 방법이 아니다.
평균법	① 실지재고조사법 하에서는 총평균법이라고 한다. ② 계속기록법 하에서는 이동평균법이라 한다. ③ 총평균법 : 총평균단가, 입출고 시마다 단가를 기록하지 않음(현행원가의 변동을 단가에 민감하게 반영시키지 못함) 　✽ 이동평균법 : 이동평균단가, 입출고 시마다 단가를 기록(현행원가의 변동을 단가에 민감하게 반영함) ④ 실무적으로 적용하기 편리하다.(장점) ⑤ 원가흐름의 가정이 실제 물량흐름과 일치하지 않는다.(단점)

(2) 단가결정방법에 따른 크기 비교(물가상승, 기초상품수량 ≤ 기말상품수량 가정)

구분	내용
기말재고자산가액, 이익	선입선출법 > 이동평균법 > 총평균법 > 후입선출법
매출원가	선입선출법 < 이동평균법 < 총평균법 < 후입선출법

(3) 기말재고자산의 과소, 과대평가에 따른 영향

구분		기말재고자산 과소평가	기말재고자산 과대평가
매출액 200원		200원	200원
(−) 매출원가	기초상품재고액 10원	10원	10원
	(+)당기매입액 140원	140원	140원
	(−)기말상품재고액 30원	20원 (10원 과소평가)	40원 (10원 과대평가)
	(=) 매출원가 120원	130원 (10원 과대평가)	110원 (10원 과소평가)
(=) 매출총이익 80원		70원 (10원 과소평가)	90원 (10원 과대평가)
(=) 영업이익 +80원			
(=) 당기순이익 +80원			

✽ 기말상품재고액과 매출원가는 반대방향, 이익과는 동일한 방향

(4) 당기 기말재고자산의 잘못된 평가에 따른 차기의 영향

구분		당기 (기말재고자산 과소평가)	차기 전기 오류가 있는 경우	차기 정상적인 경우
매출액		200원	200원	200원
(−) 매출원가	기초상품재고액	10원	20원 (10원 과소평가)	30원
	(+)당기매입액	140원	140원	140원
	(−)기말상품재고액	20원 (10원 과소평가)	30원	30원
	(=) 매출원가	130원 (10원 과대평가)	130원 (10원 과소평가)	140원
(=) 매출총이익		70원 (10원 과소평가)	70원 (10원 과대평가)	60원
(=) 영업이익				
(=) 당기순이익				

✽ 기초상품재고액과 매출원가는 동일한 방향, 이익과는 반대 방향
✽ 기말재고자산의 당기의 오류는 차기에 자동으로 수정되어 2회계연도에 걸쳐서 오류가 자동 수정된다. 즉 당기의 오류가 차차기에 영향을 미치지 않음을 의미한다.

5 재고자산의 매출원가

매출원가는 당기에 판매된 재고자산의 매입가액을 의미한다. 매출원가는 기초재고자산금액에서 당기순매입액을 가산한 후 기말재고자산금액을 차감하여 계산한다. 여기서 기초재고자산금액과 당기순매입액을 판매가능재고액이라 한다. 한편 재고자산의 판매와 매입이 다량으로 발생하는 경우 판매할 때마다 수량과 금액을 기록한다는 것은 실무적으로 어려움이 따른다. 따라서 재고자산의 매출원가는 결산시점에 반영한다.

> 매출액 = (순)매출액 = 총매출액 − 매출환입 − 매출에누리 − 매출할인
> 매출원가 = 기초상품재고액 + 당기매입액 − 기말상품재고액
> 당기매입액 = 당기(순)매입액 = 총매입액 − 매입환출 − 매입에누리 − 매입할인
> 매출총손익 = 매출액 − 매출원가

6 재고자산의 회계처리

구분	회계처리
매입	① (차) 상품 XXX　　(대) 외상매입금 XXX (상품 매입 시 발생한 부대비용은 상품의 취득원가에 가산) 만약 매입할인, 매입환출, 매입에누리가 있는 경우 ② (차) 외상매입금 XXX　　(대) 매입할인 등 XXX
매출	① (차) 외상매출금 XXX　　(대) 상품매출 XXX ((순)매출액 = 총매출액 − 매출환입 − 매출에누리 − 매출할인) 만약 매출할인, 매출환입, 매출에누리가 있는 경우 ② (차) 매출할인 등 XXX　　(대) 외상매출금 XXX
기말수정분개	① 매입할인 등 계정의 정리 　　(차) 매입할인 등 XXX　　(대) 상품 XXX ② 매출원가의 계상 　　(차) 상품매출원가 XXX　　(대) 상품 XXX (상품 매출원가 = 기초상품재고액 + 당기상품매입액 − 기말상품재고액) ③ 매출할인 등 계정의 정리 　　(차) 상품매출 XXX　　(대) 매출할인 등 XXX

① 판매가능금액 = 기초상품재고액 + 당기상품순매입액
② 시험문제에서 '상품' 계정 대신 '매입' 계정으로 출제된다면 '매입' 계정을 '상품' 계정으로 변경하여 시험문제를 풀이하면 된다.

> **Impact(임팩트) 포인트**
>
> - 재고자산 : 판매하거나 생산하기 위하여 보유하는 자산
> - 유형자산 : 회사가 1년 이상 장기간 사용하기 위하여 보유하는 자산
> - 재고자산의 취득원가 = (순)매입액 = 매입가액 + 매입부대비용 - 매입환출 - 매입에누리 - 매입할인
> - 매출원가(대변) : 기초상품재고액(차변) + 당기매입액(차변) - 기말상품재고액(대변)
> - 판매가능재고액(차변 합계) = 기초상품재고액(차변) + 당기매입액(차변)
> - 수량 결정방법 : 계속기록법, 실지재고조사법, 혼합법
> - 계속기록법 : 입고, 출고량을 계속 기록하므로 당기판매수량을 정확히 알 수 있음
> - 실지재고조사법 : 기말에 창고를 조사하여 기말재고수량을 정확히 알 수 있음
> - 혼합법 : 계속기록법과 실지재고조사법을 병행하는 방법, 재고감모수량을 파악 가능
> - 재고감모손실 : 파손, 마모, 도난, 분실 등 실제재고수량이 장부상 재고수량보다 적은 경우에 발생하는 손실
> - 단가 결정방법 : 개별법, 선입선출법, 후입선출법, 평균법
> - 개별법 : 상호 교환될 수 없는 개별 항목, 고가이며 소량인 재고자산에 쉽게 적용 가능, 수익비용대응원칙에 부합, 실무상 적용 어려움
> - 선입선출법 : 먼저 매입한 항목이 먼저 판매된다는 가정, 실제물량흐름과 비슷, 기말재고자산이 현행원가와 비슷, 수익비용대응원칙에 부합하지 않음, 물가가 상승하는 경우 당기순이익이 과대 계상
> - 후입선출법 : 최근에 매입한 항목이 먼저 판매된다는 가정, 실제 물량흐름과 일치하지 않음, 매출원가가 현행원가와 유사, 수익비용대응원칙에 부합, 물가가 상승하는 경우 당기순이익이 과소 계상, 회계기준에서 인정되지 않는 방법
> - 평균법 : 실무적으로 적용하기 편리, 실제 물량흐름과 일치하지 않음
> - 총평균법 : 실지재고조사법 + 평균법
> - 이동평균법 : 계속기록법 + 평균법

제 3 절 유가증권

1 유가증권의 의의

유가증권이란 재산적 권리를 나타내는 증권을 의미하며, 주식 등과 같이 소유지분을 나타내는 **지분증권**과 국채, 공채, 회사채 등의 **채무증권**으로 **분류할 수 있다**. 회계상으로는 증권자체가 매매의 직접적인 대상이 되는 것을 유가증권으로 분류하고 있다. 어음이나 수표

등은 그 자체가 매매대상이 아니고, 다른 재화나 용역거래에 대한 지급수단의 역할을 하는 것이므로 회계상의 유가증권에서는 제외된다.

구분	보유 목적	계정의 분류
단기매매증권	단기간 내의 **매매차익**을 목적	당좌자산
만기보유증권	**만기까지 보유할 목적**	당좌자산 또는 투자자산
매도가능증권	단기매매증권 및 만기보유증권으로 분류되지 않은 것	당좌자산 또는 투자자산
지분법적용투자주식	다른 회사에 중대한 영향력을 행사할 목적	투자자산

① 만기보유증권과 매도가능증권의 경우 만기가 1년 이내로 도래하면 당좌자산으로 분류 가능
② 단기매매증권은 다른 유가증권과목으로 재분류할 수 없다. 다만 단기매매증권이 시장성을 상실한 경우에는 반드시 매도가능증권으로 분류하여야 한다.
③ 만기보유증권과 매도가능증권은 단기매매증권으로 재분류할 수 없다.

2 유가증권의 회계처리

(1) 유가증권의 취득 시 회계처리

유가증권의 취득가액은 매입가액에 매입 시 발생한 부대비용을 합한 금액으로 한다. 다만 **단기매매증권의 경우에는 취득가액을 매입가액으로 하며 매입 시 발생한 부대비용은 영업외비용으로 처리**한다.

구분	회계처리			
단기매매증권	(차) 단기매매증권 **수수료비용**	XXX **XXX**	(대) 현금 등	XXX
만기보유증권	(차) 만기보유증권	XXX	(대) 현금 등	XXX
매도가능증권	(차) 매도가능증권	XXX	(대) 현금 등	XXX

(2) 유가증권의 보유 시 회계처리

1) 배당 및 이자수익 발생 시 회계처리

구분		회계처리
지분증권인 경우	현금배당	① 배당금수익을 인식 ② (차) 현금 등　　　XXX　　(대) 배당금수익　　XXX
	주식배당	① 주식배당에 대하여 회계처리 하지 않음 ② 단가와 수량만 새롭게 계산
채무증권인 경우		① 이자수익을 인식 ② (차) 현금 등　　　XXX　　(대) 이자수익　　　XXX

2) 기말평가 시 회계처리

구분	회계처리
단기매매증권 (영업외손익)	① 단기매매증권은 기말 현재 공정가액으로 평가한다. ② 평가이익이 발생한 경우 　　(차) 단기매매증권　　　XXX　　(대) 단기매매증권평가이익　XXX ③ 평가손실이 발생한 경우 　　(차) 단기매매증권평가손실　XXX　(대) 단기매매증권　　　XXX ④ **단기매매증권평가손익은 당기손익(영업외손익)으로 처리**

(3) 유가증권의 처분 시 회계처리

유가증권의 양도로 유가증권 보유자가 유가증권의 통제를 상실한 때에는 그 유가증권을 재무상태표에서 제거한다. 유가증권의 통제를 상실한 경우란 유가증권의 경제적 효익을 획득할 수 있는 권리를 전부 실현한 때, 그 권리가 만료된 때, 또는 그 권리를 처분한 때를 의미한다. 유가증권 처분 시에 발생하는 처분손익은 당기손익에 반영하며, **처분 시 발생하는 부대비용은 처분가액에서 차감하여 처리**한다.

구분	회계처리

단기매매증권	① 처분손익 = 처분금액 − 전기말공정가액 − 처분 시 발생한 수수료
	② 처분금액 > 전기말공정가액
	  (차) 현금 등 XXX (대) 단기매매증권 XXX
	                                          단기매매증권처분이익 XXX
	③ 처분금액 < 전기말공정가액
	  (차) 현금 등 XXX (대) 단기매매증권 XXX
	     단기매매증권처분손실 XXX
	④ 부대비용이 발생하는 경우에는 단기매매증권처분이익에서 차감시키거나 단기매매증권처분손실에 가산한다.

Impact(임팩트) 포인트

- 단기투자자산 : 단기금융상품, 단기매매증권, 단기대여금
- 단기매매증권 : 단기간 내의 매매차익을 목적으로 취득하는 유가증권
- 단기매매증권 매입 시 발생한 부대비용은 영업외비용으로 처리
- 단기매매증권 보유 시 발생한 배당 및 이자는 배당금수익, 이자수익으로 처리(영업외수익)
- 단기매매증권 기말 평가 시 평가손익은 영업외수익 또는 영업외비용 처리
- 평가손익 = 당기말 공정가액 − 전기말 공정가액
- 단기매매증권 처분 시 발생한 처분손익은 영업외수익 또는 영업외비용 처리
- 처분손익 = 처분가액 − 전기말 공정가액 − 처분 시 발생한 수수료

제 4 절 유형자산

1 유형자산의 의의

유형자산은 재화의 생산, 용역의 제공, 타인에 대한 임대 또는 자체적으로 사용할 목적으로 보유하는 물리적 형체가 있는 자산으로서, 1년을 초과하여 사용할 것이 예상되는 자산을 말한다. 따라서 아래와 같은 요건을 충족하여야 한다.

① 기업의 정상적인 <u>영업활동과정에서 사용하는 것</u>이어야 한다.
② 여러 회계연도에 걸쳐 내구적으로 사용하는 것이어야 한다. <u>1년을 초과하여 사용할 것</u>

<u>이 예상되는 자산</u>으로 만약 1년 이내의 단기간에 사용이 완료되는 것은 소모품 등으로 처리하여야 한다.
③ 미래의 경제적효익이 기대되어야 한다.
④ 물리적 실체가 있어야 한다.

구분	내용
토지	영업활동에 사용할 목적으로 보유하고 있는 대지, 임야, 농지 등
건물	영업활동에 사용할 목적으로 보유하고 있는 공장, 사무실, 창고, 기타건물부속물 등
구축물	영업활동에 사용할 목적으로 보유하고 있는 교량, 갱도, 도로포장, 굴뚝, 정원설비 등의 건물 이외의 구조물
기계장치	영업활동에 사용할 목적으로 보유하고 있는 기계설비, 운송설비, 부속설비 등
차량운반구	영업활동에 사용할 목적으로 보유하고 있는 승용차, 트럭, 버스, 오토바이 등
건설중인 자산	유형자산을 건설하기 위하여 건설완료 전까지 발생된 원가를 집계하는 임시계정
비품	영업활동에 사용할 목적으로 보유하고 있는 책상, 의자, 컴퓨터, 복사기 등

2 유형자산의 취득원가 산정

유형자산의 취득원가는 당해 자산을 의도된 목적에 사용할 때까지 정상적으로 발생한 모든 지출을 포함하는 것이 원칙이다. 따라서 유형자산의 취득원가는 당해 자산의 제작원가 또는 매입가액에 취득부대비용을 가산한 가액으로 한다. 취득부대비용이란 그 자산을 의도했던 대로 사용할 수 있는 상태에 이르기까지 부수적으로 발생한 운임, 보관비, 취득세, 등록면허세 등을 말한다. 그러나 회피가 가능한 비정상적인 지출은 취득부대비용으로 볼 수 없다.

(1) 취득원가에 대한 기본적인 내용

유형자산은 최초에는 '취득원가'로 측정하며, 현물출자, 증여, 기타 무상으로 취득한 자산의 가액은 '공정가치'를 취득원가로 한다. 취득원가는 구입원가 또는 제작원가 및 경영진이 의도하는 방식으로 자산을 가동하는 데 필요한 장소와 상태에 이르게 하는 데 직접 관련되는 ① 내지 ⑨와 관련된 지출 등으로 구성된다. 매입할인 등이 있는 경우에는 이를 차감하여 취득원가를 산출한다.

① 설치장소 준비를 위한 지출
② 외부 운송 및 취급비
③ 설치비
④ 설계와 관련하여 전문가에게 지급하는 수수료
⑤ 유형자산의 취득과 관련하여 국·공채 등을 불가피하게 매입하는 경우 당해 채권의 **매입가액과 기업회계기준에 따라 평가한 현재가치와의 차액**
⑥ 자본화대상인 차입원가
⑦ 취득세, 등록세 등 유형자산의 취득과 직접 관련된 제세공과금**(재산세 X)**
⑧ 해당 유형자산의 경제적 사용이 종료된 후에 원상회복을 위하여 그 자산을 제거, 해체하거나 또는 부지를 복원하는 데 소요될 것으로 추정되는 비용이 충당부채의 인식요건을 충족하는 경우 그 지출의 현재가치(복구비용)
⑨ 유형자산이 정상적으로 작동되는지 여부를 시험하는 과정에서 발생하는 원가. 단, 시험과정에서 생산된 재화의 순매각금액(시제품의 매각금액에서 매각부대원가를 뺀 금액)은 당해 원가에서 차감한다.

(2) 유형자산의 취득원가에 포함되지 않는 항목

유형자산이 경영진이 의도하는 방식으로 가동될 수 있는 장소와 상태에 이른 후에는 원가를 더 이상 인식하지 않는다. 예를 들어 유형자산과 관련된 산출물에 대한 수요가 형성되는 과정에서 발생하는 가동손실과 같은 초기 가동손실은 취득원가에 포함하지 아니한다. 유형자산의 원가가 아닌 예는 다음과 같다.

① 새로운 시설을 개설하는 데 소요되는 원가
② 새로운 상품과 서비스를 소개하는 데 소요되는 원가(예 : 광고 및 판촉활동과 관련된 원가)
③ 새로운 지역에서 또는 새로운 고객층을 대상으로 영업을 하는 데 소요되는 원가(예 : 직원 교육훈련비)
④ 관리 및 기타 일반간접원가

3 취득 이후의 지출에 대한 처리

유형자산의 취득 또는 완성 후의 지출이 유형자산의 인식기준을 충족하는 경우에는 자본적지출(취득원가에 가산)로 처리하고, 그렇지 않은 경우에는 수익적지출(판매비와관리비)로 처리한다.

구분	회계처리	내용
자본적지출	취득원가에 가산	① 내용연수를 연장 또는 미래 경제적 효익의 증가 등 ② 본래의 용도를 변경하기 위한 개량(증축, 개축 등), 엘리베이터, 냉난방장치, 피난시설 등의 설치 ③ 자본적지출 금액은 취득원가에 가산한 후 감가상각으로 비용처리 한다. ④ (차) 유형자산계정　　　XXX　　　(대) 현금 등　　　XXX
수익적지출	당기비용처리 (판매비와관리비)	① 자산의 현상유지 및 성능 회복 수준의 수선유지 등 ② 도장, 파손된 유리의 교체, 소모된 부속품 등의 교체, 건물의 도색 등 ③ 수익적지출 금액은 판매비와관리비로 당기비용처리한다. ④ (차) 수선비 등　　　XXX　　　(대) 현금 등　　　XXX

❋ 자본적지출을 수익적지출로 잘못 처리한 경우의 효과
　(자산 과소 → 자본(이익잉여금) 과소, 비용 과대 → 이익 과소)
❋ 수익적지출을 자본적지출로 잘못 처리한 경우의 효과
　(자산 과대 → 자본(이익잉여금) 과대, 비용 과소 → 이익 과대)

4 감가상각

감가상각은 유형자산의 감가상각대상금액을 그 자산의 내용연수 동안 체계적인 방법에 의하여 각 회계기간에 배분(비용화)하는 것을 의미한다. 유형자산은 사용에 의한 소모, 시간의 경과와 기술의 변화에 따른 진부화 등에 의해 미래경제적효익이 감소할 수 있다. 유형자산의 장부가액은 일반적으로 이러한 경제적효익의 소멸을 반영할 수 있는 감가상각비의 계상을 통하여 감소한다. 감가상각의 주목적은 취득원가의 배분이며 자산의 재평가는 아니다. 따라서 감가상각비는 유형자산의 장부가액이 공정가액에 미달하더라도 계속하여 인식하여야 한다.

(1) 감가상각비 결정요소

구분	내용
취득원가	매입가액 + 매입부대비용 + 자본적지출액
잔존가치	내용연수 종료 시점의 '예상처분가액 - 예상처분비용'
내용연수	**영업활동에 사용될 것으로 기대되는 기간**

(2) 감가상각방법

구분	내용
정액법	① 내용연수 동안 매기 감가상각비를 일정하게 인식하는 방법 ② 감가상각비 = (취득원가 - 잔존가치) X 1/내용연수
정률법	① 장부금액에 상각률을 곱하여 감가상각비를 계산하는 방법 ② 취득 초기에 감가상각비를 많이 계상하며 수익·비용대응원칙에 부합한다 ③ 감가상각비 = (취득원가 - 감가상각누계액) X 상각률
회계처리	(차) 감가상각비　　　　XXX　　　(대) 감가상각누계액　　　　XXX

※ 정액법 등 <u>합리적인 방법을 선택하여 감가상각</u>하여야 한다.(현금흐름, 절세 등 고려 X)
※ 감가상각대상금액은 '취득원가 - 잔존가치'이다.
※ <u>자산을 사용할 수 있는 때부터 감가상각한다.</u>
※ <u>토지, 건설중인자산, 매매목적인 재고자산, 폐기예정인 유형자산은 감가상각을 하지 않는다.</u>
※ <u>일시적으로 사용중지 상태이거나 할부로 취득한 유형자산은 감가상각대상에 해당한다.</u>
※ <u>감가상각방법은 매기 계속하여 적용하여야 하며, 정당한 사유 없이 변경하지 않는다.</u>
※ <u>새로 취득한 유형자산에 대한 감가상각방법을 선택할 때에는 기존의 동종 유형자산에 적용하였던 감가상각방법을 사용하여야 한다.</u>

5 유형자산의 처분

유형자산을 처분하는 경우에는 재무상태표에서 해당 유형자산과 감가상각누계액을 제거시키고 처분가액과 장부가액을 비교하여 처분손익을 인식한다. 단, 처분 시 부대비용이 발생하는 경우에는 처분가액에 차감한다.

구분	내용
처분가액 〉 장부가액	① (차) 감가상각누계액　　　×××　　(대) 유형자산　　　××× 　　　현금 등　　　　　　×××　　　　유형자산처분이익　××× ② 처분 시 발생한 부대비용은 유형자산처분이익을 감소시킨다. ③ 유형자산처분이익은 영업외수익으로 처리한다.
처분가액 〈 장부가액	① (차) 감가상각누계액　　　×××　　(대) 유형자산　　　××× 　　　현금 등　　　　　　××× 　　　유형자산처분손실　　××× ② 처분 시 발생한 부대비용은 유형자산처분손실을 증가시킨다. ③ 유형자산처분손실은 영업외비용으로 처리한다.

Impact(임팩트) 포인트

- 유형자산 : 생산, 용역의 제공, 임대, 자체 사용할 목적으로 보유하는 1년 초과하여 사용할 것이 예상되는 자산
- 토지, 건물, 구축물, 기계장치, 차량운반구, 건설중인자산, 비품
- 유형자산의 취득원가 = 취득가액 + 취득부대비용 + 자본적지출액
- 재산세는 보유세에 해당하므로 취득부대비용에 해당하지 않음
- 자본적지출 : 내용연수 연장 또는 미래 경제적효익의 증가 – 취득원가에 가산
- 수익적지출 : 현상유지 및 성능 회복 수준의 수선유지 – 판매비와 관리비로 처리
- 자본적지출을 수익적지출로 잘못 처리한 경우의 효과
  (자산 과소 – 자본(이익잉여금) 과소, 비용 과대 – 이익 과대)
- 감가상각 : 자산의 내용연수 동안 체계적인 방법에 의하여 비용화하는 과정
- 정액법 감가상각비 = (취득원가 – 잔존가치) X 1/내용연수 X 사용월수/12
- 정률법 감가상각비 = (취득원가 – 감가상각누계액) X 상각률 X 사용월수/12
- 감가상각은 자산을 사용할 수 있는 때부터 한다.
- 감가상각대상이 아닌 것 : 토지, 건설중인자산, 재고자산, 폐기예정인 유형자산 등
- 유형자산처분손익은 영업외수익 또는 영업외비용으로 처리

제 5 절 　 무형자산

1 무형자산의 의의

무형자산은 재화의 생산이나 용역의 제공, 타인에 대한 임대 또는 관리에 사용할 목적으로 기업이 보유하고 있으며, 물리적 형체가 없지만 식별가능하고, 기업이 통제하고 있으며, 미래 경제적효익이 있는 비화폐성자산을 말한다.

2 무형자산의 종류

(1) 무형자산의 종류

구분		내용
영업권	내부창출 영업권	① **내부적으로 창출된 영업권은 취득원가를 신뢰성 있게 측정할 수 없을 뿐만 아니라 기업이 통제하고 있는 식별가능한 자원도 아니기 때문에 자산으로 인식하지 않는다.** ② 내부적으로 창출된 브랜드, 고객 목록 및 이와 유사한 항목 등
	외부구입 영업권	① 기업 합병 등에 있어서 이전대가가 취득한 순자산의 공정가액을 초과하는 경우 그 차액을 영업권이라 한다. ② 기업회계기준에서는 외부구입 영업권만 무형자산으로 인정한다.
산업재산권		① 법률 등으로 일정 기간 독점적, 배타적으로 이용할 수 있는 권리 ② **특허권, 실용신안권, 상표권, 디자인권 등**
소프트웨어	자체개발한 경우	① 유형자산의 일부에 해당한다면 유형자산에 포함 ② 독립된 무형자산으로 볼 수 있다면 개발비로 처리 ③ 자산요건을 충족하지 않는다면 비용처리
	외부구입한 경우	① 유형자산의 일부에 해당한다면 유형자산에 포함 ② 독립된 무형자산으로 볼 수 있다면 소프트웨어로 처리 ③ 자산요건을 충족하지 않는다면 비용처리
개발비	연구단계에서 지출	① 연구비로 처리 ② 연구비는 판매비와관리비에 해당

구분	내용		
개발비	개발단계에서 지출	개발비 요건 충족	① 개발비 ② 개발비는 내부적으로 창출한 무형자산에 해당
		개발비 요건 미충족	① 경상개발비로 처리 ② 경상개발비는 판매비와관리비에 해당
기타	라이선스와 프랜차이즈, 저작권, 컴퓨터소프트웨어, 임차권리금, 광업권, 어업권 등 (전세권 X, 임차보증금 X)		

✽ 무형자산의 인식기준을 충족하지 못하는 지출은 발생한 기간의 비용으로 처리한다.

③ 무형자산의 인식요건과 취득원가의 산정

(1) 무형자산의 인식요건

무형자산을 자산으로 계상하기 위해서는 무형자산의 정의를 충족하여야 하며, 인식조건을 충족하여야 무형자산으로 인식할 수 있다.

구분	내용
무형자산의 정의 충족	① 식별가능성 ② 통제가능성 ③ 미래의 경제적 효익
무형자산의 인식조건 충족	① 미래 경제적효익의 유입가능성 ② 취득원가 측정의 신뢰성

(2) 무형자산의 취득원가 산정

개별 취득하는 무형자산의 원가는 다음 항목으로 구성된다.

① 구입가격(매입할인과 리베이트를 차감하고 수입관세와 환급받을 수 없는 제세금을 포함한다.)

② 자산을 의도한 목적에 사용할 수 있도록 준비하는 데 직접 관련되는 원가(매입 부대비용 등)

(3) 무형자산의 취득원가에 포함되지 않는 원가

미래 경제적효익을 가져오는 지출이 발생하였더라도 인식기준을 충족하는 무형자산이나 다른 자산이 획득 또는 창출되지 않는다면, 그 지출은 발생한 기간의 비용으로 인식한다. 예를 들면, 연구활동을 위한 지출은 항상 비용으로 인식한다. 발생한 기간의 비용으로 인식하는 기타 지출의 예는 다음과 같다.

① 법적 실체를 설립하는데 발생한 법적 비용과 같은 창업비, 새로운 시설이나 사업을 개시할 때 발생하는 개업비, 그리고 새로운 영업을 시작하거나 새로운 제품 또는 공정을 시작하기 위하여 발생하는 지출 등과 같은 사업개시비용
② 교육 훈련을 위한 지출
③ 광고 또는 판매촉진 활동을 위한 지출
④ 기업의 전부 또는 일부의 이전 또는 조직 개편에 관련된 지출

4 무형자산의 상각

(1) 상각의 의의

"상각"은 무형자산의 상각대상금액을 그 자산의 내용연수 동안 체계적인 방법에 의하여 각 회계기간의 비용으로 배분하는 것을 말한다. "상각대상금액"은 무형자산의 취득원가에서 잔존가액을 차감한 금액을 의미하며, "내용연수"는 자산의 예상사용기간 또는 자산으로부터 획득할 수 있는 생산량이나 이와 유사한 단위를 말한다.

(2) 무형자산의 상각

무형자산 상각비(제조원가, 판매비와관리비) = 취득가액 / 내용연수

① 무형자산은 원칙적으로 잔존가치를 "0"으로 한다.
② 무형자산의 상각기간은 독점적·배타적인 권리를 부여하고 있는 관계법령이나 계약에 정해진 경우를 제외하고는 20년을 초과할 수 없다(관계법령 등에서 독점적, 배타적인 권리를 부여하고 있는 경우에는 20년을 초과할 수 있다.).
③ 상각은 무형자산이 사용가능한 때부터 시작한다.

④ 법률상 유효기간과 경제적 내용연수가 모두 존재한다면 둘 중 짧은 것으로 상각한다.
⑤ 무형자산의 상각방법에는 정액법, 정률법, 이중체감법, 생산량비례법, 연수합계법 등을 사용한다.
⑥ 합리적인 상각방법을 정할 수 없는 경우에는 정액법을 사용한다.
⑦ 영업권의 경우에는 정액법만 허용한다.
 (국제회계기준에서 영업권은 상각을 하지 않고, 자산손상에 따른 손상검사를 하여야 한다.)
⑧ 내용연수가 비한정인 무형자산은 상각하지 않는다.
⑨ 재무제표에 표시하는 방법으로는 직접상각법과 간접상각법을 모두 허용한다. 다만 일반적으로는 상각누계액을 설정하지 않는 직접상각법을 사용하고 있다.
⑩ 사용을 중지하고 처분을 위해 보유하는 무형자산은 사용을 중지한 시점의 장부금액으로 표시한다.
⑪ 중소기업기본법에 의한 중소기업의 경우 무형자산의 내용연수 및 잔존가치의 결정을 법인세법의 규정에 따를 수 있다.
⑫ 무형자산을 사용하는 동안 내용연수에 대한 추정이 적절하지 않다는 것이 명백해진다면 내용연수 및 상각기간을 변경할 수 있다.
⑬ 무형자산의 공정가치가 증가하더라도 공정가치를 반영하지 않고 취득원가에 기초하여 상각한다.

> **Impact(임팩트) 포인트**
>
> - 무형자산 : 물리적 형체가 없지만 식별가능하고, 기업이 통제하고 있으며, 미래 경제적효익이 있는 비화폐성자산
> - 영업권, 산업재산권(특허권, 실용신안권, 상표권, 디자인권 등), 소프트웨어, 개발비, 라인선스와 프랜차이즈, 저작권, 임차권리금, 광업권, 어업권 등
> - 내부창출 영업권은 자산으로 인식하지 않는다.

제 6 절　기타비유동자산

1 기타비유동자산의 의의

기타비유동자산이란 비유동자산 중에 투자자산, 유형자산, 무형자산에 속하지 않는 자산을 의미한다.

2 기타비유동자산의 종류

구분	내용	
임차보증금	① 타인의 부동산을 사용하기 위하여 임대차계약에 의하여 임대인에게 지급하는 보증금 ② 임차권리금은 무형자산이므로 주의 ③ (차) 임차보증금　　　　XXX　　　　(대) 현금 등　　　　XXX	
전세권	① 월세조건 없이 타인의 부동산을 사용, 수익하기 위하여 임대인에게 지급하는 보증금 ② (차) 전세권　　　　XXX　　　　(대) 현금 등　　　　XXX	
장기매출채권 (통합 표시 계정)	장기외상매출금	① 기업의 주된영업활동에서 발생한 장기의 외상대금으로서 만기가 결산일로부터 1년 이후에 도래하는 것 ② (차) 장기외상매출금　XXX　(대) 상품매출　XXX
	장기받을어음	① 기업의 주된영업활동에서 발생한 장기의 받을어음으로서 만기가 결산일로부터 1년 이후에 도래하는 것 ② (차) 장기받을어음　XXX　(대) 상품매출　XXX
부도어음과수표	① 부도된 어음을 관리하기 위하여 사용하는 임시계정 ② 실제 대손이 확정될 때까지 일반 어음과 구분하여 관리 ③ 외부에 보고되는 재무제표에는 매출채권에 포함하여 보고 ④ (차) 부도어음과수표　　XXX　　　　(대) 받을어음　　　　XXX	
기타	이연법인세자산, 장기미수금 등	

> **Impact(임팩트) 포인트**
> - 비유동자산 : 투자자산, 유형자산, 무형자산, 기타비유동자산
> - 기타비유동자산 : 임차보증금, 전세권, 장기외상매출금, 장기받을어음, 부도어음과수표, 이연법인세자산, 장기미수금 등

제 7 절　부채

1 부채의 개념

부채는 과거의 거래나 사건의 결과로 현재 기업실체가 부담하고 있고 미래에 자원의 유출 또는 사용이 예상되는 의무이다. 일반기업회계기준에 따르면, 부채는 1년을 기준으로 유동부채와 비유동부채로 분류한다.

2 부채의 종류

(1) 유동부채

유동부채는 보고기간종료일로부터 1년 이내에 상환기간이 도래하는 부채를 의미한다. 다만, 정상적인 영업주기 내에 소멸할 것으로 예상되는 매입채무와 미지급비용 등은 보고기간종료일로부터 1년 이내에 결제되지 않더라도 유동부채로 분류한다.

① 당좌차월, 단기차입금 및 유동성장기차입금 등은 보고기간종료일로부터 1년 이내에 결제되어야 하므로 영업주기와 관계없이 유동부채로 분류한다.
② 비유동부채 중 보고기간종료일로부터 1년 이내에 자원의 유출이 예상되는 부분은 유동부채로 분류한다.

구분		내용
매입채무 (통합 표시 계정)	외상매입금	① 기업의 주된 영업활동에서 발생한 외상대금 ② (차) 원재료 등　　　XXX　　　(대) 외상매입금　　　XXX
	지급어음	① 기업의 주된 영업활동에서 발생한 지급어음 ② (차) 원재료 등　　　XXX　　　(대) 지급어음　　　XXX
단기차입금		① 보고기간종료일로부터 1년 이내에 만기가 도래하는 것 ② (차) 현금 등　　　XXX　　　(대) 단기차입금　　　XXX
미지급금		① 기업의 주된 영업활동 이외에서 발생한 외상대금 ② (차) 해당계정　　　XXX　　　(대) 미지급금　　　XXX
미지급비용		① 당기에 속하는 비용 중 차기에 지급 예정인 비용 ② (차) 수수료 등　　　XXX　　　(대) 미지급비용　　　XXX
선수금		① 계약금 성격으로 상품 판매 전에 미리 받은 금액 ② (차) 현금 등　　　XXX　　　(대) 선수금　　　XXX

구분	내용
선수수익	① 당기에 수취한 금액 중에서 차기에 수익으로 계상할 수익 ② (차) 현금 등　　XXX　　(대) 선수수익　　XXX
예수금	① 거래처나 종업원으로부터 일시적으로 미리 받아 둔 금액 ② (차) 급여 등　　XXX　　(대) 예수금　　XXX
부가세예수금	① 부가가치세법에 따라 납부하여야 하는 매출세액 ② (차) 현금 등　　XXX　　(대) 상품매출　　XXX 　　　　　　　　　　　　　부가세예수금　　XXX
미지급배당금	① 배당 결의일 현재 미지급된 현금배당액 ② (차) 미처분이익잉여금 XXX　　(대) 미지급배당금　　XXX
유동성장기부채	① 장기차입금 등 비유동부채 중 보고기간종료일로부터 만기가 1년 이내에 도래하는 것 ② (차) 장기차입금　　XXX　　(대) 유동성장기부채　　XXX
미지급세금	① 당해연도에 부담해야 할 세금으로서 아직 납부하지 않은 금액 ② (차) 법인세 등　　XXX　　(대) 미지급세금　　XXX
가수금	① 계정과목이나 금액이 확정되지 않았을 때 사용하는 임시계정 ② (차) 현금 등　　XXX　　(대) 가수금　　XXX

(2) 비유동부채

비유동부채는 유동부채가 아닌 부채로서, 보고기간종료일로부터 1년 이후에 만기가 도래하는 부채를 의미한다. 비유동부채의 분류의 예로 사채, 신주인수권부사채, 전환사채, 장기차입금, 퇴직급여충당부채, 이연법인세부채 등이 있다.

구분		내용
장기매입채무	장기외상매입금	① 기업의 주된 영업활동에서 발생한 것으로 보고기간종료일로부터 만기가 1년 이후에 도래하는 외상대금 ② (차) 원재료 등　　XXX　　(대) 장기외상매입금　　XXX
	장기지급어음	① 기업의 주된 영업활동에서 발생한 것으로 보고기간종료일로부터 만기가 1년 이후에 도래하는 지급어음 ② (차) 원재료 등　　XXX　　(대) 장기지급어음　　XXX
장기차입금		① 보고기간종료일로부터 만기가 1년 이후에 도래하는 차입금 ② (차) 현금 등　　XXX　　(대) 장기차입금　　XXX

장기미지급금	① 기업의 주된 영업활동 이외에서 발생한 외상대금으로서 보고기간종료일로부터 만기가 1년 이후에 도래하는 미지급금 ② (차) 해당계정　　　XXX　　　(대) 장기미지급금　　　XXX
임대보증금	① 타인에게 부동산을 임대하고 임대차계약에 의하여 임차인에게 지급받는 보증금 ② (차) 현금 등　　　XXX　　　(대) 임대보증금　　　XXX
사채	장기자금을 조달하기 위하여 발행한 채무증권
퇴직급여충당부채	장래에 종업원이 퇴직할 때 지급하게 될 퇴직금 준비액

> **Impact(임팩트) 포인트**
>
> - 유동부채 : 외상매입금, 지급어음, 단기차입금, 미지급금, 미지급비용, 선수금, 선수수익, 예수금, 부가세예수금, 미지급배당금, 유동성장기부채, 미지급세금, 가수금
> - 비유동부채 : 장기외상매입금, 장기지급어음, 장기차입금, 장기미지급금, 임대보증금, 사채, 퇴직급여충당부채
> - 예수금 : 거래처나 종업원으로부터 일시적으로 미리 받아 둔 금액

제 8 절　자본

1 자본금의 의의

법인기업과 다르게 개인기업에서는 기업과 기업주가 동일하다는 가정하에서 자본과 관련된 거래는 모두 자본금 계정 하나로 처리한다. 기업주가 기업을 설립할 때나 운영자금이 필요하여 출자를 하는 경우에는 자본금이 증가하고 개인적인 용도로 자금을 인출하면 자본금이 감소한다. 이러한 자본금의 증감은 기중에는 인출금이라는 계정을 사용해서 회계처리하며 기말에 해당 인출금 잔액을 자본금으로 대체한다.

2 인출금과 자본금의 회계처리

구분	내용			
출자하여 사업 개시	(차) 현금 등	×××	(대) 자본금	×××
추가 출자	(차) 현금 등	×××	(대) 인출금	×××
개인적 용도로 자금 인출	(차) 인출금	×××	(대) 현금	×××
기말수정분개	① 추가출자액 〉 개인적 용도 인출 금액 　　(차) 인출금　　×××　　(대) 자본금　　××× ② 추가출자액 〈 개인적 용도 인출 금액 　　(차) 자본금　　×××　　(대) 인출금　　×××			

> **Impact(임팩트) 포인트**
> - 인출금 계정은 임시계정과목
> - 인출금 계정은 기말에 자본금 계정으로 대체
> - 기초자본 + 수익 – 비용 = 기말자본
> - 기초자본 = 기초자산 – 기말부채
> - 기말자산 = 기말자산 – 기말부채
> - 기말자산 – 기말부채 = 기초자본 + 수익 – 비용
> - 기초자본 + 추가 출자액 – 인출금 = 기말자본

제 9 절 수익의 비용

1 수익과 비용의 의의

수익과 비용은 다음과 같이 정의 할 수 있다.

구분		내용
수익	수익	① 주된 영업활동과 관련하여 발생하는 것을 의미한다. ② 매출액
	차익	① 주된 영업활동 이외의 거래나 사건으로 발생하는 것을 의미한다. ② 처분이익, 단기매매증권평가이익 등 영업외수익

구분		내용
비용	비용	① 주된 영업활동과 관련하여 발생하는 것을 의미한다. ② 매출원가, 판매비와 관리비
	차손	① 주된 영업활동 이외의 거래나 사건으로 발생하는 것을 의미한다. ② 처분손실, 단기매매증권평가손실 등 영업외비용

2 수익의 인식요건

수익은 재화의 판매와 용역의 제공으로 구분할 수 있으며, 다음의 조건이 모두 충족될 때 수익을 인식한다.

구분	내용
재화의 판매	① 재화의 소유에 따른 유의적인 <u>위험과 보상이 구매자에게 이전</u>된다. ② 판매자는 판매한 재화에 대하여 소유권이 있을 때 통상적으로 행사하는 정도의 관리나 <u>효과적인 통제를 할 수 없다</u>. ③ <u>수익금액을 신뢰성 있게 측정</u>할 수 있다. ④ <u>경제적 효익의 유입가능성이 매우 높다</u>. ⑤ 거래와 관련하여 발생했거나 발생할 <u>원가를 신뢰성 있게 측정</u>할 수 있다.
용역의 제공	① <u>수입금액을 신뢰성 있게 측정</u>할 수 있다. ② <u>경제적 효익의 유입가능성이 매우 높다</u>. ③ <u>진행률을 신뢰성 있게 측정</u>할 수 있다. ④ 발생한 원가 및 투입하여야 할 <u>원가를 신뢰성 있게 측정</u>할 수 있다.

※ <u>수익은 재화의 판매 또는 용역의 제공이나 자산의 사용에 대하여 받았거나 받을 대가의 공정가치로 측정한다.</u>

3 비용의 인식요건

비용은 수익비용대응원칙에 따라 수익을 인식한 시점에서 수익과 관련된 비용을 인식한다.

구분	내용
관련 수익에 직접대응	① 비용이 관련 수익과 직접적인 인과관계를 파악할 수 있는 비용으로 수익과 직접 대응시키는 것 ② 매출원가 등

구분	내용
즉시 비용화	① 비용이 관련 수익과 직접적인 인과관계를 파악할 수 없는 비용으로 미래 경제적 효익의 가능성이 불확실한 경우 즉시 비용처리하는 것 ② 광고선전비 등
체계적 합리적 방법에 의한 기간배분	① 비용이 관련 수익과 직접적인 관련은 없지만 당해 지출이 일정 기간 동안 수익창출활동에 기여하는 것으로 판단되면 그 기간 동안 배분하는 것 ② 감가상각비 등

4 손익계산서의 목적과 구성항목

(1) 손익계산서의 목적

손익계산서는 일정 기간 동안 기업의 경영성과에 대한 정보를 제공하는 재무보고서이다. 손익계산서는 당해 회계기간의 경영성과를 나타낼 뿐만 아니라 기업의 미래현금흐름과 수익창출능력 등의 예측에 유용한 정보를 제공한다.

(2) 손익계산서의 구성항목

손익계산서는 다음과 같이 구분하여 표시한다.

구분	내용
I. 매출액	(순)매출액 = 총매출액 − 매출환입 − 매출에누리 − 매출할인
II. 상품매출원가	① 상품 매출원가 = 기초상품재고액 + 당기상품매입액 − 기말상품재고액 ② 당기상품매입액 = (순)매입액 = 총매입액 − 매입에누리 − 매입환출 − 매입할인
III. 매출총이익(손실)	매출총이익(손실) = 매출액 − 매출원가
IV. 판매비와 관리비	① 판매비와 관리비란 **주된 영업활동 관련된 거래나 사건으로 발생하는 비용을 의미**하며 매출원가에 속하지 아니하는 모든 영업비용을 말한다. ② **급여, 접대비, 임차료, 운반비 등**
V. 영업이익(영업손실)	영업이익(영업손실) = 매출총이익 − 판매비와 관리비

구분	내용
Ⅵ. 영업외수익	① 영업외수익이란 주된 영업활동 이외의 거래나 사건으로 발생하는 수익을 의미한다. ② **이자수익, 매도가능증권처분이익, 자산수증이익 등**
Ⅶ. 영업외비용	① 영업외비용이란 주된 영업활동 이외의 거래나 사건으로 발생하는 비용을 의미한다. ② **이자비용, 매도가능증권처분손실, 기부금 등**
Ⅷ. 소득세비용차감전순이익(손실)	소득세비용차감전순손익 = 영업이익(영업손실) + 영업외수익 – 영업외비용
Ⅸ. 소득세비용	소득세비용이란 소득세법 등의 법령에 의하여 납부하여야 할 금액을 말한다.
Ⅹ. 당기순이익(당기순손실)	당기순이익(당기순손실) = 소득세비용차감전순손익 – 소득세비용

※ 기부금은 영업외비용에 해당하므로 영업이익에는 영향을 줄 수 없으며 당기순이익에는 영향을 미침 (각 비용이 어느 이익에 영향을 줄 수 있는지 확인)

5 계정별 회계처리

구분		내용
판매비와 관리비	복리후생비	① 종업원의 복지를 위하여 지출하는 금액(회식비, 경조사비, 건강보험료의 회사부담금 등) ② (차) 복리후생비　　XXX　　(대) 현금 등　　XXX
	급여(잡급)	① 종업원에게 근로의 대가로 지급하는 금액(일용직) ② (차) 급여(잡급)　　XXX　　(대) 현금 등　　XXX
	퇴직급여	① 종업원이 퇴직할 때 근로의 대가로 지급하는 금액 ② (차) 퇴직급여　　XXX　　(대) 현금 등　　XXX
	임차료	① 건물, 토지 등을 임차하여 사용하는 대가로 지급하는 금액 ② (차) 임차료　　XXX　　(대) 현금 등　　XXX
	수수료비용	① 용역을 제공받고 그 대가로 지급하는 금액 ② (차) 수수료비용　　XXX　　(대) 현금 등　　XXX
	접대비	① 거래처와 관계 개선을 위하여 지급하는 금액(선물구입비, 경조사비, 식대 등) ② (차) 접대비　　XXX　　(대) 현금 등　　XXX
	광고선전비	① 판매촉진을 위한 광고, 선전, 홍보 등을 위하여 지급하는 금액 ② (차) 광고선전비　　XXX　　(대) 현금 등　　XXX

구분		내용
판매비와 관리비	감가상각비	① 유형자산, 비품의 취득원가를 합리적으로 배분하는 비용 ② (차) 감가상각비　　　XXX　　(대) 감가상각누계액　　XXX
	무형자산 상각비	① 무형자산의 취득원가를 합리적으로 배분하는 비용 ② (차) 무형자산상각비　　XXX　　(대) 무형자산　　　　XXX
	대손상각비	① 매출채권에 대하여 대손으로 인식하는 금액 ② (차) 대손상각비　　　XXX　　(대) 대손충당금 등　　XXX
	여비교통비	① 출장경비, 시내외 교통비 등으로 지급하는 금액 ② (차) 여비교통비　　　XXX　　(대) 현금 등　　　　XXX
	소모품비	① 소모품을 구입하는 비용(사무용품, 청소용품 등) ② (차) 소모품비　　　　XXX　　(대) 현금 등　　　　XXX
	교육훈련비	① 종업원의 직무향상을 위한 교육비 등 ② (차) 교육훈련비　　　XXX　　(대) 현금 등　　　　XXX
	세금과공과	① 세금과 기타의 공과금(자동차세, 일반협회비, 재산세, 벌금, 과태료 등) ② (차) 세금과공과　　　XXX　　(대) 현금 등　　　　XXX
	보험료	① 건물 등 보험가입에 따라 지급하는 금액 ② (차) 보험료　　　　　XXX　　(대) 현금 등　　　　XXX
	차량유지비	① 차량에 대한 유지비용(주유비, 차량수리비, 톨게이트 비용, 주차비 등) ② (차) 차량유지비　　　XXX　　(대) 현금 등　　　　XXX
	수선비	① 유형자산 등의 성능 유지를 위한 수리비 등 ② (차) 수선비　　　　　XXX　　(대) 현금 등　　　　XXX
	도서인쇄비	① 도서, 신문 등의 구입 및 인쇄와 관련된 비용 ② (차) 도서인쇄비　　　XXX　　(대) 현금 등　　　　XXX
	통신비	① 전화, 우편, 인터넷 사용료 등 ② (차) 통신비　　　　　XXX　　(대) 현금 등　　　　XXX
	운반비	① 상품, 제품 등을 발송하는 데 소요된 금액(택배비, 퀵 등) ② (차) 운반비　　　　　XXX　　(대) 현금 등　　　　XXX
	수도광열비	① 수도요금, 전기료, 가스요금 등 ② (차) 수도광열비　　　XXX　　(대) 현금 등　　　　XXX
영업외 수익	임대료	① 건물, 토지 등을 임대하여 받는 대가 ② (차) 현금 등　　　　XXX　　(대) 임대료　　　　XXX
	수수료수익	① 용역을 제공하고 받는 대가 ② (차) 현금 등　　　　XXX　　(대) 수수료수익　　XXX

구분		내용
영업외 수익	이자수익	① 예금, 적금, 대여금 등에 대하여 받는 이자 ② (차) 현금 등　　　　XXX　　(대) 이자수익　　　　XXX
	배당금수익	① 주식 등에 대하여 이익분배 받은 금액 ② (차) 현금 등　　　　XXX　　(대) 배당금수익　　　XXX
	유형자산 등 처분이익	① 유형자산, 무형자산, 비품 등을 처분하였을 때 발생하는 이익 ② (차) 감가상각누계액　　XXX　　(대) 건물　　　　　　XXX 　　　현금 등　　　　　XXX　　　　유형자산처분이익　XXX
	자산수증이익	① 무상으로 증여 받은 금액으로 인하여 발생하는 이익 ② (차) 건물 등　　　　XXX　　(대) 자산수증이익　　XXX
	채무면제이익	① 채무를 면제 받아 발생하는 이익 ② (차) 외상매입금 등　　XXX　　(대) 채무면제이익　　XXX
	잡이익	① 일시적으로 발생하는 중요하지 않은 소액의 이익 ② (차) 현금 등　　　　XXX　　(대) 잡이익　　　　　XXX
영업외 비용	이자비용	① 차입금 등에 대하여 지급하는 이자 ② (차) 이자비용　　　　XXX　　(대) 현금 등　　　　　XXX
	기타의 대손 상각비	① 미수금 등에 대하여 대손으로 인식하는 금액 ② (차) 기타의 대손상각비　XXX　　(대) 대손충당금 등　　XXX
	기부금	① 업무와 무관하게 기부하는 금전 및 현물의 대가 ② (차) 기부금　　　　　XXX　　(대) 현금 등　　　　　XXX
	매출채권처분 손실	① 매출채권을 금융회사 등에 처분 시 발생하는 손실 ② (차) 현금 등　　　　XXX　　(대) 매출채권　　　　XXX 　　　매출채권처분손실　XXX
	유형자산 등 처분손실	① 유형자산, 무형자산, 비품 등을 처분하였을 때 발생하는 손실 ② (차) 감가상각누계액　　XXX　　(대) 건물　　　　　　XXX 　　　현금 등　　　　　XXX 　　　유형자산처분손실　XXX
	재해손실	① 천재지변, 화재 등 재해로 발생하는 손실 ② (차) 감가상각누계액　　XXX　　(대) 건물　　　　　　XXX 　　　재해손실　　　　　XXX
	잡손실	① 일시적으로 발생하는 중요하지 않은 소액의 손실 ② (차) 잡손실　　　　　XXX　　(대) 현금 등　　　　　XXX

> **Impact(임팩트) 포인트**
> - 재화의 판매 수익 인식요건 : 위험과 보상이 구매자에게 이전, 판매자는 판매한 재화에 대하여 효과적인 통제를 할 수 없음, 수익금액을 신뢰성 있게 측정 가능, 경제적 효익의 유입가능성이 매우 높음, 원가를 신뢰성 있게 측정 가능
> - 판매비와 관리비 : 복리후생비, 급여, 잡급, 퇴직급여, 임차료, 수수료비용, 접대비, 광고선전비, 감가상각비, 무형자산상각비, 대손상각비, 여비교통비, 소모품비, 교육훈련비, 세금과공과, 보험료, 차량유지비, 수선비, 도서인쇄비, 통신비, 운반비, 수도광열비 등
> - 영업외수익 : 임대료, 수수료수익, 이자수익, 배당금수익, 유형자산 등 처분이익, 자산수증이익, 채무면제이익, 잡이익 등
> - 영업외비용 : 이자비용, 기타의 대손상각비, 기부금, 매출채권처분손실, 유형자산 등 처분손실, 재해손실, 잡손실 등
> - 매출액 − 매출원가 = 매출총손익
> - 매출총손익 − 판매비와 관리비 = 영업손익
> - 영업손익 + 영업외수익 − 영업외비용 = 소득세비용 차감전 순손익
> - 소득세비용 차감전 순손익 − 소득세비용 = 당기순손익

제 10 절 결산

1 결산의 의의

결산이란, 회계연도 종료 후에 해당 회계연도의 회계처리를 마감하고, 재무제표를 작성하는 절차를 의미한다. 기중 회계처리만으로는 실제 기업의 재무상태, 경영성과 등을 회계장부가 제대로 반영하지 못하고 있으므로, 결산시기의 회사의 재무상태를 장부에 반영하고, 기중의 경영성과를 적정하게 측정하기 위해서 결산정리분개를 하는 것이다.

2 결산정리분개의 유형

결산정리분개의 유형을 예시로 살펴보면 다음과 같다.

구분	결산정리분개 내용
손익 관련	매출원가의 계상
	수익의 이연과 발생
	비용의 이연과 발생
자산·부채 관련	유가증권의 평가
	대손충당금의 설정
	재고자산의 평가
	퇴직급여충당부채의 설정
	외화자산·부채의 평가
	감가상각비의 계상
	비유동부채의 유동성대체
	소모품계정의 정리
	부가세대급금과 예수금계정의 정리
임시계정의 정리	가지급금 및 가수금의 정리
	현금과부족의 정리
소득세비용	소득세비용의 설정

(1) 수익·비용의 이연과 발생

구분	내용
수익의 이연	① 당기에 이미 수취한 수익 중에서 차기에 속하는 수익을 이연 ② 수익수취 시점에 모두 수익으로 인식한 경우 　– 수익수취 시점 : (차) 현금 등　　XXX　(대) 임대료 등　　XXX 　– 결산정리 시점 : (차) 임대료 등　XXX　(대) 선수수익　　XXX ③ 수익수취 시점에 모두 선수수익(부채)으로 인식한 경우 　– 수익수취 시점 : (차) 현금 등　　XXX　(대) 선수수익　　XXX 　– 결산정리 시점 : (차) 선수수익　XXX　(대) 임대료 등　　XXX

구분	내용

수익의 발생	① 당기 수익이지만 아직 회수되지 않은 부분을 수익으로 인식
	② 회계처리
	    - 결산정리 시점 : (차) 미수수익 XXX (대) 이자수익 등 XXX
	    - 차기수취 시점 : (차) 현금 등 XXX (대) 미수수익 XXX

비용의 이연	① 당기에 이미 지급한 비용 중에서 차기에 속하는 비용을 이연
	② 비용을 지급한 시점에서 모두 비용으로 인식한 경우
	    - 비용지급 시점 : (차) 보험료 등 XXX (대) 현금 등 XXX
	    - 결산정리 시점 : (차) 선급비용 XXX (대) 보험료 등 XXX
	③ 비용을 지급한 시점에서 모두 선급비용(자산)으로 인식한 경우
	    - 비용지급 시점 : (차) 선급비용 XXX (대) 현금 등 XXX
	    - 결산정리 시점 : (차) 보험료 등 XXX (대) 선급비용 XXX

비용의 발생	① 당기 비용이지만 아직 지급하지 않은 부분에 대하여 비용으로 인식
	② 회계처리
	    - 결산정리 시점 : (차) 이자비용 등 XXX (대) 미지급비용 XXX
	    - 차기지급 시점 : (차) 미지급비용 XXX (대) 현금 등 XXX

(2) 외화자산 및 부채의 평가

구분	내용

외화자산	① 환율이 상승한 경우
	    - 결산정리 시점 : (차) 외화예금 등 XXX (대) 외화환산이익 XXX
	② 환율이 하락한 경우
	    - 결산정리 시점 : (차) 외화환산손실 XXX (대) 외화예금 등 XXX

외화부채	① 환율이 상승한 경우
	    - 결산정리 시점 : (차) 외화환산손실 XXX (대) 외화차입금 등 XXX
	② 환율이 하락한 경우
	    - 결산정리 시점 : (차) 외화차입금 등 XXX (대) 외화환산이익 XXX

(3) 소모품계정의 정리

구분	내용
소모품 구입 시 모두 자산처리 한 경우	① 구입 시점 : (차) 소모품 XXX (대) 현금 등 XXX ② 결산 시점 : (차) 소모품비 XXX (대) 소모품 XXX - 소모품 사용량에 대하여 비용처리

구분	내용
소모품 구입 시 모두 비용처리 한 경우	① 구입 시점 : (차) 소모품비　　XXX　　(대) 현금 등　　XXX ② 결산 시점 : (차) 소모품　　XXX　　(대) 소모품비　　XXX – 결산시점에 소모품 잔량에 대하여 비용을 취소하고 자산으로 처리

(4) 가지급금과 가수금의 정리

구분	내용
가지급금	① 가지급금의 발생 :　　(차) 가지급금　　XXX　　(대) 현금 등　　XXX ② 확인 또는 결산시점 : (차) 여비교통비 등　XXX　(대) 가지급금　XXX
가수금	① 가수금의 발생 :　　(차) 현금 등　　XXX　　(대) 가수금　　XXX ② 확인 또는 결산시점 : (차) 가수금　　XXX　　(대) 상품매출 등　XXX

Impact(임팩트) 포인트

- 수익의 이연 : 선수수익(부채) – 이미 수취하였지만 차기 수익으로 이연
- 수익의 발생 : 미수수익(자산) – 아직 수취하지 않았지만 당기 수익으로 인식
- 비용의 이연 : 선급비용(자산) – 이미 지급하였지만 차기 비용으로 이연
- 비용의 발생 : 미지급비용(부채) – 아직 지급하지 않았지만 당기 비용으로 인식
- 자산의 누락 : 자산 과소 – 자본(이익잉여금) 과소 – 수익 과소 – 당기순이익 과소
- 부채의 누락 : 부채 과소 – 자본(이익잉여금) 과대 – 비용 과소 – 당기순이익 과대
- 외화자산의 기말평가
  ① 환율 상승 : 외화환산이익 – 자산이 증가
  ② 환율 하락 : 외화환산손실 – 자산이 하락
- 외화부채의 기말평가
  ① 환율 상승 : 외화환산손실 – 부채가 증가
  ② 환율 하락 : 외화환산이익 – 부채가 감소

예제문제

1 회계의 기초이론
2 계정과목별 회계처리의 이해

02

CHAPTER 01 회계의 기초이론 예제문제

전산회계2급

1절 회계의 기본개념

회계의 기본개념 편에서 주요하게 출제되는 문제는
1. 회계정보의 이용자
2. 회계연도
3. 재무제표의 개념 및 요소의 이해

이렇게 3가지 유형으로 구분할 수 있다. 매 회차 시험에서 출제된다고 보아야 하며 개념 위주로 정리하도록 하자.

---

01 다음 중 회계정보의 내부이용자에 속하는 이해관계자로 옳은 것은?

① 고객 ② 정부 ③ 경영자 ④ 채권자

해설
내부이용자 : 경영자, 종업원, 관리자 등
외부이용자 : 투자자, 채권자, 주주, 정부, 거래처 등

---

02 회계기간에 대한 설명 중 틀린 것은?

① 보고기간이라고도 한다.
② 원칙적으로 1년을 초과할 수 없다.
③ 유동자산과 비유동자산의 구분기준이다.
④ 전기, 당기, 차기로 구분할 수 있다.

해설
유동자산(부채)과 비유동자산(부채)의 구분기준은 1년이다.

정답 1.③ 2.③

03. 다음 중 일반기업회계기준에서 정하고 있는 재무제표가 아닌 것은?

① 주석 ② 현금흐름표 ③ 자본변동표 ④ 합계잔액시산표

> **해설**
> 재무제표 : 재무상태표, 손익계산서, 자본변동표, 현금흐름표, 주석

04. 다음의 작성방법은 어느 것을 나타내는 것인가?

> 해당 개별 항목에 기호를 붙이고 별지에 동일한 기호를 표시하여 그 내용을 설명한다.

① 주기 ② 주석 ③ 인식 ④ 측정

05. 다음 중 일정 시점 현재 기업이 보유하고 있는 경제적 자원인 자산과 경제적 의무인 부채, 그리고 자본에 대한 정보를 제공하는 재무보고서는 무엇인가?

① 손익계산서 ② 자본변동표 ③ 재무상태표 ④ 현금흐름표

06. 다음 중 재무상태표에 관한 설명으로 가장 적절한 것은?

① 일정 기간 동안 기업의 경영성과에 대한 정보를 제공하는 재무보고서이다.
② 기업 자본의 크기와 그 변동에 관한 정보를 제공하는 재무보고서이다.
③ 일정 기간 동안 기업의 현금유입과 현금유출에 대한 정보를 제공하는 재무보고서이다.
④ 일정 시점 현재 기업이 보유하고 있는 자산과 부채, 그리고 자본에 대한 정보를 제공하는 재무보고서이다.

> **해설**
> ① 손익계산서에 대한 설명이다.
> ② 자본변동표에 대한 설명이다.
> ③ 현금흐름표에 대한 설명이다.

정답 3.④ 4.② 5.③ 6.④

> **2절 재무상태표의 이해와 작성**
> 재무상태표의 이해와 작성편에서 주요하게 출제되는 문제는
> 1. 자산, 부채, 자본 계정과목
> 2. 재무상태표 등식
> 3. 재무상태표 작성기준
> 이렇게 3가지 유형으로 구분할 수 있다. 매 회차 시험에서 출제된다고 보아야 하며 개념 위주로 정리하도록 하자.

01 다음 중 재무상태표에 포함되어야 하는 사항이 아닌 것은?
① 기업명 ② 금액단위 ③ 보고통화 ④ 회계기간

> **해설**
> 손익계산서 : 회계기간 표시
> 재무상태표 : 보고기간 종료일을 표시

02 다음 중 자산, 부채, 자본의 개념에 대한 설명으로 틀린 것은?
① 자산은 미래의 경제적 효익으로 미래 현금흐름 창출에 기여하는 잠재력을 말한다.
② 자본은 자산 총액에서 부채 총액을 차감한 잔여액 또는 순자산으로서 자산에 대한 소유주의 잔여청구권이다.
③ 부채는 과거의 거래나 사건의 결과로 미래에 자원의 유입이 예상되는 의무이다.
④ 복식부기를 적용 시 대차평균의 원리가 사용된다.

> **해설**
> 부채는 과거의 거래나 사건의 결과로 현재 기업실체가 부담하고 있고 미래에 자원의 유출 또는 사용이 예상되는 의무이다.

정답 1.④ 2.③

03 다음 중 자산, 부채, 자본에 대한 설명 중 틀린 것은?

① 자본은 기업실체의 자산총액에서 부채총액을 차감한 순자산을 말한다.
② 기업의 자금조달 방법에 따라 타인자본과 자기자본으로 구분하며, 부채는 자기자본에 해당한다.
③ 자산은 과거의 거래나 사건의 결과로서 현재 기업실체에 의해 지배되고 미래에 경제적 효익을 창출할 것으로 기대되는 자원을 말한다.
④ 자본은 기업실체의 자산에 대한 소유주의 잔여청구권이다.

해설
타인자본은 부채에 해당한다.

04 다음 설명 중 잘못된 것은?

① 자산은 과거의 거래나 사건의 결과로서 현재 기업실체에 의해 지배되고 미래에 경제적 효익을 창출할 것으로 기대되는 자원을 말한다.
② 기업의 자금조달방법에 따라 타인자본과 자기자본으로 구분된다. 부채는 자기자본에 해당되며, 타인으로부터 빌린 빚을 말한다.
③ 자본은 기업실체의 자산총액에서 부채총액을 차감한 잔여액 또는 순자산을 말한다.
④ 비용은 기업실체의 경영활동과 관련된 재화의 판매 또는 용역의 제공 등에 따라 발생하는 자산의 유출이나 사용 또는 부채의 증가이다.

해설
타인자본은 부채에 해당한다.

05 다음 계정과목들 중 그 성격이 다른 것은?

① 가지급금   ② 미지급금   ③ 선수금   ④ 외상매입금

해설
가지급금은 자산계정에 속한다(임시계정).

정답 3.② 4.② 5.①

06 다음 중 재무상태표에 표시되는 계정과목이 아닌 것은?

① 개발비 ② 차입금 ③ 광고선전비 ④ 자본금

해설
광고선전비는 손익계산서에 표시되는 계정과목이다.

07 다음 중 재무상태표에 표시되는 계정과목이 아닌 것은?

① 기부금 ② 영업권 ③ 개발비 ④ 자본금

해설
기부금은 손익계산서에 표시되는 계정과목이다.

08 자산과 자본이 다음과 같을 때 부채총액은 얼마인가?

- 상품 : 400,000원
- 차량운반구 : 150,000원
- 건물 : 500,000원
- 자본금 : 500,000원

① 400,000원 ② 550,000원 ③ 650,000원 ④ 900,000원

해설

자산	− 부채	= 자본
상품 : 400,000원 건물 : 500,000원 차량운반구 : 150,000원 합계 : 1,050,000원	X = ? ∴ 550,000	500,000원

정답 6.③ 7.① 8.②

09 다음은 재무상태표 작성기준에 대한 설명이다. 틀린 것은?

① 재무상태표의 계정과목은 유동성이 낮은 순서대로 배열한다.
② 재무상태표에서 자산·부채·자본은 총액 표시를 원칙으로 한다.
③ 자본 항목 중 잉여금은 자본잉여금과 이익잉여금으로 구분하여 표시한다.
④ 자산과 부채는 원칙적으로 결산일 현재 1년을 기준으로 유동항목과 비유동항목으로 구분하여 표시한다.

> **해설**
> 유동성배열법 : 재무상태표의 계정과목은 유동성이 높은 순서대로 배열한다.

10 재무상태표를 작성할 때 부채부분에서 단기차입금을 장기차입금보다 먼저(위에) 표시하는 것은 어느 원칙을 따르는 것인가?

① 유동성배열법
② 총액표시원칙
③ 구분표시원칙
④ 계속주의원칙

> **해설**
> 유동성배열법에 대한 설명이다.

11 다음 자료에서 유동성배열법에 의한 자산 계정의 배열 순서가 옳은 것은?

| (가) 비품 | (나) 상품 | (다) 현금 | (라) 영업권 |

① (다) - (나) - (가) - (라)
② (다) - (가) - (라) - (나)
③ (다) - (가) - (나) - (라)
④ (다) - (나) - (라) - (가)

> **해설**
> 현금(당좌자산) → 상품(재고자산) → 비품(유형자산) → 영업권(무형자산) 순으로 배열

정답 9. ① 10. ① 11. ①

제3절 손익계산서의 이해와 작성 예제문제

손익계산서의 이해와 작성편에서 주요하게 출제되는 문제는
01. 손익계산서의 산식과 등식
02. 판매비와 관리비 등 계정과목
03. 손익계산서 작성기준

이렇게 3가지 유형으로 구분할 수 있다. 매 회차 시험에서 출제된다고 보아야 하며 개념 위주로 정리하도록 하자.

01 다음 중 손익계산서에 포함되어야 할 거래는 어떤 것인가?
① 거래처로부터 계약금을 현금수령하다.
② 전기요금을 현금으로 지급하다.
③ 토지를 매입하고 당좌수표를 지급하다.
④ 현금을 보통예금통장에 입금하다.

해설
전기요금은 비용항목으로 손익계산서에 표시되는 계정과목이다.

02 다음 중 손익계산서에 표시되는 항목으로 옳은 것은?
① 유동자산
② 자본금
③ 매출원가
④ 비유동부채

해설
매출원가는 비용이기 때문에 손익계산서에 표시되는 계정과목이다.

03 다음 중 손익계산서 구성항목이 아닌 것은?
① 매출액
② 영업외비용
③ 판매관리비
④ 자본금

해설
자본금은 재무상태표 구성항목이다.

정답 1.② 2.③ 3.④

04 다음 중 일반 기업회계기준의 손익계산서 작성기준에 대한 설명으로 가장 잘못된 것은?

① 수익과 비용은 순액으로 기재함을 원칙으로 한다.
② 수익은 실현시기를 기준으로 인식한다.
③ 비용은 관련 수익이 인식된 기간에 인식한다.
④ 수익과 비용의 인식기준은 발생주의를 원칙으로 한다.

해설
총액주의 : 수익과 비용은 총액으로 기재함을 원칙으로 한다.

정답
4. ①

제4절 회계의 기록과 순환과정 예제문제

회계의 기록과 순환과정편에서 주요하게 출제되는 문제는
01. 회계상 거래와 종류
02. 거래의 8요소와 결합관계
03. 회계의 순환과정
이렇게 3가지 유형으로 구분할 수 있다. 매 회차 시험에서 출제된다고 보아야 하며 개념 위주로 정리하도록 하자.

01 다음 중 거래의 성립요건에 해당하지 않는 것은?

① 상품 200,000원을 도난당하다.
② 컴퓨터 1대를 500,000원에 구입하고 대금은 월말에 지급하기로 하다.
③ 회사의 신문대금 30,000원을 현금으로 결제하다.
④ 제주도 감귤농장에 감귤 5,000,000원어치를 주문하다.

> **해설**
> 회계상 거래는 자산, 부채, 자본 증감변동에 영향을 미쳐야 한다. 따라서 계약체결, 상품주문, 채용, 약속 등은 회계상 거래에 해당하지 않는다.

02 다음 중 회계상 거래를 모두 고른 것은?

> • 영미실업은 ㉠ 종업원을 추가로 채용하고 ㉡ 건물을 추가로 사용하기 위해 임대차계약을 체결하였으며 ㉢ 영업용 자동차 1대를 현금으로 매입하였다. 또한, ㉣ 1천만원의 상품을 추가로 주문하였고, ㉤ 바른은행에서 현금 2천만원을 3년간 차입하였다.

① ㉢, ㉤   ② ㉠, ㉣   ③ ㉠, ㉡   ④ ㉣, ㉤

> **해설**
> 회계상의 거래는 회사 재산상 증감을 가져오는 사건을 의미한다. 종업원 채용, 임대차계약의 체결, 상품의 주문은 회계상 거래에 해당하지 않는다.

정답 1.④ 2.①

03 다음 중 장부를 기록하는 방법에 대한 설명이 틀린 것은?

① 부기는 기록, 계산하는 방법에 따라 단식부기와 복식부기로 분류된다.
② 복식부기는 일정한 원리나 원칙에 따라 현금이나 재화의 증감은 물론 손익의 발생을 조직적으로 계산하는 부기이다.
③ 복식부기는 대차평균의 원리에 의하여 오류를 자동으로 검증하는 자기검증기능이 있다.
④ 복식부기는 일정한 원리원칙이 없이 재산의 증가 감소를 중심으로 기록하며 손익의 원인을 계산하지 않는 부기이다.

> **해설**
> 단식부기는 일정한 원리원칙이 없이 재산의 증가 감소를 중심으로 기록하며 손익의 원인을 계산하지 않는 기장방법이다.

04 다음 중 회계상 자산의 감소를 발생시키는 거래가 아닌 것은?

① 직원 회식대를 현금으로 지급하였다.
② 회사 비품을 구입하고 신용카드로 결제하였다.
③ 거래처 외상대를 당좌수표를 발행하여 지급하였다.
④ 금고에 보관하던 현금을 도난당했다.

> **해설**
> (차) 비품 XXX – 자산 증가   (대) 미지급금 XXX – 부채 증가
> ① (차) 복리후생비 XXX – 비용 증가   (대) 현금 XXX – 자산 감소
> ③ (차) 외상매입금 XXX – 부채 감소   (대) 당좌예금 XXX – 자산 감소
> ④ (차) 재해손실 XXX – 비용 증가   (대) 현금 XXX – 자산 감소

05 다음 중 거래의 종류를 연결한 것으로 틀린 것은?

① 이자수익 10,000,000원을 현금으로 받다 – 손익거래
② 영업용 비품을 1,000,000원에 구입하고 대금은 현금으로 지급하다 – 교환거래
③ 보험료 2,000,000원을 현금으로 지급하다 – 손익거래
④ 영업용 건물을 10,000,000원에 구입하고 대금 중 일부는 현금으로 지급하고, 나머지 잔액은 나중에 지급하기로 하다 – 혼합거래

> **해설**
> 혼합거래란 하나의 거래에서 교환거래와 손익거래가 동시에 발생하는 거래를 말한다.

정답 3.④ 4.② 5.④

06 다음 중 거래 결합관계에서 성립할 수 없는 것은?

① (차변) 부채의 증가   (대변) 부채의 감소
② (차변) 자산의 증가   (대변) 자본의 증가
③ (차변) 자산의 증가   (대변) 수익의 발생
④ (차변) 비용의 발생   (대변) 자산의 감소

해설
부채의 증가는 대변, 부채의 감소는 차변 기록 사항이다.

07 다음 중 경영성과에 영향을 미치는 거래는?

① 미지급금을 보통예금으로 지급하다.
② 미지급금을 약속어음을 발행하여 지급하다.
③ 예수금을 현금으로 지급하다.
④ 차입금에 대한 이자를 현금으로 지급하다.

해설
(차) 이자비용 XXX   (대) 현금 XXX – 손익거래
① (차) 미지급금 XXX   (대) 보통예금 XXX – 교환거래
② (차) 미지급금 XXX   (대) 지급어음 또는 미수금 XXX – 교환거래
③ (차) 예수금 XXX   (대) 현금 XXX – 교환거래

08 다음과 같은 결합관계에 해당하는 거래로 옳지 않은 것은?

(차변) 부채의 감소   (대변) 자산의 감소

① 현금 2,000,000원을 단기간 차입하다.
② 미지급금 100,000원을 현금으로 지급하다.
③ 외상매입금 500,000원을 현금으로 상환하다.
④ 예수금 200,000원을 보통예금 계좌에서 이체하여 지급하다.

해설
(차) 현금 2,000,000(자산 증가)   (대) 단기차입금 2,000,000(부채 증가)
② (차) 미지급금 100,000(부채 감소)   (대) 현금 100,000(자산 감소)
③ (차) 외상매입금 500,000(부채 감소)   (대) 현금 500,000(자산 감소)
④ (차) 예수금 200,000(부채 감소)   (대) 보통예금 200,000(자산 감소)

정답 6. ① 7. ④ 8. ①

09 다음과 같은 거래요소의 결합관계로 이루어지는 거래는?

> (차변) 자산의 증가   (대변) 자산의 감소

① 거래처 경조사비로 200,000원을 보통예금에서 계좌이체하다.
② 보통예금 50,000,000원을 출자하여 영업을 개시하다.
③ 사무실 임차보증금 3,000,000원을 보통예금에서 지급하다.
④ 사무실에서 사용할 컴퓨터를 1,000,000원에 구매하고 신용카드로 결제하다.

해설

(차) 임차보증금(자산 증가)   3,000,000   (대) 보통예금(자산 감소)   3,000,000
① (차) 접대비(비용 발생)   200,000   (대) 보통예금(자산 감소)   200,000
② (차) 보통예금(자산 증가) 50,000,000   (대) 자본금(자본 증가)   50,000,000
④ (차) 비품(자산 증가)   1,000,000   (대) 미지급금(부채 증가) 1,000,000

10 다음 중 회계의 순환과정을 올바르게 나열한 것은?

> ㉠ 시산표 작성   ㉡ 재무제표 작성   ㉢ 거래의 발생
> ㉣ 총계정원장 기입   ㉤ 분개장 기입

① ㉠ → ㉢ → ㉤ → ㉣ → ㉡
② ㉢ → ㉤ → ㉣ → ㉠ → ㉡
③ ㉢ → ㉤ → ㉠ → ㉣ → ㉡
④ ㉢ → ㉠ → ㉤ → ㉣ → ㉡

해설

회계의 순환과정 : 거래의 발생 → 분개(분개장 기입) → 전기(총계정원장 기입) → 수정전시산표 작성 → 결산분개 → 수정후시산표 작성 → 재무제표 작성

정답 9.③ 10.②

11. 다음 중 회계의 순환 과정 순서로 올바른 것은?

> a. 분개　　　b. 시산표작성　　　c. 결산수정분개　　　d. 거래의 발생
> e. 총계정원장의 마감　　f. 결산보고서 작성 절차　　g. 전기(총계정원장)

① a → b → c → d → e → f → g
② b → a → d → g → c → e → f
③ d → a → g → b → c → e → f
④ d → a → g → c → b → f → e

해설
회계의 순환과정 : 거래의 발생 → 분개(분개장 기입) → 전기(총계정원장 기입) → 수정전시산표 작성 → 결산분개 → 수정후시산표 작성 → 장부마감 → 재무제표 작성

12. 결산의 절차 중 결산준비를 위한 예비절차에 해당하는 것은?

① 재무상태표의 작성
② 시산표의 작성
③ 총계정 원장의 마감
④ 포괄손익계산서의 작성

해설
예비절차: 시산표작성, 재고조사표 작성, 결산정리, 정산표작성

13. 다음 중 결산 절차 (가)에 해당하는 내용으로 옳은 것은?

> 결산 예비 절차 ➡ 결산 본 절차 ➡ (가)

① 시산표 작성
② 분개장 마감
③ 총계정원장 마감
④ 재무상태표 작성

해설
(가)는 결산의 재무제표 작성 절차에 해당한다. 따라서 재무상태표 작성이 결산의 재무제표의 작성 절차이다.

정답 11.③ 12.② 13.④

chapter 01. 회계의 기초이론 예제문제

14 다음 중 총계정원장의 잔액이 항상 대변에 나타나는 계정은?

① 보통예금　　　② 수수료비용　　　③ 임대료　　　④ 외상매출금

> **해설**
> 총계정원장의 잔액이 항상 대변에 나타나는 계정은 부채, 자본금, 수익 계정이다.

15 다음 중 계정잔액의 표시로 옳지 않은 것은?

①	건물	②	미지급금
	100,000원		100,000원

③	선수수익	④	외상매입금
	100,000원		100,000원

> **해설**
> 건물은 자산계정으로서 잔액이 차변에 남고, ②, ③, ④는 부채계정으로서 잔액이 대변에 남는다.

16 다음 중 계정잔액의 표시가 틀린 것은?

①	선수금	②	가수금
	150,000원		150,000원

③	예수금	④	미수금
	150,000원		150,000원

> **해설**
> 미수금은 자산이므로 잔액은 차변, 선수금, 가수금, 예수금은 부채이므로 잔액은 대변

정답 14.③　15.①　16.④

17 다음 중 계정의 증가, 감소, 발생, 소멸을 나타낸 것으로 잘못된 것은?

①	외상매입금		②	외상매출금	
	감소	증가		감소	증가

③	차입금		④	이자수익	
	감소	증가		소멸	발생

해설
외상매출금은 차변 증가 항목이다.

18 다음 계정기입에 대한 설명으로 가장 옳은 것은?(단, 반드시 아래에 표시된 계정만으로 판단할 것.)

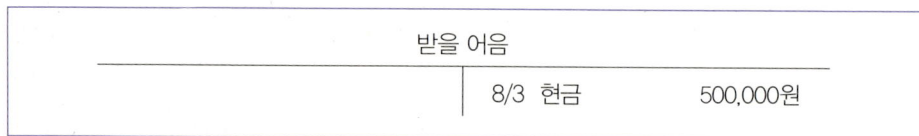

받을어음
8/3 현금   500,000원

① 상품 500,000원을 현금으로 매입하다.
② 받을어음 500,000원을 현금으로 회수하다.
③ 지급어음 500,000원을 현금으로 지급하다.
④ 상품 500,000원을 매출하고 거래처발행 약속어음으로 받다.

해설
분개 추정: 8/3 (차)현금 500,000원 (대)받을어음 500,000원
거래 추정: 8/3 받을어음 500,000원을 현금으로 회수하다.

19 다음 중 총계정원장의 기록이 오류가 있는지 여부를 파악하는 검증기능을 갖는 것은?
① 시산표   ② 재무상태표   ③ 분개장   ④ 현금출납장

해설
시산표는 총계정원장의 기록이 정확한지 여부를 검증하는 계정잔액목록표이다.

정답 17.② 18.② 19.①

20

다음 중 시산표 등식으로 올바른 것은?

① 기말자산 + 총수익 = 기말부채 + 기초자본 + 총비용
② 기말자산 + 총수익 = 기말부채 + 기말자본 + 총비용
③ 기말자산 + 총비용 = 기말부채 + 기초자본 + 총수익
④ 기말자산 + 총비용 = 기말부채 + 기말자본 + 총수익

21

다음 등식 중 잘못된 것은?

① 기초부채 + 기초자본 = 기초자산
② 기말자산 – 기초자본 = 순손익
③ 총비용 + 순손익 = 총수익
④ 자산 + 비용 = 부채 + 자본 + 수익

> **해설**
> 순손익 = 기말자본 – 기초자본 → 기초자본 + 순손익 = 기말자본

22

다음 중 이월시산표에 기입할 수 있는 계정과목은?

① 이자수익　　② 임차료　　③ 건물　　④ 매출원가

> **해설**
> 이월시산표에 기입할 수 있는 계정과목은 자산, 부채, 자본계정이다.

23

다음 중 잔액시산표에서 잔액이 대변에 나타나는 계정과목으로 옳은 것은?

① 개발비　　② 영업권　　③ 자본금　　④ 장기대여금

> **해설**
> 잔액시산표에서 잔액이 차변에 나타나는 것은 자산 계정과목이며, 대변에 나타나는 것은 부채와 자본금이다.

정답 20.③ 21.② 22.③ 23.③

24 다음 합계잔액시산표의 자본금(   )에 들어갈 금액은 얼마인가?

차변		계정과목	대변	
잔액	합계		합계	잔액
4,400,000원	60,300,000원	현금	55,900,000원	
7,550,000원	10,000,000원	당좌예금	2,450,000원	
2,650,000원	5,000,000원	보통예금	2,350,000원	
1,450,000원	1,450,000원	당기손익·공정가치측정 금융자산		
5,300,000원	5,300,000원	상품		
5,000,000원	5,000,000원	토지		
65,000,000원	65,000,000원	건물		
2,000,000원	2,000,000원	비품		
		외상매입금	3,300,000원	3,300,000원
		지급어음	3,000,000원	3,000,000원
		예수금	1,000,000원	1,000,000원
		자본금	( )	( )
		상품매출	50,000,000원	50,000,000원
3,000,000원	3,000,000원	급여		
2,000,000원	2,000,000원	감가상각비		
		합계		

① 41,050,000원   ② 41,150,000원   ③ 44,050,000원   ④ 44,150,000원

> **해설**
>
> 차변의 합계 159,050,000원과 대변합계 118,000,000원을 집계하면 그 차액 41,050,000원이 자본금 금액이 된다.
> → 시산표 등식 : 기말자산 + 총비용 = 기말부채 + 기초자본 + 총수익
> ∴ 기초자본 = 기말자산 – 기말부채 + 총비용 – 총수익

정답 24. ①

25 다음 거래 내용에서 기록되어야 할 보조부가 아닌 것은?

> • 상품을 600,000원에 매출하고, 대금은 동점 발행 당좌수표로 회수하다.

① 매출장　　　② 당좌예금출납장　　　③ 현금출납장　　　④ 상품재고장

해설
(차) 현금 600,000원 (대) 상품매출 600,000원
　현금 → 현금출납장
　상품매출 → 상품재고장, 매출장

26 아래 거래의 기입이 필요한 보조부로 올바르게 묶인 것은?

> 방탕상사에 원가 500,000원의 상품을 600,000원에 판매하고, 대금 중 400,000원은 현금으로 받고, 잔액 200,000원은 약속어음으로 받았다.
> [a. 매입장　　b. 매출장　　c. 현금출납장　　d. 매입처원장　　e. 받을어음기입장]

① b, c, e　　　② a, c, e　　　③ c, d, e　　　④ a, b, e

해설
b, c, e
현금 → 현금출납장
약속어음 중 받을어음은 매출채권 → 받을어음기입장
상품판매 → 매출장

정답　25. ②　26. ①

27 다음 거래 내용에서 기록되어야 할 모든 장부로 묶여진 것 중 옳은 것은?

> • 상품을 720,000원에 매출하고, 대금 중 300,000원은 현금으로 200,000원은 상대방이 발행한 약속어음으로 받았다. 그리고 잔액은 외상으로 하다.

① 매출장, 현금출납장, 받을어음기입장, 매출처원장, 상품재고장
② 매출장, 당좌예금출납장, 지급어음기입장, 매출처원장, 상품재고장
③ 매출장, 매입처원장, 지급어음기입장, 매출처원장, 상품재고장
④ 매출장, 매입처원장, 매출처원장, 받을어음기입장, 상품재고장

해설

(차) 현금   300,000원   (대) 상품매출   720,000원
    받을어음   200,000원
    외상매출금 220,000원

현금-현금출납장, 받을어음-받을어음기입장, 외상매출금-매출처원장, 상품매출-매출장, 상품매입
매출-상품재고장

27. ①

CHAPTER 02

전산회계2급
계정과목별 회계처리의 이해 **예제문제**

제1절 당좌자산

당좌자산편에서 주요하게 출제되는 문제는
01. 현금 및 현금성자산
02. 매출채권 회계처리
03. 대손충당금 계산과 회계처리

이렇게 3가지 유형으로 구분할 수 있다. 매 회차 시험에서 출제된다고 보아야 하며 개념 위주로 정리하도록 하자.

---

1 당좌자산의 의의

01 다음은 유동자산의 분류이다. (ㄱ)에 해당하는 계정과목으로 적절한 것은?

> • 유동자산은 (ㄱ)과 재고자산으로 구성된다.

① 상품　　　② 장기금융상품　　　③ 외상매출금　　　④ 토지

해설
(ㄱ)은 당좌자산이다. 외상매출금은 매출채권으로서 당좌자산에 해당한다.

02 다음에서 설명하고 있는 자산의 종류는 무엇인가?

> 1. 보고기간 종료일로부터 1년 이내에 보유하는 자산
> 2. 판매를 목적으로 보유하지 않는 자산

① 당좌자산　　　② 재고자산　　　③ 투자자산　　　④ 무형자산

해설
보고기간 종료일로부터 1년 이내에 보유하는 자산 – 유동자산
판매를 목적으로 보유하지 않는 자산 – 유동자산 중 재고자산이 아닌 자산 즉 당좌자산을 의미한다.

정답 　1. ③　2. ①

03 다음 중 당좌자산에 해당하는 것은?

① 상품　　　② 매출채권　　　③ 비품　　　④ 장기투자증권

> **해설**
> 매출채권은 당좌자산에 해당한다. 한편, 상품은 재고자산, 비품은 유형자산, 매도가능증권은 투자자산에 해당한다.

04 다음 중 재무상태표상 당좌자산에 속하는 계정과목이 아닌 것은?

① 받을어음　　　② 투자부동산　　　③ 보통예금　　　④ 현금

> **해설**
> 투자부동산은 투자자산(비유동자산)에 해당된다.

05 다음 중 당좌자산에 해당하지 않는 것은?

① 단기투자자산　　　② 매출채권　　　③ 선급비용　　　④ 재공품

> **해설**
> 재공품은 재고자산에 해당한다.

06 다음 자료에 의하여 재무상태표에 표시되는 당좌자산을 계산하면 얼마인가?

• 현　금 : 200,000원	• 보통예금 : 300,000원	• 외상매출금 : 600,000원
• 예수금 : 50,000원	• 지급어음 : 100,000원	• 단기대여금 : 180,000원

① 1,100,000원　　② 1,230,000원　　③ 1,280,000원　　④ 1,330,000원

> **해설**
> 당좌자산 = 현금 200,000원 + 보통예금 300,000원 + 외상매출금 600,000원 + 단기대여금 180,000원 = 1,280,000원

정답　3.②　4.②　5.④　6.③

2 현금및현금성자산

07 다음 중 회계상 현금으로 처리하는 것은?

> (가) 타인발행수표 (나) 주식 (다) 가계수표
> (라) 수입인지 (마) 약속어음 (바) 자기앞수표

① (가), (다), (바) ② (가), (라), (마) ③ (가), (나), (라) ④ (가), (나), (다)

> **해설**
> 통화대용증권: 통화와 언제든지 교환 가능한 것으로 타인발행수표, 가계수표, 자기앞수표, 송금수표, 우편환증서, 일람출급어음, 공·사채 만기이자표, 배당금영수증, 만기도래어음 등을 말한다.

08 다음 중 현금및현금성자산에 포함되지 않는 것은?

① 지폐 ② 자기앞수표 ③ 우편환 ④ 선일자수표

> **해설**
> 선일자수표는 수표에 기재된 발행일이 실제 발행일보다 앞선 수표를 말하며 거래의 성격에 따라 매출채권(받을어음) 또는 미수금으로 처리한다.

09 다음 중 현금및현금성자산에 포함되는 것은?

① 매출채권 ② 우표 ③ 타인발행수표 ④ 선일자수표

> **해설**
> 타인발행수표는 현금에 해당한다.

정답 7. ① 8. ④ 9. ③

10 다음에서 설명하고 있는 자산에 해당하지 않는 것은?

> 1. 한국은행에서 발행된 지폐나 주화
> 2. 통화와 언제든지 교환할 수 있는 통화 대용 증권

① 자기앞수표　　② 우편환증서　　③ 배당금지급통지표　　④ 수입인지

해설
수입인지는 세금과공과로 회계처리한다.

11 다음 중 현금및현금성자산 항목에 해당되지 않는 것은?

① 보통예금　　　　　　　　　② 타인발행수표
③ 취득당시 만기가 5개월인 채권　　④ 배당금지급통지서

해설
현금성자산이란 금융상품 중 취득일로부터 만기가 3개월 이내에 도래되는 채권

12 다음 중 통화대용증권으로 분류할 수 없는 것은?

① 자기앞수표　　② 당점발행수표　　③ 국공채만기이자표　　④ 송금수표

해설
당점발행수표는 당좌예금으로 처리한다.

13 다음 자료에 의해 현금및현금성자산을 구하면 얼마인가?

> • 당좌예금 : 200,000원　　　　• 우표 : 100,000원
> • 만기도래한 사채이자표 : 120,000원　　• 배당금지급통지표 : 300,000원

① 500,000원　　② 620,000원　　③ 600,000원　　④ 420,000원

해설
당좌예금(200,000원) + 만기도래한사채이자표(120,000원) + 배당금지급통지표(300,000원)
= 620,000원

정답　10.④　11.③　12.②　13.②

3 매출채권

14 아래의 거래내용과 관련이 없는 계정과목은?

> 업무에 사용 중인 토지를 15,000,000원에 처분하였다. 대금 중 2,000,000원은 보통예금으로 이체받고, 나머지는 만기가 3개월 후인 어음으로 받았다. 이 토지의 취득가액은 10,000,000원이다.

① 보통예금　　　② 미수금　　　③ 감가상각누계액　　　④ 유형자산처분이익

해설
일반적인 상거래가 아니므로 받을어음이 아니라 미수금으로 회계처리 한다.
(차) 보통예금　　2,000,000원　　(대) 토지　　　　　　10,000,000원
　　 미수금　　 13,000,000원　　　　 유형자산처분이익　 5,000,000원

15 다음 거래에서 표시될 수 없는 계정과목은?

> • 11월 30일 상품 1,100,000원을 지니상사에 외상으로 판매하고 운송비 140,000원을 국민은행 보통예금으로 지급하였다.

① 외상매출금　　　② 상품매출　　　③ 보통예금　　　④ 외상매입금

해설
외상매입금은 표시될 수 없다.
차) 외상매출금　1,100,000원　　대) 상품매출　1,100,000원
　　 운반비　　　 140,000원　　　　 보통예금　　 140,000원

정답 14.③ 15.④

16 다음 중 받을어음계정 대변에 기록되는 거래에 해당하는 것은?

① 상품 2,000,000원을 매출하고 매출처 발행 약속어음을 받다.
② 매입처에 발행한 약속어음 2,000,000원이 만기가 되어 현금으로 지급하다.
③ 외상매출금 2,000,000원을 매출처 발행 약속어음으로 받다.
④ 외상매입금 지급을 위하여 소지하고 있던 매출처 발행 약속어음 2,000,000원을 배서양도하여 외상매입금을 지급하다.

> **해설**
> (차) 외상매입금 2,000,000 (대) 받을어음 2,000,000
> 받을어음의 할인, 받을어음 금액 회수, 받을어음 배서양도는 받을어음계정 대변에 회계 처리한다.
> ① (차) 받을어음 2,000,000 (대) 상품매출 2,000,000
> ② (차) 지급어음 2,000,000 (대) 현금 2,000,000
> ③ (차) 받을어음 2,000,000 (대) 외상매출금 2,000,000

17 다음 자료에 의하여 당기 외상매출금 기말잔액을 계산한 금액은 얼마인가?

- 외상매출금 기초잔액 : 500,000원
- 당기 외상매출액 : 700,000원
- 외상매출금 중 환입액 : 30,000원
- 외상매출금 당기 회수액 : 300,000원

① 800,000원   ② 870,000원   ③ 900,000원   ④ 930,000원

> **해설**
>
> | 계정과목 | 기초 | + | − | 기말 |
> |---|---|---|---|---|
> | 외상매출금 | 500,000원 | 당기 외상매출액 700,000원 | 환입액 30,000원
회수액 300,000원 | X = ?
∴ 870,000원 |
>
> 외상매출금
>
> | 기초 잔액 | 500,000원 | 매출금 | 30,000원 |
> |---|---|---|---|
> | 외상매출액 | 700,000원 | 회수액 | 300,000원 |
> | | | 기말잔액 | (870,000원) |
> | | 1,200,000원 | | 1,200,000원 |

정답 16.④ 17.②

18 다음 자료를 토대로 당기 중 외상으로 매출한 금액으로 옳은 것은?

- 외상매출금 기초잔액 : 500,000원
- 외상매출금 중 에누리액 : 10,000원
- 외상매출금 당기회수액 : 600,000원
- 외상매출금 기말잔액 : 300,000원

① 200,000원
② 390,000원
③ 410,000원
④ 790,000원

해설

계정과목	기초	+	−	기말
외상매출금	500,000원	당기 외상매출액 X = ? ∴ 410,000원	회수액 600,000원 에누리액 10,000원	300,000원

외상매출금

기초 잔액	500,000원	회수액	600,000원
외상매출액	(410,000원)	에누리	10,000원
		기말잔액	300,000원
	910,000원		910,000원

정답 18.③

19 다음은 매출채권계정에 대한 설명이다. 당기에 매출액 중에서 현금으로 회수한 금액이 300,000원이라면 발생주의에 의한 당기매출액은 얼마인가?(매출거래는 모두 외상거래로 이루어짐.)

	매출채권		
1/1 전기이월	200,000원	12/31 차기이월	240,000원

① 260,000원 　② 340,000원 　③ 440,000원 　④ 300,000원

해설

당기매출액 340,000원 = 현금회수액 300,000원 + 기말매출채권 240,000원 − 기초매출채권 200,000원

계정과목	기초	+	−	기말
매출채권	200,000원	당기 외상매출액 X = ? ∴ 340,000원	회수액 300,000원	240,000원

매출채권

기초 잔액	200,000원	회수액	300,000원
외상매출액	(340,000원)	기말잔액	240,000원
	540,000원		540,000원

정답 19.②

20. 다음과 같이 주어진 자료에서 당기의 외상매출금 현금회수액은 얼마인가?

- 외상매출금 기초잔액 : 5,000,000원
- 당기에 발생한 외상매출액 : 13,000,000원
- 외상매출금 기말잔액 : 3,000,000원
- 당기에 외상매출금을 받을어음으로 대체한 금액 : 10,000,000원

① 13,000,000원　② 10,000,000원　③ 5,000,000원　④ 3,000,000원

해설

외상매출금 현금회수액 = 기초잔액 5,000,000원 + 당기외상매출액 13,000,000원 − 받을어음 10,000,000원 − 기말잔액 3,000,000원 = 5,000,000원

계정과목	기초	+	−	기말
외상매출금	5,000,000원	당기 발생 13,000,000원	받을어음 대체 10,000,000원 회수액 = X ∴ = 5,000,000원	3,000,000원

외상매출금

기초 잔액	5,000,000원	대체	10,000,000원
외상매출액	13,000,000원	회수액	(5,000,000원)
		기말잔액	3,000,000원
	18,000,000원		18,000,000원

4 대손충당금

21. 다음 자료를 참고로 적절한 회계처리는?

- 4월 2일 매출처 A사의 부도로 매출채권 2,000,000원이 회수불가능하여 대손처리하였다. (대손충당금 잔액은 930,000원으로 확인됨)

① (차) 대손상각비　2,000,000원　(대) 매출채권　2,000,000원
② (차) 대손충당금　930,000원　(대) 매출채권　2,000,000원
　　 대손상각비　1,070,000원
③ (차) 대손충당금　930,000원　(대) 매출채권　930,000원
④ (차) 대손상각비　1,070,000원　(대) 매출채권　1,070,000원

해설

(차) 대손충당금　930,000원　(대) 매출채권　2,000,000원
　　 대손상각비　1,070,000원

정답　20.③　21.②

22

다음 자료를 토대로 20X1년말 손익계산서에 보고할 대손상각비는 얼마인가?

> • 20X1년 1월 1일 현재 대손충당금 잔액은 150,000원이다.
> • 20X1년 5월 10일 거래처의 파산으로 매출채권 200,000원이 회수불능 되었다.
> • 기말 매출채권 잔액 7,500,000원에 대해 1%의 대손을 설정하다.

① 25,000원   ② 75,000원   ③ 105,000원   ④ 125,000원

해설

5월 10일 회계처리 :
   (차) 대손충당금   150,000원   (대) 매출채권   200,000원
   (차) 대손상각비   50,000원
기말 회계처리 :
   (차) 대손상각비   75,000원   (대) 대손충당금   75,000원
∴ 20X1년말 손익계산서에 보고할 대손상각비는 50,000원 + 75,000원 = 125,000원

23

다음 거래에 대한 기말 분개로 가장 옳은 것은?

> 12월 31일 결산시 외상매출금 잔액 10,000,000원에 대해 2%의 대손을 예상하였다.
> 단, 당사는 보충법을 사용하고 있으며 기말 분개 전 대손충당금 잔액은 100,000원이 계상되어 있다.

① (차) 대손충당금 100,000원   (대) 대손상각비 100,000원
② (차) 대손상각비   50,000원   (대) 대손충당금   50,000원
③ (차) 대손상각비 100,000원   (대) 외상매출금 100,000원
④ (차) 대손상각비 100,000원   (대) 대손충당금 100,000원

해설

결산일 대손추산액 : 외상매출금 10,000,000원 × 대손율 2% = 200,000원
대손 추산액 200,000원 − 대손충당금 100,000원 = 100,000원(추가설정)

정답   22.④   23.④

24 다음 자료를 토대로 20X1년말 손익계산서에 보고할 대손상각비는 얼마인가?

- 20X1년 1월 1일 현재 대손충당금 잔액은 250,000원이다.
- 20X1년 7월 10일 거래처의 파산으로 매출채권 200,000원이 회수불능 되었다.
- 기말 매출채권 잔액 7,500,000원에 대해 1%의 대손을 설정하다.

① 25,000원 ② 75,000원 ③ 105,000원 ④ 125,000원

해설

7월 10일 회계처리
　(차) 대손충당금　200,000원　(대) 매출채권　200,000원
기말 회계처리
　(차) 대손상각비　 25,000원　(대) 대손충당금　 25,000원
20X1년말 손익계산서에 보고할 대손상각비는 25,000원이다.

5 현금과부족

25 다음 중 분개 시 차변에 기입해야 하는 계정과목은?

기중 현금시재액이 5,000원 부족한 것을 발견하였다.

① 잡이익 ② 현금 ③ 잡손실 ④ 현금과부족

26 11월 5일 현금과부족계정 대변 잔액 20,000원의 원인이 단기대여금 이자수입 누락으로 판명되었다. 분개로 맞는 것은?

① 11/5 (차) 현금　　　　 20,000원　(대) 이자수익　20,000원
② 11/5 (차) 현금과부족　20,000원　(대) 현금　　　20,000원
③ 11/5 (차) 현금과부족　20,000원　(대) 잡이익　　20,000원
④ 11/5 (차) 현금과부족　20,000원　(대) 이자수익　20,000원

해설

현금과부족 발생시점　(차) 현금　　　20,000　(대) 현금과부족　20,000
11월 5일　　　　　　(차) 현금과부족 20,000　(대) 이자수익　　20,000
→ 11월 5일 현금과잉액에 대한 원인을 확인하면서 그 전에 인식하였던 현금과부족 계정을 이자수익 계정으로 대체하여야 한다.

정답 24.① 25.④ 26.④

> **제2절 재고자산**
> 재고자산편에서 주요하게 출제되는 문제는
> 1. 재고자산의 취득원가
> 2. 수량, 단가 결정방법
> 3. 매출원가와 회계처리
> 이렇게 3가지 유형으로 구분할 수 있다. 매 회차 시험에서 출제된다고 보아야 하며 개념 위주로 정리하도록 하자.

1 재고자산의 의의

01 다음 중 재고자산에 해당되는 것으로 올바르게 묶은 것은?

> a. 사무실에서 사용하는 컴퓨터 b. 판매용 상품
> c. 당사가 제조한 제품 d. 공장에서 사용하는 기계장치

① a, b ② b, c ③ c, d ④ b, d

해설
재고자산 : b – 상품, c – 제품

02 다음 설명의 (Ⓐ), (Ⓑ)의 내용으로 옳은 것은?

> 정상적인 영업과정에서 판매할 목적으로 자산을 취득하면 (Ⓐ)으로, 시세차익을 목적으로 자산을 취득하면 (Ⓑ)으로 처리한다.

	Ⓐ	Ⓑ		Ⓐ	Ⓑ
①	투자자산	유형자산	②	재고자산	투자자산
③	무형자산	당좌자산	④	유형자산	비유동자산

해설
판매목적으로 자산 취득 – 재고자산
시세차익을 목적으로 자산 취득 – 투자자산

정답 1.② 2.②

2 재고자산의 취득원가

03 다음 중 재고자산의 취득원가에 가산되는 항목은?

① 매입에누리   ② 매입환출
③ 매입할인   ④ 매입운임

> **해설**
> 매입에누리, 매입환출, 매입할인은 재고자산의 취득원가에서 차감한다.

04 다음 중 재고자산의 매입원가에 가산하는 항목에 해당하지 않는 것은?

① 매입운임   ② 매입보험료
③ 매입하역료 ④ 매입할인

> **해설**
> 매입에누리, 매입환출, 매입할인은 재고자산의 취득원가에서 차감한다.

05 재고자산의 매입원가에 가산하는 항목에 해당하지 않는 것은?

① 매입운임   ② 매입보험료
③ 매입에누리 ④ 매입하역료

> **해설**
> 매입에누리, 매입환출, 매입할인은 재고자산의 취득원가에서 차감한다.

정답 3.④ 4.④ 5.③

06 다음의 상품과 관련된 지출금액 중 상품의 취득원가에 포함할 수 없는 것은?

① 상품매입시 하역료
② 상품매입시 수수료비용
③ 상품을 수입함에 따라 발생하는 관세
④ 상품매출시 운반비

> **해설**
> 상품매출시 운반비는 자산(상품)으로 처리하지 않고 비용(운반비)으로 처리한다.

07 다음의 설명과 관련한 계정과목은?

> 상품 매입대금을 조기에 지급함에 따라 약정한 일정 대금을 할인받는 것.

① 매입할인
② 매입환출
③ 매출채권처분손실
④ 매입에누리

3 수량 결정방법

08 상품을 보관하는 과정에서 파손, 마모, 도난, 분실 등으로 인하여 실제재고수량이 장부상의 재고수량보다 적은 경우에 발생하는 손실을 처리하기 위한 계정과목으로 적절한 것은?

① 대손상각비
② 재고자산감모손실
③ 재해손실
④ 잡손실

> **정답**
> 6.④ 7.① 8.②

4 단가 결정방법

09 다음 중 재고자산의 단가결정방법 중 선입선출법에 대한 설명으로 적절하지 않은 것은?

① 물가상승시 기말재고자산이 과소평가된다.
② 물량흐름과 원가흐름이 대체적으로 일치한다.
③ 기말재고자산이 현행원가에 가깝게 표시된다.
④ 물가상승시 이익이 과대계상된다.

> **해설**
> 후입선출법에 대한 설명이다

10 다음 자료를 이용하여 8월 31일 현재 월말상품재고액을 선입선출법에 의해 계산하면 얼마인가?

> A상품에 대한 거래 내역(단, 월초 A상품 재고는 없다)
> • 8월 2일 매입 800개 550원/개
> • 8월 20일 매입 350개 540원/개
> • 8월 25일 매출 900개 750원/개

① 110,000원   ② 135,000원
③ 187,500원   ④ 189,000원

> **해설**
> (1150개 - 900개) × 540원/개 = 135,000원

정답 9. ① 10. ②

11 다음은 당사의 당기 재고자산과 관련된 자료이다. 원가흐름의 가정을 선입선출법을 적용한 경우와 총평균법을 적용한 경우의 기말재고자산 가액의 차이는 얼마인가?

구분	수량	단가
기초재고(1월 1일)	10개	100원
매입(3월 10일)	20개	200원
매입(7월 25일)	30개	300원
매입(8월 20일)	40개	400원
매출(9월 15일)	30개	700원

① 3,000원　　② 4,000원　　③ 5,000원　　④ 6,000원

해설

선입선출법 : (30개×300원) + (40개×400원) = 25,000원

평균법 : 총평균단가 30,000원/100개 = 300원, 300원×70개 = 21,000원

∴ 25,000원 − 21,000원 = 4,000원

〈 선입선출법 〉

구분	수량	단가	비고
기초재고(1월 1일)	10개	100원	매출원가
매입(3월 10일)	20개	200원	
매입(7월 25일)	30개	300원	기말재고
매입(8월 20일)	40개	400원	
매출(9월 15일)	30개	700원	−

구분	계산근거
기말재고금액	(30개 X 300원) + (40개 X 400원) = 25,000원
매출원가	(10개 X 100원) + (20개 X 200원) = 5,000원
합계	30,000원

〈 총평균법 〉

개당 매입 단가 : (10개×100원)+(20개×200원)+(30개×300원)+(40개×400원)÷100개
　　　　=300원

구분	계산근거
기말재고금액	70개 X 300원 = 21,000원
매출원가	30개 X 300원 = 9,000원
합계	30,000원

정답　11.②

12 다음 중 물가하락시 당기순이익이 가장 높게 계상되는 재고자산 원가결정방법은?(단, 재고자산의 기초재고수량과 기말재고수량이 동일하다고 가정함)

① 선입선출법   ② 이동평균법
③ 총평균법   ④ 후입선출법

해설
물가하락시에 후입선출법은 나중에 매입한 단가 낮은 상품이 매출원가를 구성하므로 이익이 가장 높게 계상된다.

13 기말재고자산을 과소 평가한 경우 나타나는 현상으로 옳은 것은?

	매출원가	당기순이익		매출원가	당기순이익
①	과대계상	과대계상	②	과대계상	과소계상
③	과소계상	과대계상	④	과소계상	과소계상

해설
기초상품재고액 + 당기매입액 − 기말상품재고액(↓) = 매출원가(↑)
　　　　순매출액 − 매출원가(↑) = 당기순이익(↓)

정답 12.④ 13.②

14 상품매출에 대한 계약금을 거래처로부터 현금으로 받고 대변에 '상품매출'계정으로 분개하였다. 이로 인해 재무상태표와 손익계산서에 미치는 영향으로 옳은 것은?

① 자산이 과소계상되고, 수익이 과소계상된다.
② 자산이 과대계상되고, 수익이 과소계상된다.
③ 부채가 과소계상되고, 수익이 과대계상된다.
④ 부채가 과대계상되고, 수익이 과대계상된다.

> **해설**
> 올바른 회계처리 : (차)현금 XXX   (대) 선수금 XXX
> 잘못된 회계처리 : (차)현금 XXX   (대) 상품매출 XXX
> 부채가 과소계상 되고, 수익이 과대계상 되게 된다.

5 매출액 및 매출원가

15 다음 자료에 의해 순매출액을 구하면 얼마인가?

> • 총매출액 : 2,000,000원   • 매출할인 : 200,000원
> • 매출에누리 : 100,000원   • 매입환출 : 50,000원
> • 매출환입 : 300,000원

① 1,950,000원   ② 1,550,000원
③ 1,500,000원   ④ 1,400,000원

> **해설**
> 순매출액 1,400,000원 = 총매출액 - 매출에누리및환입 - 매출할인 (2,000,000원 - 100,000원 - 300,000원 - 200,000원)

정답 14.③ 15.④

16 다음은 미래상사의 상품거래와 관련된 내용이다. 판매가능금액으로 옳은 것은?

- 총매출액 : 1,000,000원
- 총매입액 : 800,000원
- 매출에누리액 : 100,000원
- 기초상품재고액 : 400,000원
- 매입에누리액 : 40,000원
- 기말상품재고액 : 450,000원

① 50,000원
② 760,000원
③ 900,000원
④ 1,160,000원

해설

판매가능금액 = 기초상품재고액 + 당기상품순매입액
400,000원 + (800,000원 - 40,000원) = 1,160,000원

17 다음은 상품과 관련된 내용이다. 매출원가는 얼마인가?

- 상품 월초잔액 : 500,000원
- 매출에누리 : 100,000원
- 당월 매입액 : 700,000원
- 매출환입액 : 50,000원
- 매입환출액 : 100,000원
- 상품 월말잔액 : 400,000원

① 550,000원
② 600,000원
③ 650,000원
④ 700,000원

해설

(월초상품재고액 + 당기순매입액) - 월말상품재고액 = 매출원가
(500,000원 + 600,000원) - 400,000원 = 700,000원
당기순매입액 = 총매입액 - (매입에누리 + 환출액 + 매입할인)
600,000원 = 700,000원 - 100,000원

구분	기초상품	(+) 순매입	(−) 기말상품	(=) 매출원가
상품	500,000	700,000 − 100,000 = 600,000	400,000	X = ? ∴ 700,000

정답 16.④ 17.④

18 다음 자료에 의하여 매출원가를 구하면 얼마인가?

- 기초상품재고액 : 900,000원
- 기말상품재고액 : 300,000원
- 매입환출 및 에누리 : 100,000원
- 당기총매입액 : 2,000,000원
- 상품매입시운반비 : 50,000원
- 매입할인 : 50,000원

① 2,300,000원 ② 2,400,000원 ③ 2,500,000원 ④ 2,600,000원

해설

기초상품재고액 900,000원 + (당기총매입액 2,000,000원 + 상품매입운반비 50,000원 − 매입환출 및 에누리 100,000원 − 매입할인 50,000원) − 기말상품재고액 300,000원 = 2,500,000원

구분	기초상품	(+) 순매입		(−) 기말상품	(=) 매출원가
상품	900,000	총매입액 + 매입운반비 − 매입환출 및 에누리 − 매입할인 = 1,900,000	2,000,000 50,000 100,000 50,000	300,000	X = ? ∴ 2,500,000

정답 18.③

19 다음 자료에 기초한 장보고회사의 매출원가와 매출총이익은 얼마인가?(단 재고의 흐름은 선입선출법을 적용하고 있다.)

- 기초상품 : 100개 (@2,000)
- 당기상품매입 : 900개 (@3,000)
- 당기상품판매 : 800개 (@4,000)

	매출원가	매출총이익		매출원가	매출총이익
①	1,600,000원	1,600,000원	②	2,300,000원	900,000원
③	2,400,000원	800,000원	④	2,400,000원	0원

해설

① 기말상품재고액의 계산 : 200개(@3,000) = 600,000
→ 선입선출법에 따르면 당기상품판매 800개는 기초상품 100개와 당기상품매입 700개로 구성된다. 따라서 기말상품재고액은 당기상품매입 900개 중 200개만으로 구성된다.

② 매출원가의 계산

구분	기초상품	(+) 순매입	(−) 기말상품	(=) 매출원가
상품	100개 × 2,000 = 200,000	900개 × 3,000 = 2,700,000	600,000	X = 2,300,000

③ 매출액의 계산 : 800개 × 4,000 = 3,200,000
④ 매출총이익의 계산 : 매출액 3,200,000 − 매출원가 2,300,000 = 900,000

정답
19. ②

20 다음 자료를 활용하여 기초상품재고액을 바르게 계산한 것은?(단, 주어진 자료만 고려한다.)

- 매출원가 : 540,000원
- 총매입액 : 550,000원
- 매입할인 : 50,000원
- 총매출액 : 1,000,000원
- 매출에누리 : 100,000원
- 기말상품재고액 : 120,000원

① 100,000원 ② 160,000원 ③ 500,000원 ④ 900,000원

해설

당기상품매입액(500,000원)=총매입액(550,000원)−매입할인(50,000원)
매출원가(540,000원)=기초상품재고액+당기상품매입액(500,000원)−기말상품재고액(120,000원)
∴ 기초상품재고액은 160,000원

구분	기초상품	(+) 순매입	(−) 기말상품	(=) 매출원가
상품	X = ? ∴ 160,000	총매입액 550,000원 − 매입할인 50,000 = 500,000	120,000	540,000

21 합계잔액시산표상 혼합 상품계정에 대한 자료는 다음과 같다. 상품매출원가는 얼마인가?

- 차변 : 5,000,000원
- 기말상품재고액 : 750,000원

① 3,250,000원 ② 4,250,000원 ③ 4,500,000원 ④ 5,000,000원

해설

합계잔액시산표상 상품계정 차변금액은 기초상품재고액 + 당기상품매입액을 의미한다.
상품매출원가 : (기초상품재고액 + 당기상품매입액 − 기말상품재고액)
　　　　　　 = (5,000,000원 − 750,000원) = 4,250,000원

구분	기초상품	(+) 순매입	(−) 기말상품	(=) 매출원가
상품	5,000,000		750,000	4,250,000

정답 20.② 21.②

6 회계처리

22 다음 중 계정기입의 설명으로 옳은 것은?

상품	
현금　　　　400,000원	

① 상품을 400,000원 매출하고, 대금은 약속어음으로 받다.
② 상품을 400,000원 매출하고, 대금은 동점발행 수표로 받다.
③ 상품을 400,000원 매입하고, 대금은 현금으로 지급하다.
④ 상품을 400,000원 매입하고, 대금은 외상으로 하다.

> **해설**
> (차) 상품 400,000　(대) 현금 400,000
> 상품을 매입하고 대금은 현금으로 지급한 거래

정답　22.③

> 기말재고금액을 계산하는 문제는 아래의 필수문제를 학습한다면 매우 유용할 것입니다.

〈필수문제〉 다음 자료를 이용하여 물음에 답하시오.

> 1월 1일 기초재고 100개, 1,000원(@10원)
> 3월 10일 매입 50개, 800원(@16원)
> 5월 15일 매출 70개, 개당 20원에 판매
> 7월 20일 매입 100개, 8.4원 총 840원 → 이동평균법에만 적용할 것
> 12월 31일 기말재고 80개 → 이동평균법은 180개라고 가정

[물음1] 개별법하에서의 기말재고금액과 매출총이익은? 단, 매출수량의 40%는 기초재고수량, 60%는 당기매입수량에서 판매되었다고 가정한다.

구분	수량	단가	금액
기초	100개	10원	1,000원
3월 10일 매입	50개	16원	800원
5월 15일 매출	70개	20원	1,400원
기말	80개		

가. 총 판매가능 수량 = 150개
나. 당기 판매수량 = 70개(기초재고 70개×40% = 28개, 당기 매입 70개×60% = 42개)
다. 기말 재고수량 = 80개(기초재고 100개 - 28개 = 72개, 당기 매입 50개 - 42개 = 8개)
라. 기말 재고금액 = (기초 72개×10원)+(당기 매입 8개×16원) = 848원
마. 매출액 = 70개×20원 = 1,400원
바. 매출원가 = (기초 28개×10원) + (당기 매입 42개×16원) = 952원
사. 매출총이익 = 1,400원 - 952원 = 448원
아. 검증 → 총 매입가액 1,800(기초 1,000원 + 당기 매입액 800원) = 매출원가 952원 + 기말재고금액 848원

[물음2] 선입선출법에서의 기말재고금액과 매출총이익은?

구분	수량	단가	금액
기초	100개	10원	1,000원
3월 10일 매입	50개	16원	800원
5월 15일 매출	70개	20원	1,400원
기말	80개		

가. 총 판매가능 수량 = 150개
나. 당기 판매수량 = 70개(기초 70개, 당기 매입 0개)
다. 기말 재고수량 = 150개 – 70개 = 80개(기초 30개, 당기 매입 50개)
라. 기말 재고금액 = (기초 30개×10원) + (당기 매입 50개×16원) = 1,100원
마. 매출액 = 70개×20원 = 1,400원
바. 매출원가 = 기초 70개×10원 = 700원
사. 매출총이익 = 1,400원 – 700원 = 700원
아. 검증 → 총 매입가액 1,800원(기초 1,000원 + 당기 매입액 800원) = 매출원가 700원 + 기말 재고금액 1,100원

[물음3] 후입선출법에서의 기말재고금액과 매출총이익은?

구분	수량	단가	금액
기초	100개	10원	1,000원
3월 10일 매입	50개	16원	800원
5월 15일 매출	70개	20원	1,400원
기말	80개		

가. 총 판매가능 수량 = 150개
나. 당기 판매수량 = 70개(기초 20개, 당기 매입 50개)
다. 기말 재고수량 = 150개 – 70개 = 80개(기초 80개, 당기 매입 0개)
라. 기말 재고금액 = 기초 80개×10원 = 800원
마. 매출액 = 70개×20원 = 1,400원
바. 매출원가 = (기초 20개×10원) + (당기 매입 50개×16원) = 1,000원
사. 매출총이익 = 1,400원 – 1,000원 = 400원
아. 검증 → 총 매입가액 1,800원(기초 1,000원 + 당기 매입액 800원) = 매출원가 1,000원 + 기말 재고금액 800원

[물음4] 총평균법에서의 기말재고금액과 매출총이익은?

구분	수량	단가	금액
기초	100개	10원	1,000원
3월 10일 매입	50개	16원	800원
5월 15일 매출	70개	20원	1,400원
기말	80개		

가. 총 판매가능 수량 = 150개
나. 당기 판매수량 = 70개

다. 기말 재고수량 = 150개 − 70개 = 80개
라. 총평균단가 = {(100개×10원) + (50개×16원)} / 150개 = 12원
마. 기말 재고금액 = 80개×12원 = 960원
바. 매출액 = 70개×20원 = 1,400원
사. 매출원가 = 70개×12원 = 840원
아. 매출총이익 = 1,400원 − 840원 = 560원
자. 검증 → 총 매입가액 1,800원(기초 1,000원 + 당기 매입액 800원) = 매출원가 840원 + 기말 재고금액 960원

[물음5] 이동평균법에서의 기말재고금액과 매출총이익은?

구분	수량	단가	금액
기초(A)	100개	10원	1,000원
3월 10일 매입(B)	50개	16원	800원
5월 15일 매출	70개	20원	1,400원
7월 20일 매입(C)	100개	8.4원	840원
기말	180개		

가. 매출액 = 70개×20원 = 1,400원
나. 이동평균단가의 계산
  − A + B 이동평균단가 : (A 1,000원 + B 800원) / 150개 = 12원
다. 5월 15일 매출원가 = 70개×12원(A + B 이동평균단가) = 840원
라. 5월 15일 매출 후 남은 재고수량, 재고단가, 재고금액
  − 재고수량 : 150개 − 70개 = 80개
  − 재고단가 : 12원(A + B 이동평균단가)
  − 재고금액 : 80개×12원 = 960원
마. 이동평균단가의 계산
  − A + B + C 이동평균단가 : {(80개×12원) + C 840원} / 180개 = 10원
바. 기말 재고금액 = 180개×10원 = 1,800원
사. 매출총이익 = 1,400원 − 840원 = 560원
아. 검증 → 총 매입가액 2,640원(A 1,000원 + B 800원 + C 840원) = 매출원가 840원 + 기말 재고금액 1,800원

> **제3절 유가증권**
> 유가증권편에서 주요하게 출제되는 문제는
> 1. 단기매매증권의 개념
> 2. 취득 시 회계처리
> 3. 기말 평가 및 처분 시 회계처리
> 이렇게 3가지 유형으로 구분할 수 있다. 5~6회마다 1문제 정도 출제되고 있다. 중요도는 낮지만 실무능력시험에서 종종 출제되고 있으므로 최소한 주요 주제별로 개념 정도는 학습을 하여야 한다.

01 단기시세차익을 목적으로 구입한 타회사 발행의 주식을 결산 시 재무상태표에 표시할 때 올바른 항목은?

① 매출채권
② 매입채무
③ 단기투자자산
④ 현금및현금성자산

> **해설**
> 단기시세차익을 목적으로 구입한 타회사 발행의 주식은 단기매매증권에 해당한다. 단기금융상품, 단기매매증권, 단기대여금은 재무상태표 작성 시 단기투자자산으로 통합 표시된다.

02 다음 중 단기금융상품에 대한 설명으로 가장 틀린 것은?

① 단기매매증권은 주로 단기간 내의 매매차익을 목적으로 취득한 유가증권으로서 매수와 매도가 적극적이고 빈번하게 이루어지는 것을 말한다.
② 단기금융상품은 만기가 1년 이내에 도래하는 금융상품으로 현금성자산이 아닌 것을 말한다.
③ 만기가 1년 이내에 도래하는 양도성예금증서, 종합자산관리계좌, 환매채는 단기금융상품이다.
④ 단기매매증권은 다른 범주로 재분류할 수 있고 다른 범주의 유가증권의 경우에도 단기매매증권으로 재분류할 수 있다.

> **해설**
> 단기매매증권은 다른 범주로 재분류할 수 없다.

정답 1.③ 2.④

03 다음 자료에서 재무상태표에 단기투자자산 항목으로 표시되는 금액은?

- 현금 : 50,000원
- 단기매매증권 : 150,000원
- 보통예금 : 500,000원
- 받을어음 : 100,000원
- 당좌예금 : 200,000원
- 단기대여금 : 180,000원

① 330,000원　　② 430,000원　　③ 480,000원　　④ 1,180,000원

해설
현금, 보통예금, 당좌예금은 '현금및현금성자산', 받을어음은 '매출채권', 단기매매증권과 단기대여금은 '단기투자자산'으로 표시한다. 150,000원 + 180,000원 = 330,000원

04 다음 거래의 회계처리에 대한 설명으로 옳은 것은?

- 장기 보유 목적으로 ㈜문정의 주식(1주당 액면금액 1,000원) 100주를 액면금액으로 매입하고 수수료 10,000원과 함께 자기앞수표로 지급하다.

① 영업외비용이 10,000원 증가한다.　　② 투자자산이 110,000원 증가한다.
③ 만기보유증권이 110,000원 증가한다.　　④ 유동자산이 10,000원 감소한다.

해설
(차) 매도가능증권 110,000　(대) 현금 110,000
투자자산(매도가능증권)은 110,000원 증가
유동자산은 자기앞수표의 지급으로 인해 110,000원 감소

정답 3. ①　4. ②

05 다음 계정을 분석하여 10월 1일 단기매매증권 처분가액을 계산하면?

단기매매증권			
9/1 당좌예금	800,000	10/1 현금	800,000원

단기매매증권처분이익			
		10/1 현금	100,000원

① 600,000원 ② 700,000원
③ 800,000원 ④ 900,000원

해설

9월 1일 회계처리
 (차) 단기매매증권 800,000 (대) 당좌예금 800,000
10월 1일 회계처리
 (차) 현금 X (대) 단기매매증권 800,000
                단기매매증권처분이익 100,000

∴ X = 900,000

정답 5.④

> **제4절 유형자산**
> 유형자산편에서 주요하게 출제되는 문제는
> 1. 유형자산의 개념과 종류
> 2. 유형자산의 취득원가 산정
> 3. 감가상각비 계산
> 4. 회계처리
> 이렇게 4가지 유형으로 구분할 수 있다. 매 회차 시험에서 출제된다고 보아야 하며 개념 위주로 정리하도록 하자.

1 유형자산의 의의

01 다음 중 유형자산으로 분류할 수 없는 것은?
① 전화기 생산업체가 보유하고 있는 조립용 기계장치
② 생수업체가 사용하고 있는 운반용 차량운반구
③ 핸드폰 판매회사가 사용하는 영업장 건물
④ 자동차판매회사가 보유하고 있는 판매용 승용자동차

해설
판매회사가 보유하고 있는 판매용 승용자동차는 재고자산(상품)이다.

02 다음은 유형자산에 관한 설명이다. 옳지 않은 것은?
① 미래 경제적 효익이 유입될 가능성이 매우 높고 그 원가를 신뢰성 있게 측정할 수 있어야 한다.
② 토지, 건물, 구축물, 기계장치, 건설중인 자산 등은 유형자산의 대표적인 항목이다.
③ 판매를 목적으로 보유하고 있는 자산이다.
④ 장기적으로 사용할 목적으로 물리적 형체가 있는 자산이다.

해설
재고자산에 관한 설명이다.

정답 1.④ 2.③

03 재화의 생산, 용역의 제공, 타인에 대한 임대 또는 자체적으로 사용할 목적으로 보유하는 물리적 형체가 있는 자산으로서, 1년을 초과하여 사용할 것이 예상되는 자산은?

① 건설중인 자산　　② 상품　　③ 투자부동산　　④ 산업재산권

04 다음과 같은 비유동자산들의 특징을 틀리게 설명한 것은?

> • 토지　• 건물　• 비품　• 차량운반구　• 기계장치　• 구축물

① 보고기간 종료일로부터 1년 이상 장기간 사용가능한 자산
② 판매 목적의 자산
③ 물리적 형태가 있는 자산
④ 타인에 대한 임대 또는 자체적으로 사용할 목적의 자산

해설
유형자산은 재화의 생산, 용역의 제공, 타인에 대한 임대 또는 자체적으로 사용할 목적으로 보유하는 물리적 형체가 있는 자산으로서, 1년을 초과하여 사용할 것이 예상되는 자산을 말한다.

2 유형자산의 취득원가

05 전자부품을 도소매하는 회사의 경우, 다음의 계정과목들 중 (　)에 들어올 수 없는 항목은?

> (차) 차량운반구　20,000,000원　　(대) (　　)　20,000,000원

① 현금　　② 미지급금　　③ 보통예금　　④ 외상매입금

해설
외상매입금은 일반적인 상거래에서 발생하는 계정이다. 전자부품을 도소매하는 회사이므로 차량운반구는 상품이 아니다. 따라서 유형자산의 취득이므로 외상매입금 계정 대신 미지급금이라는 계정으로 회계처리 한다.

정답　3. ①　4. ②　5. ④

06 다음 중 세금과공과 계정으로 처리할 수 없는 것은?

① 적십자 회비
② 회사 소유 건물에 대한 재산세
③ 업무용 승용차에 대한 자동차세
④ 건물 구입 시 지급한 취득세

> **해설**
> 자산 구입 시 취득세는 자산의 취득원가이므로 해당 자산계정으로 처리한다.

07 다음 중 유형자산의 취득원가에 포함되지 않는 것은?

① 기계장치의 시운전비
② 토지 구입 시 취득세
③ 건물 구입 시 중개수수료
④ 건물 구입 후 가입한 화재보험료

> **해설**
> 건물 구입 후 가입한 화재보험료(보험료)는 취득원가로 합산하지 않고 당기 비용으로 회계처리하게 된다.

08 다음의 유형자산과 관련된 지출금액 중 유형자산의 취득원가에 포함할 수 없는 것은?

① 취득 시 발생한 설치비
② 취득 시 사용가능한 장소까지 운반을 위하여 발생한 외부 운송 및 취급비
③ 유형자산을 사업에 사용함에 따라 발생하는 수리비
④ 유형자산의 제작 시 설계와 관련하여 전문가에게 지급하는 수수료

> **해설**
> 수리비의 경우 수익적지출에 해당하므로 취득원가에 포함되지 않는다.

정답 6.④ 7.④ 8.③

09 기계장치를 구입하면서 구입대금 250,000원, 구입한 기계장치를 운반하기 위해 지불한 비용 50,000원, 구입 후 설치비 30,000원이 발생하였다. 이후 시제품을 생산하는 데 5,000원이 발생하였으며, 이 시제품을 7,000원에 판매하였다. 기계장치의 취득원가는 얼마인가?

① 328,000원　　② 330,000원　　③ 335,000원　　④ 337,000원

> **해설**
> 유형자산의 취득원가는 구입가격과 구입시부터 사용가능한 상태가 될 때까지 획득에 직접 관련된 추가적 지출도 포함한다.
> 취득원가(328,000원) = 구입대금 250,000원 + 운반비 50,000원 + 설치비 30,000원 – (시제품 판매 7,000원 – 시제품 생산 5,000원)

3 취득이후의 지출

10 유형자산의 취득 또는 완성 후의 지출이 유형자산으로 인식되기 위한 조건을 충족한 자본적 지출로 처리해야 하는 경우가 아닌 것은?

① 내용연수 연장　　　　② 상당한 원가절감
③ 생산능력 증대　　　　④ 수선유지를 위한 지출

> **해설**
> 생산능력 증대, 내용연수 연장, 상당한 원가절감 또는 품질향상을 가져오는 경우에는 자본적 지출로 처리하고, 그렇지 않은 경우(예: 수선유지를 위한 지출)에는 발생한 기간의 비용으로 인식한다.

11 자본적 지출을 수익적 지출로 잘못 회계처리한 경우, 이로 인해 발생하는 영향으로 바른 것은?

① 자산은 증가하고 이익은 감소한다.　　② 자산은 증가하고 이익은 증가한다.
③ 자산은 감소하고 이익은 감소한다.　　④ 자산은 감소하고 이익은 증가한다.

> **해설**
> 자본적 지출(자산)을 수익적 지출(비용)로 처리하였으므로 자산은 감소, 비용이 증가하여 이익은 감소하게 된다.

정답 9. ① 10. ④ 11. ③

12 다음 중 유형자산 취득 후 수익적지출을 자본적지출로 처리한 경우 자산, 비용, 당기순이익에 미치는 영향으로 바르게 표시 한 것은?

① (자산) : 과대계상, (비용) : 과소계상, (당기순이익) : 과대계상
② (자산) : 과소계상, (비용) : 과소계상, (당기순이익) : 과대계상
③ (자산) : 과소계상, (비용) : 과대계상, (당기순이익) : 과소계상
④ (자산) : 과대계상, (비용) : 과소계상, (당기순이익) : 과소계상

> **해설**
> 비용의 과소계상은 당기순이익의 과대계상 또한 비용을 자산으로 인식하였으므로 자산 과대계상(자산: 과대계상, 비용:과소계상, 당기순이익:과대계상)

4 감가상각

13 다음의 자산 중 감가상각의 대상이 아닌 것은?

① 건물　　　　② 차량운반구　　　　③ 기계장치　　　　④ 임차보증금

> **해설**
> 임차보증금은 기타비유동자산으로 분류되며 감가상각대상 자산이 아니다.

14 20X1년 1월 1일에 구입한 영업용 건물(단, 취득원가 60,000,000원, 잔존가액 0원, 내용연수 10년, 결산 연 1회)에 대한 20X2년 12월 31일 결산시 정액법에 의한 감가상각비는 얼마인가?

① 5,000,000원　　② 5,500,000원　　③ 6,000,000원　　④ 12,000,000원

> **해설**
> 정액법 = (취득원가 - 잔존가액) ÷ 내용연수
> 　　　 = (60,000,000원 - 0) ÷ 10 = 6,000,000원(1년간 감가상각비)

정답 12.① 13.④ 14.③

15 다음 자료에 의하여 20X1년 말 손익계산서에 계상될 감가상각비는 얼마인가?

> - 기계장치 취득원가 : 11,000,000원
> - 잔존가치 : 1,000,000원
> - 감가상각방법 : 정액법
> - 취득시기 : 2020년 1월 1일
> - 내용연수 : 5년

① 2,000,000원　　② 2,200,000원　　③ 4,510,000원　　④ 4,961,000원

해설
(취득가액 11,000,000원 − 잔존가치 1,000,000원) / 내용연수 5년
= 20X1년 12월 31일 감가상각비 2,000,000원

16 20X1년 4월 1일에 구입한 시설장치(단, 취득원가 30,000,000원, 잔존가액 0원, 내용연수 10년, 결산 연 1회)에 대한 20X1년 12월 31일 결산시 정액법으로 계산한 감가상각비는 얼마인가?

① 2,250,000원　　② 3,000,000원　　③ 4,500,000원　　④ 6,000,000원

해설
정액감가상각비 = (취득원가 − 잔존가액) ÷ 내용연수
= (30,000,000원 − 0) ÷ 10 × 9/12 = 2,250,000원

17 20X1년 10월 1일에 구입한 영업용 차량(단, 취득원가 25,000,000원, 잔존가액 1,000,000원, 내용연수 10년, 결산 연 1회)에 대한 20X1년 12월 31일 결산시 정액법으로 계산한 감가상각비는 얼마인가?

① 600,000원　　② 625,000원　　③ 1,875,000원　　④ 2,400,000원

해설
정액법에 의한 감가상각비 = (취득원가 − 잔존가액) ÷ 내용연수
{(25,000,000원 − 1,000,000원) ÷ 10년} × 3/12 = 600,000원

정답 15. ①　16. ①　17. ①

18 20X1년 7월 1일에 구입한 영업용 건물(취득원가 70,000,000원, 잔존가액 20,000,000원, 내용연수 10년, 결산 연 1회)에 대한 20X1년 12월 31일 결산시 정액법에 의한 감가상각비는 얼마인가?(단, 감가상각은 월할상각한다.)

① 2,500,000원   ② 3,500,000원
③ 5,000,000원   ④ 7,000,000원

> **해설**
> 정액법 = (취득원가 − 잔존가액) ÷ 내용연수
> = (70,000,000원−20,000,000원) ÷ 10년 × 6/12 = 2,500,000원

19 다음 자료에 의해 정액법으로 계산할 경우, 20X3년 12월 31일 결산 이후 기계장치 장부가액은 얼마인가?

- 기계장치 취득원가 : 20,000,000원
- 잔존 가치 : 2,000,000원
- 전기말 감가상각누계액 : 7,200,000원
- 취득 시기 : 20X1년 1월 1일
- 내용 연수 : 5년

① 3,600,000원   ② 4,000,000원
③ 9,200,000원   ④ 10,800,000원

> **해설**
> (취득가액 20,000,000원 − 잔존가치 2,000,000원) / 내용연수 5년
> = 20X1년 12월 31일 감가상각비 3,600,000원
>   20X2년 12월 31일 감가상각비 3,600,000원
>   20X3년 12월 31일 감가상각비 3,600,000원
>   20X3년 12월 31일 감가상각누계액 10,800,000원
>   취득가액 20,000,000원 − 20X3년 12월 31일 감가상각누계액 10,800,000원 = 9,200,000원

정답 18. ① 19. ③

20 다음은 감가상각누계액의 변화추이에 따른 감가상각방법을 나타낸 그래프이다. (가)와 (나)에 대한 설명으로 옳은 것을 모두 고른 것은?

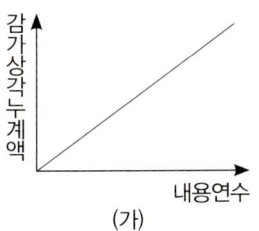
(가)

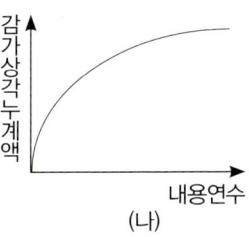
(나)

ㄱ. (가)는 자산의 예상조업도 혹은 생산량에 근거하여 감가상각액을 인식하는 방법이다.
ㄴ. (가)는 자산의 내용연수 동안 일정액의 감가상각액을 인식하는 방법이다.
ㄷ. (나)는 자산의 내용연수 동안 감가상각액이 매기간 감소하는 방법이다.

① ㄱ   ② ㄴ   ③ ㄱ, ㄴ   ④ ㄴ, ㄷ

> **해설**
> ㄱ : 생산량비례법
> ㄴ : 정액법
> ㄷ : 정률법, 체감잔액법, 연수합계법
> (가) : 정액법
> (나) : 체감잔액법 또는 연수합계법

5 유형자산의 처분

21 다음 거래 내용 중 발생할 수 있는 계정과목이 아닌 것은?

> 기업에서 사용 중이던 차량을 5,000,000원에 매각하고 전액 한 달 뒤에 받기로 하였다.
> 이 차량의 취득원가는 20,000,000원이며, 그동안의 감가상각누계액은 16,000,000원이다.

① 외상매출금   ② 감가상각누계액
③ 유형자산처분이익   ④ 차량운반구

> **해설**
> (차) 미수금   5,000,000원   (대) 차량운반구   20,000,000원
>   감가상각누계액 16,000,000원   유형자산처분이익 1,000,000원

정답 20.④ 21.①

22 다음은 건물 처분과 관련된 자료이다. 건물의 처분가액은 얼마인가?

- 취득가액 : 100,000,000원
- 감가상각누계액 : 50,000,000원
- 유형자산처분이익 : 40,000,000원

① 10,000,000원 ② 80,000,000원
③ 90,000,000원 ④ 100,000,000원

해설

유형자산처분이익 = 처분가액 − (취득가액 − 감가상각누계액)

| (차) 감가상각누계액 | 50,000,000 | (대) 건물 | 100,000,000 |
| 현금 등 | X | 유형자산처분이익 | 40,000,000 |

∴ X = 90,000,000

23 다음은 사용하던 업무용 차량의 처분과 관련된 자료이다. 가장 거리가 먼 것은?

- 취득가액 : 25,000,000원
- 감가상각누계액 : 14,000,000원
- 매각대금 : 10,000,000원
- 매각대금결제 : 전액 외상

① 이 차량의 장부가액은 25,000,000원이다.
② 매각대금 10,000,000원의 처리계정은 미수금이다.
③ 감가상각누계액 14,000,000원은 이전에 비용처리 되었다.
④ 이 차량의 매각으로 1,000,000원의 유형자산처분손실이 발생했다.

해설

(차) 미수금	10,000,000	(대) 차량운반구	25,000,000
감가상각누계액	14,000,000		
유형자산처분손실	1,000,000		

차량의 장부가액은 취득가액에서 감가상각누계액을 차감한 11,000,000원이다.

정답 22.③ 23.①

> **제5절 무형자산**
> 무형자산편에서 주요하게 출제되는 문제는
> 1. 무형자산의 개념
> 2. 무형자산의 종류
> 3. 무형자산의 인식요건
> 이렇게 3가지 유형으로 구분할 수 있다. 무형자산 문제는 거의 출제가 되고 있지 않다. 중요도는 매우 낮지만 실무능력시험에서 간혹 출제되고 있으므로 최소한 주요 주제별로 개념정도는 학습을 하여야 한다.

01 다음 내용을 모두 포함하는 계정과목은 무엇인가?

- 기업의 영업활동에 장기간 사용되며, 기업이 통제하고 있다.
- 물리적 형체가 없으나 식별가능하다.
- 미래의 경제적 효익이 있다.

① 실용신안권 ② 선수금
③ 기계장치 ④ 재고자산

해설
무형자산에 대한 설명이다. 실용신안권은 무형자산이다.

정답   1. ①

> **제6절 기타비유동자산**
> 기타비유동자산편에서 주요하게 출제되는 문제는
> 1. 기타비유동자산의 종류
> 이렇게 1가지 유형으로 구분할 수 있다. 기타비유동자산만으로 문제를 구성하여 출제되는 경우는 드물다. 중요도는 낮지만 다른 문제 구성 시 선택지에 들어가는 수준이므로 계정과목 위주로 학습하도록 하자.

01 다음 중 비유동자산으로 볼 수 없는 것은?

① 단기대여금　　② 장기매출채권　　③ 건물　　④ 기계장치

해설
단기대여금은 유동자산에 해당한다.

02 다음 설명의 (Ⓐ), (Ⓑ)의 내용으로 옳은 것은?

> 정상적인 영업과정에서 판매할 목적으로 자산을 취득하면 (Ⓐ)으로, 시세차익을 목적으로 자산을 취득하면 (Ⓑ)으로 처리한다.

	Ⓐ	Ⓑ		Ⓐ	Ⓑ
①	투자자산	유형자산	②	재고자산	투자자산
③	무형자산	당좌자산	④	유형자산	비유동자산

해설
판매목적으로 자산 취득 – 재고자산
시세차익을 목적으로 자산 취득 – 투자자산

03 다음 중 비유동자산과 영업외수익으로 짝지은 것으로 옳지 않은 것은?

① 투자자산, 이자수익　　② 재고자산, 기부금
③ 유형자산, 배당금수익　　④ 무형자산, 임대료

해설
비유동자산 : 투자자산, 유형자산, 무형자산, 기타비유동자산
영업외수익 : 이자수익, 배당금수익, 임대료 등

정답 1.① 2.② 3.②

제7절 부채

부채편에서 주요하게 출제되는 문제는
1. 유동부채의 종류
2. 비유동부채의 종류
3. 예수금의 개념과 회계처리

이렇게 3가지 유형으로 구분할 수 있다. 매 회차 시험에서 출제된다고 보아야 하며 개념과 계정과목 위주로 정리하도록 하자.

01 다음 중 부채계정이 아닌 것은?

① 예수금
② 미지급비용
③ 단기차입금
④ 임차보증금

해설
임차보증금은 자산계정

02 다음은 부채에 대한 설명이다. 가장 옳지 않은 것은?

① 외상매입금은 일반적 상거래에서 발생하는 채무이다.
② 선수금은 상품을 주문받고 대금의 일부를 계약금으로 수취하였을 때 처리하는 계정과목이다.
③ 가지급금은 미래에 특정한 사건에 의해 외부로 지출하여야 할 금액을 기업이 급여 등을 지급시 종업원 등으로부터 미리 받아 일시적으로 보관하는 금액을 처리하는 계정과목에 해당한다.
④ 가수금은 현금의 수입이 발생하였으나 처리할 계정과목이나 금액이 확정되지 않은 경우 계정과목이나 금액이 확정될 때까지 일시적으로 처리하는 계정과목이다.

해설
예수금에 대한 설명

정답 1.④ 2.③

03 다음의 회계처리를 보고 해당 거래를 추정한 것으로 옳은 것은?

| (차) 예수금 | 10,000 | (대) 보통예금 | 10,000 |

① 종업원 급여에서 차감하기로 하고 10,000원을 보통예금 계좌에서 이체하다.
② 상품 판매계약을 체결하고 계약금 10,000원이 보통예금 계좌에서 입금되다.
③ 거래처에 상품을 주문하고 계약금 10,000원을 보통예금 계좌에서 이체하다.
④ 종업원 급여 지급 시 차감한 소득세 등 10,000원을 보통예금 계좌에서 이체하다.

> **해설**
> 종업원에게 급여를 지급할 때 소득세 국민연금 등을 공제하여 일시적으로 회사에서 보관하고 있던 예수금을 종업원 대신 납부하는 거래이다.

04 다음 중 유동부채 계정과목만 짝지어진 것은?

① 미수금, 선수금, 외상매입금, 받을어음
② 미지급금, 선수금, 외상매입금, 지급어음
③ 미수금, 선급금, 외상매출금, 받을어음
④ 미지급금, 선급금, 외상매출금, 지급어음

> **해설**
> 미수금, 선급금, 외상매출금, 받을어음은 자산계정

05 다음 계정과목 중 재무제표상 분류기준 항목이 다른 것은?

① 예수금   ② 미지급금   ③ 미수수익   ④ 미지급비용

> **해설**
> 미수수익은 자산항목

정답 3.④ 4.② 5.③

06 다음 중 재무상태표에 표시되는 매입채무 계정에 해당하는 것은?

① 외상매입금, 지급어음
② 미수금, 미지급금
③ 외상매출금, 받을어음
④ 가수금, 가지급금

> **해설**
> 매입채무는 외상매입금과 지급어음의 통합계정

07 판매용 TV 10대(@1,000,000원)를 구입하면서 어음을 발행(3개월후 지급조건)하여 교부하였을 경우, 올바른 분개(계정과목)는?

① (차) 비품 10,000,000원 (대) 지급어음 10,000,000원
② (차) 비품 10,000,000원 (대) 미지급금 10,000,000원
③ (차) 상품 10,000,000원 (대) 지급어음 10,000,000원
④ (차) 상품 10,000,000원 (대) 미지급금 10,000,000원

> **해설**
> 판매용 TV는 비품이 아니라 재고자산에 해당

08 다음 거래를 분개할 경우 (가), (나)의 계정과목이 올바르게 짝지어진 것은?

> 우현상사는 거래처에서 컴퓨터 10대(@800,000)를 8,000,000원에 매입하고 당사 발행 약속어음으로 지급하였다.(단, 5대는 판매용, 5대는 영업부의 업무용으로 구입함)
> (차변) 상 품 4,000,000원 (대변) (가) 4,000,000원
> (차변) 비 품 4,000,000원 (대변) (나) 4,000,000원

① (가) – 지급어음, (나) – 지급어음
② (가) – 미지급금, (나) – 미지급금
③ (가) – 미지급금, (나) – 지급어음
④ (가) – 지급어음, (나) – 미지급금

> **해설**
> 당사가 발행한 약속어음 중에 상거래인 경우 지급어음계정으로, 상거래가 아닌 경우 미지급금계정으로 회계처리함.

정답 6. ① 7. ③ 8. ④

09 다음 중 비유동부채에 해당하는 것은 무엇인가?

① 퇴직급여충당부채　　② 예수금
③ 외상매입금　　　　　④ 선수금

> **해설**
> 퇴직급여충당부채는 비유동부채이며, 나머지는 유동부채에 해당된다.

10 다음 계정과목 중 성격(소속구분)이 다른 하나는?

① 매입채무　　② 미지급금
③ 장기차입금　④ 유동성장기부채

> **해설**
> 장기차입금은 비유동부채이고, 나머지는 유동부채이다.

11 다음 설명 중 밑줄 친 (나)와 관련 있는 계정으로만 나열된 것은?

> 부채는 타인 자본을 나타내는 것으로 미래에 기업 외부의 권리자에게 현금이나 서비스를 지급해야할 채무를 말하며, (가)유동 부채와 (나)비유동 부채로 분류한다.

① 외상매입금, 지급어음　　② 사채, 장기차입금
③ 선수금, 미지급금　　　　④ 예수금, 단기차입금

> **해설**
> 회계에서는 1년 또는 정상 영업주기 내에 현금으로 결제할 부채를 유동 부채, 그 외의 부채를 비유동 부채라고 한다.
> 비유동 부채는 사채, 장기차입금, 퇴직급여충당부채, 이연법인세부채 등이 있다.

정답 9.① 10.③ 11.②

> **제8절 자본**
> 자본편에서 주요하게 출제되는 문제는
> 1. 인출금 회계처리
> 2. 자본금 대체 기말수정분개
> 3. 등식을 활용한 계산문제
> 이렇게 3가지 유형으로 구분할 수 있다. 매 회차 시험에서 출제된다고 보아야 하며 3가지 유형 위주로 정리하도록 하자

01 다음 거래를 회계처리 시 차변 계정과목으로 옳은 것은?

> 기업주가 매출처로부터 외상매출금 1,000,000원을 현금으로 회수하여 개인적 용도로 사용하다.

① 보통예금　　　② 인출금　　　③ 단기차입금　　　④ 외상매출금

해설
(차) 현금　　1,000,000　　(대) 외상매출금　1,000,000
(차) 인출금　1,000,000　　(대) 현금　　　　1,000,000

02 인출금 계정에 대해 올바르게 설명되지 않은 것은?

① 인출금 계정은 차변과 대변 어느 쪽에도 기입될 수 있다.
② 임시계정이 아니므로, 재무제표에 공시된다.
③ 인출금 계정은 기말에 자본금 계정으로 대체한다.
④ 기업주가 개인적인 용도로 현금·상품 등을 인출하거나, 자본금의 추가 출자 등이 빈번하게 나타날 때 설정하여 회계처리한다.

해설
인출금 계정은 임시계정과목 해당한다. 공시되는 재무제표에는 표시 될 수 없다.
(기말수정분개로 인출금 계정의 잔액을 자본금으로 대체하기 때문이다.)

정답　1.②　2.②

03 다음 중 자본금계정이 차변에 나타나는 것은?

① 현금 5,000,000원을 출자하여 영업을 개시하다.
② 기중에 현금 5,000,000원 추가출자하다.
③ 기말 결산시 인출금 3,000,000원을 정리하다.
④ 기말 결산시 당기순이익 300,000원을 자본금계정으로 대체하다.

해설

	(차) 자본금	3,000,000	(대) 인출금	3,000,000
①	(차) 현금	5,000,000	(대) 자본금	5,000,000
②	(차) 현금	5,000,000	(대) 자본금	5,000,000
④	(차) 손익	300,000원	(대) 자본금	300,000

04 다음에서 인출금과 당기순이익을 정리 후 기말 자본금으로 옳은 것은?

```
                    인출금
  12/10 현금        50,000  |

                    자본금
                            | 1/1 전기이월        500,000원
```

단. 당기순이익은 100,000원이다.

① 450,000원 ② 550,000원
③ 600,000원 ④ 650,000원

해설

기말자본금 = 기초자본금 − 출자금인출액 + 당기순이익
= 500,000 − 50,000 + 100,000 = 550,000원

구분	기초	(+)	(−)	(=) 기말
자본금	500,000	당기순이익 100,000	인출금 50,000	550,000

정답 3.③ 4.②

05 다음 거래 중 8월 3일 거래 분개시 차변에 올 수 있는 계정과목은?

> 1월 1일 : 현금 10,000,000원을 출자하여 영업을 개시하였다.
> 8월 3일 : 사업주가 사업주 자녀 등록금 납입을 위해 3,500,000원을 인출하였다.
> 12월 31일 : 기말 결산시 사업주가 인출한 금액을 자본금계정으로 대체하였다.

① 단기대여금　　　② 단기차입금　　　③ 자본금　　　④ 인출금

해설
1월 1일 : (차) 현금 10,000,000　(대) 자본금 10,000,000
8월 3일 : (차) 인출금 3,500,000　(대) 현금 3,500,000
12월 31일 : (차) 자본금 3,500,000　(대) 인출금 3,500,000

06 20X1년 12월 31일 장부를 조사하여 다음과 같은 자료를 얻었다. 20X1년 기초자본은 얼마인가?

> • 자산총액 : 1,500,000원　　• 수익총액 : 400,000원
> • 부채총액 : 600,000원　　　• 비용총액 : 350,000원

① 800,000원　　② 750,000원　　③ 850,000원　　④ 900,000원

해설

구분	기초	+	−	기말
자산	?			1,500,000
부채	?			600,000
자본	X = 850,000	400,000	350,000	900,000

시산표 등식 : 기말자산 + 총비용 = 기말부채 + 기초자본 + 총수익

기말자산 − 기말부채 = 기초자본 + 총수익 − 총비용

정답 5.④ 6.③

07 다음 자료에 의하여 2기 기말자본금을 계산하면 얼마인가?(자본거래는 없음)

구분	기초자본금	기말자본금	총수익	총비용	순이익
1기	20,000원	( )	40,000원	( )	10,000원
2기	( )	( )	60,000원	40,000원	( )

① 20,000원　　② 30,000원　　③ 40,000원　　④ 50,000원

해설

구분	기초	+	-	기말
1기 자본금	20,000	40,000	(30,000)	(30,000)
2기 자본금	(30,000)	60,000	40,000	(50,000)

• 1기 총비용 : 총수익 40,000 - 총비용(?) = 순이익 10,000 ∴ 총비용 = 30,000

08 다음 자료에서 개인기업의 12월 31일 현재 자본금은 얼마인가?

- 1월 1일 현금 5,000,000원을 출자하여 영업을 개시하였다.
- 10월 5일 사업주가 개인사용을 목적으로 1,500,000원을 인출하였다.
- 12월 31일 기말 결산시 사업주가 인출한 금액을 자본금계정으로 대체하였다.
- 12월 31일 기말 결산시 당기순이익 5,000,000원이다.

① 10,000,000원　　② 8,500,000원　　③ 6,500,000원　　④ 5,000,000원

해설

구분	기초	+	-	기말
자본금	5,000,000	당기순이익 5,000,000	인출금 1,500,000	(8,500,000)

정답　7.④　8.②

09 다음 자료에서 A 개인기업의 20X1년 12월 31일 현재 자본금은 얼마인가?

- 1월 1일 현금 51,000,000원을 출자하여 영업을 개시하였다.
- 9월 15일 사업주가 개인사용을 목적으로 1,910,000원을 인출하였다.
- 12월 31일 기말 결산시 사업주가 인출한 금액을 자본금계정으로 대체하였다.
- 12월 31일 기말 결산시 당기순이익 6,200,000원이다

① 49,090,000원　② 51,000,000원　③ 55,290,000원　④ 57,200,000원

해설

구분	기초	+	−	기말
자본금	51,000,000	당기순이익 6,200,000	인출금 1,910,000	(55,290,000)

10 다음 자료에 의하여 기말부채(가)와 기말자본(나)을 계산하면 얼마인가?

- 기초자산 : 1,000,000원
- 기초부채 : 400,000원
- 총비용 : 700,000원
- 기말자산 : 900,000원
- 총수익 : 500,000원

① (가) 100,000원 (나) 800,000원　② (가) 500,000원 (나) 400,000원
③ (가) 400,000원 (나) 300,000원　④ (가) 600,000원 (나) 300,000원

해설

구분	기초	+	−	기말
자산	1,000,000			900,000
부채	400,000			(500,000)
자본	600,000	500,000	700,000	(400,000)

정답　9.③　10.②

11 다음 자료에 의한 기말부채(가)와 기말자본금(나)을 계산하면 얼마인가?

- 기초자산 : 600,000원
- 기초부채 : 200,000원
- 총비용 : 700,000원
- 기말자산 : 800,000원
- 총수익 : 900,000원

① (가) 600,000원 (나) 200,000원   ② (가) 200,000원 (나) 600,000원
③ (가) 400,000원 (나) 300,000원   ④ (가) 600,000원 (나) 300,000원

해설

구분	기초	+	-	기말
자산	600,000			800,000
부채	200,000			(200,000)
자본	400,000	900,000	700,000	(600,000)

12 다음과 같은 자료에서 당기의 추가출자액은 얼마인가?

- 기초자본금 : 10,000,000원
- 기말자본금 : 10,000,000원
- 기업주의 자본인출액 : 4,000,000원
- 당기순이익 : 2,000,000원

① 2,000,000원   ② 4,000,000원   ③ 6,000,000원   ④ 10,000,000원

해설

구분	기초	+	-	기말
자본금	10,000,000	당기순이익 2,000,000 추가출자액 = X ∴ 2,000,000	인출액 4,000,000	10,000,000

정답 11.② 12.①

13 다음은 한국상사의 자료이다. 당기 총수익으로 옳은 것은?

- 기초자본 : 200,000원
- 추가출자액 : 100,000원
- 기말자본 : 1,000,000원
- 총비용 : 3,000,000원

① 3,500,000원   ② 3,600,000원   ③ 3,700,000원   ④ 3,800,000원

해설

- 기말자본 = 기초자본 + 추가출자액 + 당기순이익(총수입−총비용)
  1,000,000원 = 200,000원 + 100,000원 + (X−3,000,000원)
  ∴ X = 3,700,000원

구분	기초	+	−	기말
자본금	200,000	추가출자액 100,000 총수익 = X ∴ 3,700,000	총비용 3,000,000	1,000,000

14 다음 자료는 20X1년 12월 31일 현재 재무상태표의 각 계정의 잔액이다. 단기차입금은 얼마인가?

- 미 수 금 : 550,000원
- 미지급비용 : 150,000원
- 외상매출금 : 250,000원
- 선 급 금 : 130,000원
- 단기차입금 :   ?
- 자 본 금 : 300,000원

① 540,000원   ② 500,000원   ③ 480,000원   ④ 460,000원

해설

구분	기초	+	−	기말
자산				미수금 550,000 외상매출금 250,000 선급금 130,000 자산 계 : 930,000
부채				단기차입금 = X 미지급비용 150,000 부채 계 : 630,000
자본				300,000

∴ X = 480,000

정답 13.③ 14.③

> **제9절 수익과 비용**
> 수익과비용편에서 주요하게 출제되는 문제는
> 1. 수익 인식 요건
> 2. 손익계산서 산식
> 3. 계정과목의 분류
> 이렇게 3가지 유형으로 구분할 수 있다. 매 회차 시험에서 출제된다고 보아야 하며 3가지 유형 위주로 정리하도록 하자.

01 다음 중 손익계산서에 포함되어야 할 거래는 어떤 것인가?

① 거래처로부터 계약금을 현금수령하다.   ② 전기요금을 현금으로 지급하다.
③ 토지를 매입하고 당좌수표를 지급하다.   ④ 현금을 보통예금통장에 입금하다.

> **해설**
> 전기요금은 비용항목으로 손익계산서에 표시되는 계정과목이다.

02 다음은 용역의 제공에 대한 수익인식기준이다. 틀린 것은?

① 경제적 효익의 유입 가능성이 매우 높아야 한다.
② 거래전체의 수익금액을 신뢰성 있게 측정할 수 있어야 한다.
③ 진행률을 신뢰성 있게 측정할 수 있어야 한다.
④ 수익을 인식하기 위해서 투입하여야 할 원가를 신뢰성 있게 측정할 필요는 없다.

> **해설**
> 용역제공에 따른 수익을 인식하기 위해서는 이미 발생한 원가 및 거래의 완료를 위하여 투입하여야할 원가를 신뢰성 있게 측정할 수 있어야 한다.

03 다음 중 손익계산서상 판매비와관리비에 포함될 수 없는 것은?

① 이자비용   ② 복리후생비   ③ 접대비   ④ 광고선전비

> **해설**
> 이자비용은 영업외비용에 해당한다.

정답 1.② 2.④ 3.①

04. 다음 중 연결이 바르지 않은 것은?

① 신입사원 명함인쇄비용 - 복리후생비
② 거래처 직원과의 식사비용 - 접대비
③ 직원들에 대한 컴퓨터 교육에 대한 강사비 지출 - 교육훈련비
④ 단기차입금에 대한 이자 지급 - 이자비용

해설
신입사원 명함인쇄비용 - 도서인쇄비

05. 다음 자료를 기초로 판매비와관리비를 계산하면 얼마인가?

- 기부금 : 400,000원
- 복리후생비 : 600,000원
- 급여 : 2,500,000원
- 소모품비 : 300,000원

① 2,900,000원
② 3,400,000원
③ 3,500,000원
④ 3,800,000원

해설
판매비와관리비=급여 2,500,000원+복리후생비 600,000원+소모품비 300,000원=3,400,000원

06. 다음 중 비유동자산과 영업외수익으로 짝지은 것으로 옳지 않은 것은?

① 투자자산, 이자수익
② 재고자산, 기부금
③ 유형자산, 배당금수익
④ 무형자산, 임대료

해설
비유동자산 : 투자자산, 유형자산, 무형자산, 기타비유동자산
영업외수익 : 이자수익, 배당금수익, 임대료 등

정답
4. ① 5. ② 6. ②

07 손익계산서상의 계정과목 중 영업외비용에 해당하는 항목은?

① 접대비　　　② 복리후생비　　　③ 기부금　　　④ 세금과공과

> **해설**
> 접대비, 복리후생비, 세금과공과는 영업 관련 비용인 판매비와관리비에 해당한다.

08 다음 중 손익계산서상의 계정과목 중 영업외비용에 해당하지 않는 항목은?

① 이자비용　　　② 접대비　　　③ 기부금　　　④ 유형자산 처분손실

> **해설**
> 접대비는 영업외비용이 아닌 판매관리비에 해당한다.

09 다음 자료에 의하여 영업외비용을 계산하면 얼마인가?

| • 이자비용 : 100,000원 | • 복리후생비 : 120,000원 | • 통신비 : 150,000원 |
| • 잡손실 : 170,000원 | • 임차료 : 210,000원 | • 기부금 : 110,000원 |

① 270,000원　　　② 380,000원　　　③ 480,000원　　　④ 650,000원

> **해설**
> 영업외비용 = 이자비용 + 잡손실 + 기부금
> 380,000 = 100,000 + 170,000 + 110,000

정답 7.③ 8.② 9.②

10 다음 자료에 따라 영업이익을 계산한 것으로 옳은 것은?

> • 매출액 : 5,000,000원 • 매출원가 : 2,000,000원 • 접대비 : 300,000원
> • 유형자산 처분손실 : 100,000원 • 복리후생비 : 200,000원 • 이자비용 : 100,000원

① 2,300,000원   ② 2,400,000원   ③ 2,500,000원   ④ 2,800,000원

> **해설**
> (매출액 − 매출원가 = 매출총이익) − 판관비 = 영업이익
> (5,000,000원 − 2,000,000원 = 3,000,000원) − 500,000원 = 2,500,000원

11 다음 자료를 이용하여 당기순이익을 계산하면 얼마인가?

> • 매출액 : 10,000,000원 • 매출원가 : 5,000,000원 • 직원급여 : 1,500,000원
> • 이자비용 : 100,000원   • 접대비 : 200,000원

① 5,000,000원   ② 3,500,000원   ③ 3,300,000원   ④ 3,200,000원

> **해설**
> 당기순이익 = 매출액 − 매출원가 − 판매비와관리비 + 영업외수익 − 영업외비용
> 10,000,000원 − 5,000,000원 −(1,500,000원 + 200,000원) + 0원 − 100,000원
> = 3,200,000원이다.

12 다음의 계정과목 중 영업이익에 영향을 주지 않는 것은?

① 접대비   ② 감가상각비   ③ 유형자산처분손실   ④ 대손상각비

> **해설**
> 유형자산처분손실은 영업외비용에 해당하므로 영업이익에 영향을 미치지 않는다. 다른 항목들은 판매관리비에 해당하며 영업이익을 감소시킨다.

정답   10.③ 11.④ 12.③

13 다음 중 대여금에 대한 대손상각비를 판매비와관리비 항목에 포함하여 처리하였을 경우 일반기업회계기준으로 판단할 때, 손익계산서에 미치는 영향으로 옳은 것은?

① 영업이익은 과소계상 되었으나 당기순이익에는 변함없다.
② 기업의 매출활동 결과인 매출총이익에 영향을 미친다.
③ 기업회계기준에 따라 정상 처리되었다.
④ 당기순이익 계산에 영향을 미친다.

> **해설**
> 대여금에 대한 대손상각비는 기타의 대손상각비 계정으로 영업외비용에 속하며, 손익계산서에서 영업이익에 영향을 미치나 당기순이익에는 같아진다. 그리고 매출총이익은 매출액과 매출원가의 관계이므로 기타의 대손상각비는 관련이 없다.

14 다음 중 외상대금의 조기회수로 인한 매출할인을 당기 총매출액에서 차감하지 않고 영업외비용으로 처리하였을 경우 손익계산서상 매출총이익과 당기순이익에 미치는 영향으로 옳은 것은?

	매출총이익	당기순이익		매출총이익	당기순이익
①	과소계상	과대계상	②	과소계상	불 변
③	과대계상	불 변	④	과대계상	과소계상

> **해설**
> 매출액의 과대계상으로 매출총이익이 과대계상
> 매출총이익 − 판매비와관리비 = 영업이익 과대계상
> 영업이익 + 영업외수익 − 영업외비용 = 당기순이익
>
> | 구분 | 잘못된 회계처리 | 올바른 회계처리 | 영향 |
> |---|---|---|---|
> | 매출액 | | 매출할인 차감 | (+) |
> | − 매출원가 | | | |
> | = 매출총손익 | | | 매출총손익 과대 계상 |
> | − 판매비와 관리비 | | | |
> | = 영업손익 | | | 영업손익 과대 계상 |
> | + 영업외수익 | | | |
> | − 영업외비용 | 영업외비용에서 차감 | | (−) |
> | = 소득세비용차감전순손익 | | | 영향 없음 |
> | − 소득세비용 | | | |
> | = 당기순손익 | | | 영향 없음 |

정답 13. ① 14. ③

> **제10절 결산**
> 결산편에서 주요하게 출제되는 문제는
> 1. 기말수정분개의 유형
> 2. 수익 및 비용의 이연과 발생
> 3. 기타 결산 회계처리
> 이렇게 3가지 유형으로 구분할 수 있다. 매 회차 시험에서 출제된다고 보아야 하며 3가지 유형 위주로 정리하도록 하자.

01 다음 중 기말결산 수정정리사항이 아닌 것은?

① 미지급비용의 인식 ② 기타채권에 대한 대손의 추정
③ 유가증권 처분에 따른 손익 인식 ④ 건물의 감가상각

> **해설**
> 유가증권 처분에 따른 손익은 유가증권을 처분할 때 인식한다. 결산정리와는 관계없다.

02 다음 중 수익의 이연에 해당하는 계정과목은?

① 미수수익 ② 선수수익
③ 미지급비용 ④ 선급비용

> **해설**
> 수익의 이연 : 선수수익(부채) – 이미 수취하였지만 차기 수익으로 이연
> 수익의 발생 : 미수수익(자산) – 아직 수취하지 않았지만 당기 수익으로 인식
> 비용의 이연 : 선급비용(자산) – 이미 지급하였지만 차기 비용으로 이연
> 비용의 발생 : 미지급비용(부채) – 아직 지급하지 않았지만 당기 비용으로 인식

정답 1.③ 2.②

03 다음 중 비용의 이연에 해당하는 계정과목은?

① 선수수익　　② 미수수익　　③ 선급비용　　④ 미지급비용

> **해설**
> - 수익의 이연 : 선수수익(부채) – 이미 수취하였지만 차기 수익으로 이연
> - 수익의 발생 : 미수수익(자산) – 아직 수취하지 않았지만 당기 수익으로 인식
> - 비용의 이연 : 선급비용(자산) – 이미 지급하였지만 차기 비용으로 이연
> - 비용의 발생 : 미지급비용(부채) – 아직 지급하지 않았지만 당기 비용으로 인식

04 다음 (가)와 (나)에 해당하는 계정과목을 〈보기〉에서 바르게 짝지은 것은?

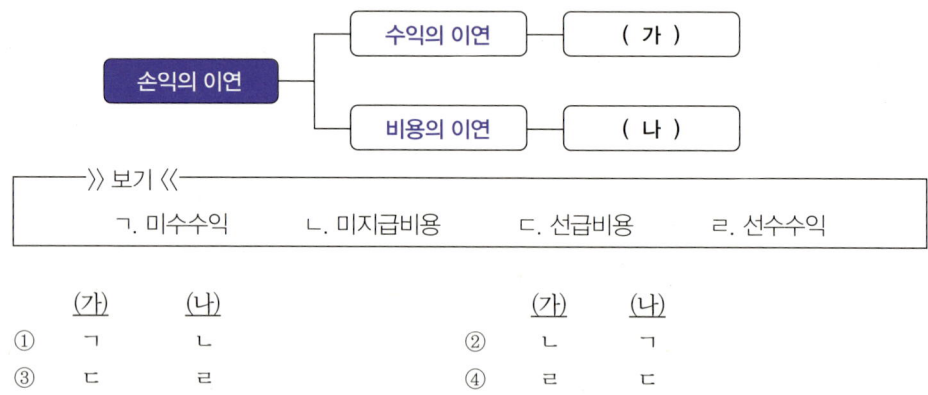

〉〉 보기 〈〈
ㄱ. 미수수익　　ㄴ. 미지급비용　　ㄷ. 선급비용　　ㄹ. 선수수익

	(가)	(나)		(가)	(나)
①	ㄱ	ㄴ	②	ㄴ	ㄱ
③	ㄷ	ㄹ	④	ㄹ	ㄷ

> **해설**
> - 수익의 이연 : 선수수익(부채) – 이미 수취하였지만 차기 수익으로 이연
> - 수익의 발생 : 미수수익(자산) – 아직 수취하지 않았지만 당기 수익으로 인식
> - 비용의 이연 : 선급비용(자산) – 이미 지급하였지만 차기 비용으로 이연
> - 비용의 발생 : 미지급비용(부채) – 아직 지급하지 않았지만 당기 비용으로 인식

정답 3.③ 4.④

05. 다음 항목 중 수익과 비용의 이연항목으로 바르게 짝지어진 것은?

① 선수수익 - 선급비용
② 선수수익 - 미수수익
③ 미수수익 - 선급비용
④ 미수수익 - 미지급비용

해설
- 수익의 이연 : 선수수익(부채) - 이미 수취하였지만 차기 수익으로 이연
- 수익의 발생 : 미수수익(자산) - 아직 수취하지 않았지만 당기 수익으로 인식
- 비용의 이연 : 선급비용(자산) - 이미 지급하였지만 차기 비용으로 이연
- 비용의 발생 : 미지급비용(부채) - 아직 지급하지 않았지만 당기 비용으로 인식

06. 선수수익으로 계상한 임대수익에 대하여 기말 결산을 수행하지 않았다. 이로 인한 영향으로 옳은 것은?

① 비용의 과대계상
② 자산의 과소계상
③ 부채의 과소계상
④ 수익의 과소계상

해설
- 임대수익을 계상하지 않았으므로 수익의 과소계상이 발생.
- 자산의 누락 : 자산 과소 - 자본(이익잉여금) 과소 - 수익 과소 - 당기순이익 과소
- 부채의 누락 : 부채 과소 - 자본(이익잉여금) 과대 - 비용 과소 - 당기순이익 과대

07. 결산시 미수이자에 대한 분개를 누락한 경우 기말 재무제표에 어떤 영향을 미치는가?

① 비용이 과소계상된다.
② 부채가 과소계상된다.
③ 자산이 과소계상된다.
④ 수익이 과대계상된다.

해설
- 미수이자 누락 - 자산 과소계상
- 자산의 누락 : 자산 과소 - 자본(이익잉여금) 과소 - 수익 과소 - 당기순이익 과소
- 부채의 누락 : 부채 과소 - 자본(이익잉여금) 과대 - 비용 과소 - 당기순이익 과대

정답 5.① 6.④ 7.③

08

결산 결과 당기순이익 500,000원이 발생하였으나, 기말 정리 사항이 다음과 같이 누락되었다. 수정 후의 당기순이익은 얼마인가?

> • 임대료 미수분 50,000원을 계상하지 않았다.
> • 단기차입금에 대한 이자 미지급액 10,000원을 계상하지 않았다.

① 460,000원　　② 495,000원　　③ 505,000원　　④ 540,000원

해설

(차) 미수수익 50,000　　(대) 임대료 50,000
(차) 이자비용 10,000　　(대) 미지급비용 10,000
수정 후 당기순이익(540,000원) = 당기순이익(500,000원) + 임대료 미수분(50,000원) − 이자 미지급액(10,000원)

09

다음 거래와 관련이 있는 계정과목은?

> 기말 현재, 미국 하이사의 외상매출금 $1,000에 대하여 외화평가를 하다.(매출 시 환율 1,300원/$, 기말 평가 시 환율 1,000원/$)

① 외환차손　　② 외화환산손실　　③ 외환차익　　④ 외화환산이익

해설

매출 시 회계처리 : 　　(차) 외상매출금　1,300,000　　(대) 상품매출　1,300,000[1]
기말 평가 시 회계처리 : (차) 외화환산손실　300,000[2]　　(대) 외상매출금　300,000

1) $1,000 × 1,300원/$ = 1,300,000원
2) $1,000 × (1,000원/$ − 1,300원/$) = −300,000원
외화자산의 기말평가
　① 환율 상승 : 외화환산이익 − 자산이 증가
　② 환율 하락 : 외화환산손실 − 자산이 하락

정답　8.④　9.②

10 우진상사의 기말 재무상태표에 계상되어 있는 미지급된 보험료는 10,000원이며(기초 미지급된 보험료는 없음), 당기 발생되어 기말 손익계산서에 계상되어 있는 보험료가 40,000원일 때 당기에 지급한 보험료는 얼마인가?

① 12,000원
② 20,000원
③ 30,000원
④ 40,000원

해설

당기발생 보험료(40,000원) − 기말미지급보험료(10,000원) = 당기지급보험료(30,000원)

계정과목	기초	(+)	(−)	기말
미지급비용	0	당기발생 40,000	지급비용 = X ∴ X = 30,000	10,000

정답
10.③

회계처리

제 1 절 회계의 순환과정
제 2 절 당좌자산
제 3 절 재고자산
제 4 절 유가증권
제 5 절 유형자산
제 6 절 기타비유동자산
제 7 절 부채
제 8 절 자본
제 9 절 수익과 비용
제10절 결산

CHAPTER 01 회계처리

1 회계처리의 대상

회계처리를 하기 위해서는 회계상 거래로 인식하여야 한다. 회계상 거래로 인식하기 위해서는 첫째 회사의 자산 및 부채에 영향을 미쳐야 하고, 둘째 거래로 인한 금액을 측정할 수 있어야 한다. 따라서 자산 및 부채에 영향을 미치는 금액을 측정할 수 없다면 기록할 수가 없다.

회계처리를 잘 하기 위해서는 거래의 이중성과 거래의 8요소에 대한 이해가 필요하다. 거래의 이중성은 자산 및 부채의 변화가 원인과 결과라는 두 가지 측면이 존재한다는 것이다. 예를 들어 회사의 보통예금(자산)이 증가하였다. 이유를 살펴보니 은행으로부터 대출(부채)을 받은 것이었다. 이러한 것을 거래의 이중성이라 하며, 기록하는 방식을 복식부기라 한다.

거래의 이중성에 따라 회계상 거래는 8요소로 구분할 수 있다. 즉 자산의 증가와 감소, 부채의 증가와 감소, 자본의 증가와 감소, 수익의 발생과 비용의 발생을 의미한다. 이것을 거래의 8요소라고 한다. 조합을 하면 다음과 같다.

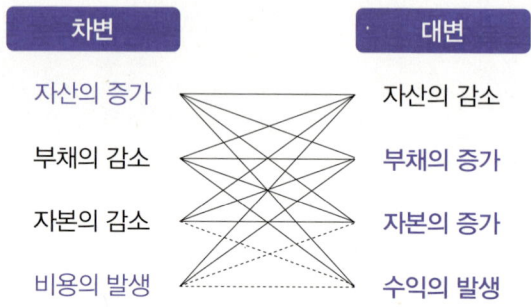

위 그림에서 ┄┄┄(점선)으로 표시된 거래는 현실적으로 발생할 수 없는 거래이다.

2 거래의 8요소의 예시

(1) 자산의 증가와 자산의 감소

외상매출금100원이 회수되어 보통예금에 입금되었다.

(차) 현금 100(자산 증가)　　　　　　　　(대) 외상매출금 100(자산 감소)

(2) 자산의 증가와 부채의 증가

한국은행에서 대출금 100원을 차입하여 보통예금에 입금되었다.

(차) 보통예금 100(자산 증가)　　　　　　(대) 장기차입금(한국은행) 100(부채 증가)

(3) 자산의 증가와 자본의 증가

회사에서 보통주 1주를 100원에 발행하고 보통예금으로 입금되었다.(액면가액 100원)

(차) 보통예금 100(자산 증가)　　　　　　(대) 자본금 100(자본 증가)

(4) 자산의 증가와 수익의 발생

제품을 100원에 매출하고 판매금액을 보통예금으로 이체 받았다.

(차) 보통예금 100(자산 증가)　　　　　　(대) 제품매출 100(수익 발생)

(5) 부채의 감소와 자산의 감소

한국은행의 대출금 100원을 보통예금에서 이체하여 상환하였다.

(차) 장기차입금(한국은행) 100(부채 감소)　(대) 보통예금 100(자산 감소)

(6) 부채의 감소와 부채의 증가

한국은행의 대출금 100원을 세무은행에서 100원 대출을 받아서 상환하였다.

(차) 장기차입금(한국은행) 100(부채 감소)　(대) 장기차입금(세무은행) 100(부채 증가)

(7) 부채의 감소와 자본의 증가

한국은행의 차입금 100원을 면제받고 그 대가로 보통주 1주를 발행하였다.
(차) 장기차입금(한국은행) 100(부채 감소)   (대) 자본금 100(자본 증가)

(8) 부채의 감소와 수익의 발생

㈜한국에 차입한 금액 100원을 ㈜한국에 제품매출을 하면서 판매대금을 차입금과 상계하였다.
(차) 장기차입금(㈜한국) 100(부채 감소)   (대) 제품매출 100(수익 발생)

(9) 자본의 감소와 자산의 감소

보통주 1주를 100원에 주주에게 보통예금으로 이체하고 감자하였다.(액면금액 100원)
(차) 자본금 100(자본 감소)   (대) 보통예금 100(자산 감소)

(10) 자본의 감소와 부채의 증가

주총에서 주주에게 배당금 100원을 지급하기로 결정하였다.(이익준비금은 고려하지 말 것.)
(차) 미처분이익잉여금 100(자본 감소)   (대) 미지급배당금 100(부채 증가)

(11) 자본의 감소와 자본의 증가

자본잉여금(주식발행초과금) 100원을 재원으로 무상증자하였다.(액면금액 100원)
(차) 주식발행초과금 100(자본 감소)   (대) 자본금 100(자본 증가)

(12) 비용의 발생과 자산의 감소

직원훈련을 위하여 교육기관에 보통예금에서 100원을 이체하였다.
(차) 교육훈련비 100(비용 발생)   (대) 보통예금 100(자산 감소)

(13) 비용의 발생과 부채의 증가

직원훈련을 실시하고 해당 비용 100원은 다음 달에 지급하기로 하였다.
(차) 교육훈련비 100(비용 발생)   (대) 미지급금 100(부채 증가)

거래8요소는 회계처리를 위한 아주 기본적인 사항이다. 추가적으로 학습해야 하는 것은 첫째 자산, 부채 등의 계정과목을 친숙하게 하는 것이며, 둘째, 차변요소와 대변요소가 복합해서 결합될 때에 분석하여 회계처리하는 것이며, 셋째, 결산 회계처리이다.

3 회계처리의 원리

회계처리는 회계상 거래를 분석하고 원인과 결과를 차변과 대변 요소에 기록하는 것이라 할 수 있다. 회계처리를 잘 하기 위하여 일반적으로 자주 발생하는 거래 유형을 대금을 지급하는 유형과 대금을 수취하는 유형 두 가지로 나누어 학습해 보도록 하자.

(1) 대금을 지급하는 유형

대금을 지급하는 유형은 차변에 자산을 취득하거나 비용이 발생한 내용을 기록하고 대변에 지급한 수단이나 내용을 기록한다.

(차) 자산 취득, 비용발생 등　　(대) 지급 수단 및 내용

예를 들어
영업부에 사용할 복사기(비품)를 100,000원에 구입하였다.
(차) 비품　100,000　　　　(대) 현금　100,000
(현금, 자기앞수표, 타인발행 당좌수표 100,000원을 지급하였다.)

(차) 비품　100,000　　　　(대) 당좌예금　100,000
(당좌수표 100,000원을 발행하여 지급하였다.)

(차) 비품　100,000　　　　(대) 보통예금　100,000
(보통예금 계좌에서 100,000원을 이체하였다.)

(차) 비품　100,000　　　　(대) 미지급금　100,000
(다음달에 100,000원을 지급하기로 하였다.)

(차) 비품 100,000   (대) 받을어음 100,000
(다른 업체에서 받은 어음을 지급하였다.)

(차) 비품 100,000   (대) 보통예금 50,000
                              미지급금 50,000
(보통예금 계좌에서 50,000원을 이체하여 지급하고, 나머지는 다음 달에 지급하기로 하였다.)

위 내용에서 차변에 비품이 아니라 복리후생비 등의 비용계정을 기록하면 비용을 지출하기 위한 지급수단이 위와 같이 대변에 기록될 것이다.

(2) 대금을 수취하는 유형

대금을 수취하는 유형은 대변에 처분하는 자산이나 발생한 부채 또는 수익에 대한 내용을 기록하고 차변에 대금을 수취하는 수단이나 내용을 기록한다.

> (차) 수취 수단 및 내역   (대) 처분 자산, 부채 발생, 수익 발생 등

대금을 수취하는 유형은 대금을 지급하는 유형에서 역으로 회계처리하면 될 것이다.
위에서 언급한 내용은 회계처리를 하기 위한 원인과 결과가 거래의 이중성에 따라 어떻게 회계처리를 하는 것인지에 대해서 이해를 돕고자 언급하고 있는 것이다. 이제는 계정과목별로 구체적으로 어떻게 회계처리를 하는지에 대해서 살펴보도록 하자.

제 1 절 회계의 순환과정

회계의 순환과정이란 회계상 거래를 분석하여 장부상에 기록하고 재무제표를 작성하기까지의 과정을 의미한다. 여기에서는 회계의 순환과정을 실습을 통하여 학습하자.

1 회계상 거래의 발생

① 1월 1일 50,000,000원을 출자하여 개인사업체를 설립하다.
 (사업용 보통예금에 입금)
② 1월 31일 사업장을 임차하기 위하여 보증금 20,000,000원을 보통예금에서 지급하다.
 (임대인 : 한국건설)
③ 3월 30일 한국상사로부터 판매용 상품 30,000,000원을 보통예금에서 10,000,000원을 지급하고 잔액은 외상으로 구입하다.
④ 5월 10일 3월 30일에 구입한 상품 중 80%에 해당하는 상품을 대한상사에 70,000,000원에 판매하다. 10,000,000원은 자기앞수표로 받고, 20,000,000원은 어음으로 수령하기로 하였으며, 잔액은 외상으로 하다.
⑤ 9월 1일 운영자금 부족으로 한국은행으로부터 30,000,000원을 차입하다. 차입한 금액은 보통예금으로 입금되다.
 (만기는 다음연도 8월 31일이며 원금과 이자를 함께 상환, 이자율은 10%)
⑥ 11월 10일 한국자동차로부터 상품배달용 트럭을 15,000,000원에 구입하다. 10,000,000원은 보통예금에서 지급하였으며 나머지는 어음을 발행하여 지급하였다.(잔존가액 3,000,000원, 내용연수 : 5년, 정액법)
⑦ 외상매출금과 받을어음에 대해서는 기말 잔액에 대하여 대손추정률을 2%로 가정한다.

2 분개

① (차) 보통예금		50,000,000	(대) 자본금		50,000,000
② (차) 임차보증금(한국건설)		20,000,000	(대) 보통예금		20,000,000
③ (차) 상품		30,000,000	(대) 보통예금		10,000,000
			외상매입금(한국상사)		20,000,000
④ (차) 현금		10,000,000	(대) 상품매출		70,000,000
받을어음(대한상사)		20,000,000			
외상매출금(대한상사)		40,000,000			

⑤ (차) 보통예금　　　　　30,000,000　　(대) 단기차입금(한국은행)　30,000,000
⑥ (차) 차량운반구　　　　15,000,000　　(대) 보통예금　　　　　　10,000,000
　　　　　　　　　　　　　　　　　　　　　　미지급금(한국자동차)　5,000,000

3 총계정원장에 전기

현금

5월 10일 상품매출	10,000,000		
		잔액	10,000,000

보통예금

1월 1일 자본금	50,000,000	1월 31일 임차보증금	20,000,000
9월 1일 단기차입금	30,000,000	5월 10일 상품	10,000,000
		11월 1일 차량운반구	10,000,000
		잔액	40,000,000

외상매출금

5월 10일 상품매출	40,000,000		
		잔액	40,000,000

받을어음

5월 10일 상품매출	20,000,000		
		잔액	20,000,000

상품

3월 30일 보통예금	10,000,000		
3월 30일 외상매입금	20,000,000	잔액	30,000,000

차량운반구

11월 1일 보통예금	10,000,000		
11월 1일 미지급금	5,000,000		
		잔액	15,000,000

임차보증금

1월 31일 보통예금	20,000,000	잔액	20,000,000

외상매입금

잔액	20,000,000	3월 30일 상품	20,000,000

미지급금

잔액	5,000,000	11월 1일 차량운반구	5,000,000

단기차입금

잔액	30,000,000	9월 1일 보통예금	30,000,000

자본금

		1월 1일 보통예금	50,000,000

상품매출

		5월 10일 현금	10,000,000
		5월 10일 받을어음	20,000,000
잔액	70,000,000	5월 10일 외상매출금	40,000,000

4 수정 전 시산표의 작성

합계잔액시산표

상호   20X1년 12월 31일   단위 : 원

차변		계정과목	대변	
잔액	합계		합계	잔액
10,000,000	10,000,000	현금		
40,000,000	80,000,000	보통예금	40,000,000	
40,000,000	40,000,000	외상매출금		
20,000,000	20,000,000	받을어음		
30,000,000	30,000,000	상품		
15,000,000	15,000,000	차량운반구		
20,000,000	20,000,000	임차보증금		
		외상매입금	20,000,000	20,000,000
		미지급금	5,000,000	5,000,000
		단기차입금	30,000,000	30,000,000
		자본금	50,000,000	50,000,000
		상품매출	70,000,000	70,000,000
175,000,000	215,000,000	합계	215,000,000	175,000,000

5 기말수정분개

① 상품매출원가

     (차) 상품매출원가   24,000,000   (대) 상품   24,000,000

② 감가상각비

     (차) 감가상각비   2,000,000   (대) 감가상각누계액   2,000,000

    → (15,000,000 − 3,000,000) ÷ 5년 × 2개월/12개월 = 2,000,000원

③ 대손충당금

     (차) 대손상각비   1,400,000   (대) 대손충당금(외상매출금)   800,000
                                                            대손충당금(받을어음)   400,000

    → 외상매출금 : 40,000,000 × 2% − 0원 = 800,000원
       받을어음 : 20,000,000원 × 2% − 0원 = 400,000원

④ 비용의 발생

(차) 이자비용　　　　　　1,000,000　　(대) 미지급비용　　　　1,000,000

→ 30,000,000원 × 10% × 4개월/12개월 = 1,000,000원

6 수정 후 시산표의 작성

합계잔액시산표

상호　　　　　　　　　　　　20X1년 12월 31일　　　　　　　　　단위 : 원

차변		계정과목	대변	
잔액	합계		합계	잔액
10,000,000	10,000,000	현금		
40,000,000	80,000,000	보통예금	40,000,000	
40,000,000	40,000,000	외상매출금		
		대손충당금	800,000	800,000
20,000,000	20,000,000	받을어음		
		대손충당금	400,000	400,000
6,000,000	30,000,000	상품	24,000,000	
15,000,000	15,000,000	차량운반구		
		감가상각누계액	2,000,000	2,000,000
20,000,000	20,000,000	임차보증금		
		외상매입금	20,000,000	20,000,000
		미지급금	5,000,000	5,000,000
		단기차입금	30,000,000	30,000,000
		미지급비용	1,000,000	1,000,000
		자본금	50,000,000	50,000,000
		상품매출	70,000,000	70,000,000
24,000,000	24,000,000	상품매출원가		
2,000,000	2,000,000	감가상각비		
1,200,000	1,200,000	대손상각비		
1,000,000	1,000,000	이자비용		
179,200,000	243,200,000	합계	243,200,000	179,200,000

7 장부마감

(차) 상품매출　　　　　70,000,000　　(대) 집합손익　　　　　70,000,000
(차) 집합손익　　　　　28,200,000　　(대) 상품매출원가　　24,000,000
　　　　　　　　　　　　　　　　　　　　　이자비용　　　　　1,000,000
　　　　　　　　　　　　　　　　　　　　　감가상각비　　　　2,000,000
　　　　　　　　　　　　　　　　　　　　　대손상각비　　　　1,200,000
(차) 집합손익　　　　　41,800,000　　(대) 자본금　　　　　41,800,000

8 재무제표의 작성

① 재무상태표의 작성

재무상태표

상호　　　　　　　　　　20X1년 12월 31일 현재　　　　　　　　　단위 : 원

자산			부채 및 자본	
계정과목	금액		계정과목	금액
현금		10,000,000	외상매입금	20,000,000
보통예금		40,000,000	미지급금	5,000,000
외상매출금	40,000,000		단기차입금	30,000,000
대손충당금	800,000	39,200,000	미지급비용	1,000,000
받을어음	20,000,000		자본금	91,800,000
대손충당금	400,000	19,600,000		
상품		6,000,000		
차량운반구	15,000,000			
감가상각누계액	2,000,000	13,000,000		
임차보증금		20,000,000		
자산합계		147,800,000	부채 및 자본합계	147,800,000

② 손익계산서의 작성

손익계산서

상호　　　　　　　20X1년 1월 1일부터 20X1년 12월 31일까지　　　　　단위 : 원

비용		수익	
계정과목	금액	계정과목	금액
상품매출원가	24,000,000	상품매출	70,000,000
감가상각비	2,000,000		
대손상각비	1,200,000		
이자비용	1,000,000		
당기순이익	41,800,000		
합계	70,000,000	합계	70,000,000

제 2 절　당좌자산

당좌자산편에서 연습해야 할 회계처리 내용은
1. 외상매출금 회계처리
2. 받을어음 회계처리
3. 대손회계처리
4. 현금과부족 회계처리
5. 선급금 회계처리
6. 가지급금 회계처리
7. 기타 당좌자산의 회계처리
이렇게 8가지 유형으로 연습을 해야 할 것이다. 구체적인 내용은 유형별로 구분하여 연습하도록 하자.

1 외상매출금 회계처리

(1) 외상매출금 발생

예제01 1월 5일 매출처 세무상사에 상품 1,000,000원을 판매하고, 대금 중 300,000원은 보통예금으로 받고, 잔액은 외상으로 하다.

예제02 2월 10일 거래처 세무상사에 상품 10,000,000원을 매출하고 대금 중 30%는 자기앞수표로 받고 나머지는 외상으로 하다.

정답

01. (차) 보통예금　　　　　　　　　300,000　　(대) 상품매출　　　　　　1,000,000
　　　　외상매출금(세무상사)　　　700,000

02. (차) 현금　　　　　　　　　　3,000,000　　(대) 상품매출　　　　　10,000,000
　　　　외상매출금(세무상사)　　7,000,000
　　→ 현금, 자기앞수표, 당좌수표로 수취하면 현금 계정과목으로 회계처리

(2) 외상매출금 회수

예제03 8월 30일 원봉상사의 외상매출금 25,800,000원이 국민은행 보통예금 계좌에 10,000,000원, 나머지는 대한은행 당좌예금 계좌에 입금되었다.

예제04 9월 8일 매출거래처 영아상사에 대한 외상매출금 5,000,000원을 현금으로 회수하고, 다음의 입금표를 발행하였다.

No. 1																(공급자 보관용)			
		입 금 표																	
																영아상사 귀하			
공급자	사업자등록번호	135-27-40377																	
	상호	보은상회							성명	나기동 (인)									
	사업장소재지	경기도 안산시 단원구 거미울길13(선부동)																	
	업태	도소매							종목	가전제품									
작 성 일			금액								세 액								
년	월	일	공란수	억	천	백	십	만	천	백	십	일	천	백	십	만	천	백	십	일
20X1	9	8																		
합계			십		억		천	백	십	만		천	백		십		일			
								5	0	0		0	0		0		0			
내용 외상매출금 현금 입금																			
위 금액을 정히 영수함																			

정답

03. (차) 당좌예금   15,800,000   (대) 외상매출금(원봉상사)   25,800,000
    보통예금   10,000,000

04. (차) 현금   5,000,000   (대) 외상매출금(영아상사)   5,000,000

(3) 매출할인 등 회계처리

예제 05 11월 19일 거래처 아사달유통의 상품매출에 대한 외상대금 3,000,000원을 회수하면서 약정기일보다 빠르게 회수하여 2%를 할인해 주고, 대금은 보통예금 계좌로 입금받다.

2 받을어음 회계처리

예제 06 9월 10일 세무상사에 상품 3,000,000원을 매출하고, 대금 중 1,000,000원은 현금으로 받고 잔액은 약속어음(만기일 당해 연도 10월 20일)으로 받다.

예제 07 10월 25일 세무상사에 상품 5,000,000원을 매출하고 대금은 동점 발행 어음(만기일 당해 연도 11월 25일)으로 받다. 매출 시 발생한 운임 25,000원은 당점이 부담하기로 하고 보통예금으로 이체하였다.

예제 08 10월 30일 세무상사에 상품 7,000,000원을 매출하고 대금 중 5,000,000원은 동점 발행약속어음(만기일 당해 연도 11월 30일)으로 받고, 잔액은 12월 10일에 받기로 하다.

정답

05.	(차) 매출할인(403)	60,000	(대) 외상매출금(아사달유통)		3,000,000
	보통예금	2,940,000			
06.	(차) 현금	1,000,000	(대) 상품매출		3,000,000
	받을어음(세무상사)	2,000,000			
07.	(차) 받을어음(세무상사)	5,000,000	(대) 상품매출		5,000,000
	운반비(판)	25,000	보통예금		25,000
08.	(차) 받을어음(세무상사)	5,000,000	(대) 상품매출		7,000,000
	외상매출금(세무상사)	2,000,000			

예제09 11월 1일 세무상사에 상품 9,000,000원을 판매하고 판매대금 중 4,000,000원은 세무상사에 대한 외상매입금과 상계하고 나머지는 동점 발행 약속어음으로 수취하다.

예제10 11월 15일 세무상사의 외상매입금 3,000,000원을 지급하기 위하여, 회계상사로부터 매출대금으로 받은 약속어음 1,000,000원을 배서양도하고 나머지는 현금으로 지급하다.

예제11 7월 30일 거래처 세무상사에 상품을 매출하고 받았던 약속어음 9,000,000원을 거래은행에 추심 의뢰하여 추심료 70,000원을 차감한 잔액이 당사 당좌예금 계좌에 입금되었음을 통보받다.

예제12 8월 25일 거래처 세무상사로부터 받은 약속어음 5,000,000원을 만기 전에 하나은행으로부터 할인하였다. 할인료 100,000원을 차감한 금액을 보통예금 통장으로 입금 받다.(단, 할인된 어음은 매각거래로 가정한다.)

정답

09.	(차) 외상매입금(세무상사) 받을어음(세무상사)	4,000,000 5,000,000	(대) 상품매출	9,000,000	
10.	(차) 외상매입금(세무상사)	3,000,000	(대) 받을어음(회계상사) 현금	1,000,000 2,000,000	
11.	(차) 당좌예금 수수료비용(판)	8,930,000 70,000	(대) 받을어음(세무상사)	9,000,000	
12.	(차) 보통예금 매출채권처분손실	4,900,000 100,000	(대) 받을어음(세무상사)	5,000,000	

3 대손 회계처리

예제13 5월 25일 거래처 세무상사의 파산으로 외상매출금 2,300,000원을 대손처리하였다.(대손처리시점의 외상매출금에 대한 대손충당금은 없다고 가정한다.)

예제14 6월 10일 거래처 세무상사의 파산으로 인하여 외상매출금 3,500,000원이 회수불가능하게 되어 대손처리하다.(대손처리시점의 외상매출금에 대한 대손충당금 잔액은 5,000,000원이다.)

예제15 7월 10일 거래처 세무상사의 파산으로 인하여 외상매출금 3,500,000원이 회수불가능하게 되어 대손처리하다.(대손처리시점의 외상매출금에 대한 대손충당금 잔액은 500,000원이다.)

예제16 12월 31일 외상매출금과 받을어음의 잔액이 각각 80,000,000원, 50,000,000원이다. 매출채권 잔액에 대하여 1%의 대손충당금을 보충법으로 설정하다. 기초 외상매출금의 대손충당금은 500,000원, 기초 받을어음의 대손충당금은 900,000원이다.(외상매출금과 받을어음 계정에 대하여 각각 회계처리 할 것.)

정답

13. (차) 대손상각비(판)　　　　　2,3000,000　　(대) 외상매출금(세무상사)　　2,300,000

14. (차) 대손충당금(외상매출금)　　3,500,000　　(대) 외상매출금(세무상사)　　3,500,000

15. (차) 대손충당금(외상매출금)　　　500,000　　(대) 외상매출금(세무상사)　　3,500,000
　　　대손상각비(판)　　　　　3,000,000

16. (차) 대손상각비(판)　　　　　　300,000　　(대) 대손충당금(외상매출금)　　300,000
　　(차) 대손충당금(받을어음)　　　400,000　　(대) 대손충당금환입(판)　　　400,000
　　→ 기말수정분개
　　① 외상매출금 : 80,000,000원 × 1% − 500,000원 = 300,000원
　　② 받을어음 : 50,000,000원 × 1% − 900,000원 = −400,000원

4 현금과부족 회계처리

예제17 11월 14일 현금 시재를 확인하던 중 실제 현금이 장부상 현금보다 10,000원 적은 것을 발견하였으나 그 원인을 파악할 수 없다.

예제18 12월 15일 현금 시재를 확인하던 중 실제 현금이 장부상 현금보다 10,000원 많은 것을 발견하였으나 그 원인을 파악할 수 없다.

예제19 12월 31일 현금과부족 계정으로 처리되어 있는 11월 14일 발생 현금부족액 10,000원의 사용처를 알 수 없어 잡손실로 처리하다.

예제20 12월 31일 12월 15일에 장부상 현금보다 실제 현금이 많아 현금과부족 처리하였던 10,000원의 원인을 알지 못하여 잡이익으로 처리하다.

5 선급금 회계처리

예제21 10월 4일 창문상사에서 상품 6,000,000원(300개, 1개당 20,000원)을 구입하기로 계약하고, 대금의 20%를 당좌예금 계좌에서 이체하였다.

정답

17. (차) 현금과부족　　　　　　　10,000원　　(대) 현금　　　　　　　　　10,000원

18. (차) 현금　　　　　　　　　　10,000원　　(대) 현금과부족　　　　　　10,000원

19. (차) 잡손실　　　　　　　　　10,000　　　(대) 현금과부족　　　　　　10,000
　　→ 기말수정분개

20. (차) 현금과부족　　　　　　　10,000　　　(대) 잡이익　　　　　　　　10,000
　　→ 기말수정분개

21. (차) 선급금(창문상사)　　　　1,200,000　　(대) 당좌예금　　　　　　　1,200,000

예제22 12월 9일 관리부에서 영업부 신입사원이 사용할 컴퓨터 5대를 주문하고 계약금으로 견적서 금액의 10%를 보통예금계좌에서 이체하였다.

견 적 서

견적번호 : 동아-01112

아래와 같이 견적서를 발송

20X1년 12월 9일

공급자	사업자번호	111-11-12345		
	상 호	동아상사	대 표 자	이강남(인)
	소 재 지	서울시 강남		
	업 태	도소매	종 목	컴퓨터
	담 당 자	이강북	전화번호	1500-2587

품명	규격	수량(개)	단가(원)	금액(원)	비고
컴퓨터 100시리즈	I-7	5	3,000,000	15,000,000	
	이하여백				
합계금액				15,000,000	

유효기간 : 견적 유효기간은 발행 후 15일
납   기 : 발주 후 3일
결제방법 : 현금결제, 카드결제 가능
송금계좌 : 신한은행 / 123456-01-1234534
기   타 : 운반비 별도/

예제23 5월 10일 세무상사에서 상품 5,000,000원을 매입하고, 2월 11일에 지급한 계약금 500,000원을 차감한 잔액을 전액 보통예금에서 송금하였다.

정답

22. (대차) 선급금(동아상사)   1,500,000   (대) 보통예금   1,500,000

23. (차) 상품   5,000,000   (대) 선급금(세무상사)   500,000
              보통예금   4,500,000

6 가지급금 회계처리

예제24 12월 5일 영업부사원 최지방의 출장비로 현금 400,000원을 우선 지급하고, 출장 후에 출장비를 정산키로 하다.

예제25 12월 19일 영업부사원 최지방이 12월 5일부터 12월 7일까지 부산 출장시 지급받은 가지급금 400,000원에 대해 아래와 같이 사용하고 잔액은 현금으로 정산하다. (단, 가지급금에 대한 거래처 입력은 생략한다.)

- 왕복교통비 및 숙박비 : 350,000원

7 기타 당좌자산의 회계처리

예제26 11월 19일 거래처 대전상사에 경영자금 100,000,000원을 보통예금에서 단기대여해주면서 이체수수료 1,500원을 현금으로 지급하다.(단, 수수료는 수수료비용(금융비용)으로 회계처리한다.)

예제27 12월 4일 매출처 세무상사의 외상매출금 1,000,000원을 5개월 후 상환조건의 대여금으로 전환하다.

정답

24.	(차) 가지급금(최지방)	400,000	(대) 현금	400,000
25.	(차) 여비교통비(판)	350,000	(대) 가지급금	400,000
	현금	50,000		
26.	(차) 단기대여금(대전상사)	100,000,000	(대) 보통예금	100,000,000
	(차) 수수료비용(984)	1,500	(대) 현금	1,500
27.	(차) 단기대여금(세무상사)	1,000,000	(대) 외상매출금(세무상사)	1,000,000

예제28 7월 25일 보관하고 있던 아모레상사가 발행한 당좌수표 5,000,000원을 당사 당좌예금 계좌에 예입하였다.

예제29 12월 31일 하나은행의 보통예금은 마이너스 통장이다. 기말현재 계좌잔액은 −3,500,000원 이다.

예제30 7월 20일 하나은행과 당좌거래계약을 체결하고 현금 2,000,000원을 당좌예금 하다.

정답				
28. (차) 당좌예금	5,000,000	(대) 현금	5,000,000
29. (차) 보통예금	3,500,000	(대) 단기차입금	3,500,000
→ 기말수정분개. 마이너스 계좌의 잔액은 단기차입금으로 대체한다.			
30. (차) 당좌예금	2,000,000	(대) 현금	2,000,000

제 3 절 재고자산

> 재고자산편에서 연습해야 할 회계처리 내용은
> 1. 상품 매출 회계처리
> 2. 상품 취득 회계처리
> 3. 매출원가 회계처리
> 4. 타계정대체 회계처리
> 이렇게 4가지 유형으로 연습을 해야 할 것이다. 구체적인 내용은 유형별로 구분하여 연습하도록 하자.

1 상품 매출 회계처리

예제01 11월 22일 대전상사에 상품 1,000,000원을 판매하고, 대금은 9월 2일 수령한 계약금 100,000원을 차감한 잔액 중 600,000원은 보통예금으로 이체받고 잔액은 외상으로 하다.

정답

01. (차) 보통예금   600,000   (대) 상품매출   1,000,000
    (차) 선수금(대전상사)   100,000
    (차) 외상매출금(대전상사) 300,000

예제02 10월 17일 상품을 판매하고 발급한 거래명세서이다. 대금 중 일부는 당좌예금계좌로 입금받고, 나머지는 외상으로 하였다.

권		호			거 래 명 세 표 (거래용)				
20X1 년 10 월 17 일				공급자	등록번호	104-04-11258			
강원컴퓨터		귀하			상호	우현상사	성명	방우현	㊞
					사업장 소재지	서울시 관악구 과천대로 855			
아래와 같이 계산합니다.					업태	도·소매업	종목	컴퓨터부품	
합계금액	일천육백오십만				원정 (₩	16,500,000		)	
월일	품목		규격	수량	단가	공급가액		세액	
10/17	컴퓨터			11	1,500,000원	16,500,000원			
	계								
전잔금					합계	16,500,000원			
입금	계약금 10,000,000원		잔금	6,750,000원	인수자	박차돌		㊞	
비고									

정답

02. (차) 당좌예금　　　　　　　　　10,000,000　　(대) 상품매출　　　　　　16,500,000
　　　외상매출금(강원컴퓨터)　　 6,500,000

예제03 9월 5일 8월 25일에 매출계약하고 선수금(600,000원)을 받은 미림전자에 세탁기 5대를 인도하고 계약금을 차감한 잔액을 외상으로 하다. 당사 부담 운반비 150,000원은 현금으로 지급하다.(하나의 전표로 입력할 것.)

1권		2호			거래명세표 (거래용)				
20X1 년 09 월 05 일				공급자	등록번호	135-27-40377			
미림전자		귀하			상호	보은상회	성명	나기동	인
					사업장소재지	경기도 안산시 단원구 거미울길 13(선부동)			
아래와 같이 계산합니다.					업태	도소매	종목	가전제품	
합계금액	육백만				원정 (₩		6,000,000		)
월일	품목		규격	수량	단가	공급가액		세액	
9/5	세탁기		15KG	5	1,200,000	6,000,000			
			이하	여백					
	계								
전잔금					합계	6,000,000원			
입금	8/25 계약금 600,000원		잔금	5,400,000원		인수자	김선태		인
비고	당사부담 운임 150,000원 현금지급								

예제04 8월 8일 상품 2,000,000원을 지나상사에 판매하고 대금은 지나상사 발행 약속어음으로 받고 판매 시 발생한 운송비 50,000원은 현금으로 지급하였다.

정답

03. (차) 선수금(미림전자)   600,000   (대) 상품매출   6,000,000
    외상매출금(미림전자) 5,400,000   현금   150,000
    운반비(판)   150,000

04. (차) 받을어음(지나상사) 2,000,000   (대) 상품매출   2,000,000
    운반비(판)   50,000   현금   50,000

예제05 12월 2일 에코상점에 상품 1,000,000원을 매출하고, 대금은 외상으로 하다. (단, 부가가치세는 무시한다.)

권		호		거 래 명 세 표 (보관용)				
20X1 년 12 월 02 일			공급자	등록번호	135-27-40377			
에코상점 귀하				상호	나리상사	성명	나은혜 ㊞	
				사업장소재지	서울 관악구 과천대로 855			
아래와 같이 계산합니다.				업태	도소매	종목	전자제품	
합계금액	백만원			원정 (₩	1,000,000	)		
월일	품목	규격	수량	단가	공급가액		세액	
12/2	상품		10	100,000	1,000,000원			
	계							
전잔금				합계	1,000,000원			
입 금		잔금	1,000,000	인수자	김영수 ㊞			
비 고								

예제06 12월 12일 일중상사에 외상으로 매출한 상품 중 불량품 200,000원이 반품되어 오다. 반품액은 외상매출금과 상계하기로 하였다.

정답

05. (차) 외상매출금(에코상점)   1,000,000   (대) 상품매출   1,000,000

06. (차) 매출환입및에누리   200,000   (대) 외상매출금(일중상사)   200,000

2 상품 취득 회계처리

예제07 12월 15일 상품(100개, 개당 10,000원)을 양촌상사로부터 외상으로 매입하고, 운반비 50,000원은 현금으로 지급하였다.

예제08 8월 15일 판매용 전기부품 5,000,000원과 업무용 컴퓨터 2,000,000원을 선진전기에서 구입하였다. 대금 중 판매용 전기부품은 당좌수표를 발행하여 지급하고, 업무용 컴퓨터는 외상으로 하였다.

예제09 10월 18일 대전상사에서 상품 2,800,000원을 매입하고, 8월 30일 기지급한 계약금(300,000원)을 차감한 대금 중 1,000,000원은 보통예금에서 이체하고 잔액은 외상으로 하다.

예제10 7월 25일 국제상사에서 상품 5,000,000원을 매입하였다. 대금은 7월 15일 계약금으로 지급한 500,000원을 차감하고 나머지 잔액은 1개월 후에 지급하기로 하다. 또한, 상품 매입 시 운임 50,000원은 당사가 부담하기로 하여 현금으로 지급하다.

정답

07.	(차) 상품	1,050,000	(대) 외상매입금(양촌상사)	1,000,000
			현금	50,000
08.	(차) 상품	5,000,000	(대) 당좌예금	5,000,000
	비품	2,000,000	미지급금(선진전기)	2,000,000
09.	(차) 상품	2,800,000	(대) 선급금(대전상사)	300,000
			보통예금	1,000,000
			외상매입금(대전상사)	1,500,000
10.	(차) 상품	5,050,000	(대) 선급금(국제상사)	500,000
			외상매입금(국제상사)	4,500,000
			현금	50,000

예제11 7월 30일 세무상사에서 상품 7,000,000원을 매입하고 대금은 소유하고 있던 회계상사가 발행한 약속어음을 배서양도하다.

예제12 9월 2일 초지전자에서 매입계약(8월 27일)한 판매용 컴퓨터 5대를 인수받고, 계약금 750,000원을 차감한 잔액은 외상으로 하였다.

1권		2호		거래명세표 (거래용)				
20X1 년 09 월 02 일				공급자	등록번호	133-22-66643		
안양상사		귀하			상호	초지전자	성명	우상갑 ㊞
					사업장소재지	경기도 안산시 단원구 초지로 90		
아래와 같이 계산합니다.					업태	도소매	종목	가전제품
합계금액	칠백오십만				원정 (₩ 7,500,000)			
월일	품목		규격	수량	단가	공급가액		세액
9/2	컴퓨터		펜티엄9	5	1,500,000원	7,500,000원		
			이하	여백				
	계							
전잔금					합계	7,500,000원		
입 금	8/27 계약금 750,000원		잔금	6,750,000원		인수자	나기동	㊞
비 고								

예제13 8월 21일 당사는 거래처 동백상사로부터 상품 10개(1개당 10,000원)를 매입하고, 그 대금은 당사발행 어음으로 지급하였다.

정답

11. (차) 상품　　　　　　7,000,000　　(대) 받을어음(회계상사)　　7,000,000

12. (차) 상품　　　　　　7,500,000　　(대) 선급금(초지전자)　　　　750,000
　　　　　　　　　　　　　　　　　　　　외상매입금(초지전자)　6,750,000

13. (차) 상품　　　　　　　100,000　　(대) 지급어음(동백상사)　　　100,000

예제14 11월 5일 인천상사에서 판매용 컴퓨터 10,000,000원과 업무용 컴퓨터 2,000,000원을 매입하였다. 대금은 당사가 발행한 약속어음 2매(10,000,000원 1매, 2,000,000원 1매)로 지급하였다.(단, 하나의 분개로 입력할 것.)

예제15 10월 20일 판매용 문서세단기 5,000,000원(5대분)과 업무용 문서세단기 1,000,000원(1대)을 전포문구에서 구입하고, 대금은 이번 달 30일에 모두 지급하기로 하였다.(하나의 전표로 회계처리할 것.)

예제16 10월 11일 상품 1,700,000원을 매입하고 대금은 당좌수표를 발행하여 지급하였다.(단, 당좌예금 잔액은 300,000원이었고 국민은행과의 당좌차월계약 한도액은 5,000,000원이다.)

예제17 9월 21일 삼촌컴퓨터로부터 컴퓨터 11대를 구입(@1,750,000원)하였다. 이 중 10대는 판매용으로 외상구입했으며, 1대는 업무용으로 현금결제하였다.

예제18 8월 10일 당사는 거래처 영광산업으로부터 상품을 2,000,000원에 매입하고, 그 대금으로 당좌수표를 발행하여 지급하였다.(당좌예금잔액 1,500,000원, 당좌차월 한도 1,000,000원)

정답

14. (차) 상품	10,000,000	(대) 지급어음(인천상사)	10,000,000
비품	2,000,000	미지급금(인천상사)	2,000,000
15. (차) 상품	5,000,000	(대) 외상매입금(전포문구)	5,000,000
비품	1,000,000	미지급금(전포문구)	1,000,000
16. (차) 상품	1,700,000	(대) 당좌예금	300,000
		단기차입금	1,400,000원
17. (차) 상품	17,500,000	(대) 외상매입금(삼촌컴퓨터)	17,500,000
비품	1,750,000	현금	1,750,000
18. (차) 상품	2,000,000	(대) 당좌예금	1,500,000
		단기차입금	500,000

예제19 8월 20일 세무상사에서 상품 2,000,000원을 매입하고, 대금 중 800,000원은 소유하고 있던 회계상사가 발행한 약속어음을 배서양도하고 잔액은 외상으로 하다.

예제20 12월 10일 세무상사에서 외상으로 매입한 상품 대금 10,000,000원을 조기 지급하게 되어 외상대금의 2%를 할인받고 잔액은 보통예금 통장에서 이체하여 지급하다.(매입할인 계정을 사용한다.)

③ 매출원가 회계처리

예제21 12월 31일 당기 판매가능상품 금액이 100,000,000원이고, 기말상품재고액은 25,000,000원이다. 기말 결산 시 상품매출원가의 결산정리분개를 하시오.(단, 결산차변, 결산대변을 사용하시오.)

예제22 12월 31일 기말 상품재고액은 25,000,000원이다. 수정 전 합계잔액시산표의 상품 계정 차변 잔액이 100,000,000원이다. 기말 결산 시 상품매출원가의 결산정리분개를 하시오.(단, 결산차변, 결산대변을 사용하시오.)

④ 타계정대체 회계처리

예제23 3월 5일 판매목적으로 보유 중인 상품 1,000,000원(장부금액)을 서울시청에 무상으로 기부하였다.

정답

19. (차) 상품　　　　　　　　　　 2,000,000　　(대) 받을어음(회계상사)　　　　 800,000
　　　　　　　　　　　　　　　　　　　　　　　　　　외상매입금(세무상사)　　 1,200,000

20. (차) 외상매입금(세무상사)　　 10,000,000　　(대) 매입할인(상품)　　　　　　 200,000
　　　　　　　　　　　　　　　　　　　　　　　　　　보통예금　　　　　　　　 9,800,000

21. (결차) 상품매출원가　　　　　 75,000,000　　(대) 상품　　　　　　　　　 75,000,000
　　→ 기말수정분개
　　상품매출원가 75,000,000 = 판매가능상품금액 100,000,000 − 기말상품재고액 25,000,000
　　판매가능상품금액 = 기초상품재고액 + 당기매입액

22. (결차) 상품매출원가　　　　　 75,000,000　　(결대) 상품　　　　　　　　 75,000,000
　　→ 기말수정분개
　　상품매출원가 = 판매가능상품금액 100,000,000 − 기말상품재고액 25,000,000
　　수정 전 합계잔액시산표의 상품 계정 차변 잔액은 판매가능상품금액을 의미한다.

23. (차) 기부금　　　　　　　　　 1,000,000　　(대) 상품(적요 8.타계정으로 대체액)　 1,000,000

제 4 절 유가증권

유가증권편에서 연습해야 할 회계처리 내용은
1. 유가증권 취득 회계처리
2. 유가증권 처분 회계처리
이렇게 2가지 유형으로 연습을 해야 할 것이다. 구체적인 내용은 유형별로 구분하여 연습하도록 하자.

1 유가증권 취득 회계처리

예제01 12월 17일 단기간의 매매차익을 얻을 목적으로 황수건설의 주식 100주(1주당 액면금액 20,000원)를 1주당 18,000원에 매입하고 대금은 수수료 100,000원을 포함하여 보통예금 계좌에서 이체하였다.

예제02 12월 22일 단기 운용목적으로 ㈜동행 발행주식 1,000주(1주당 액면 5,000원)를 1주당 6,500원에 구입하다. 취득 시 수수료 110,000원은 현금으로 지급하다.

2 유가증권 처분 회계처리

예제03 5월 30일 시장성 있는 단기보유목적의 ㈜세무상사의 주식(장부가액 7,000,000원)을 8,000,000원에 매각하고 대금은 당사 당좌예금 계좌로 이체 받다. 매각 시 발생한 수수료 100,000원은 현금으로 지급하였다.

예제04 12월 4일 단기매매차익을 얻을 목적으로 보유하고 있는 ㈜사과의 주식 100주를 1주당 10,000원에 처분하고 대금은 수수료 등 10,000원을 차감한 금액이 보통예금계좌에 입금되었다.(단, ㈜사과의 주식 1주당 취득원가는 5,000원이다.)

정답

01. (차) 단기매매증권   1,800,000   (대) 보통예금   1,900,000
    수수료비용(984)   100,000

02. (차) 단기매매증권   6,500,000원 (대) 보통예금   6,500,000
    수수료비용(984)   110,000원   현금   110,000

03. (차) 당좌예금   8,000,000   (대) 단기매매증권   7,000,000
                                          단기매매증권처분이익 900,000
                                          현금   100,000

04. (차) 보통예금   990,000원 (대) 단기매매증권   500,000원
                                          단기매매증권처분이익 490,000원

제 5 절 유형자산

유형자산편에서 연습해야 할 회계처리 내용은
1. 유형자산 취득 회계처리
2. 취득 후 지출의 회계처리
3. 감가상각비 회계처리
4. 유형자산 처분 회계처리
이렇게 4가지 유형으로 연습을 해야 할 것이다. 구체적인 내용은 유형별로 구분하여 연습하도록 하자.

1 유형자산 취득 회계처리

예제01 10월 1일 본사 사옥을 신축할 목적으로 토지를 취득하면서 토지대금 300,000,000원, 취득세 5,000,000원을 당좌수표를 발행하여 지급하였다.

예제02 8월 12일 주차장으로 사용할 토지를 20,000,000원에 준선상사로부터 매입하고 대금은 당좌수표를 발행하여 지급하다. 토지 취득 시 취득세 920,000원은 현금으로 지급하였다.

예제03 11월 30일 회사의 차량을 15,000,000원에 취득하고 취득세 450,000원 및 기타 매입부대비용 150,000원을 보통예금에서 이체하다.

정답

01. (차) 토지	305,000,000	(대) 당좌예금	305,000,000
02. (차) 토지	20,920,000	(대) 당좌예금	20,000,000
		현금	920,000
03. (차) 차량운반구	15,600,000	(대) 보통예금	15,600,000

예제04 9월 25일 승합차 등록비용 205,000원을 자동차등록대행업체인 예스카에 현금으로 지급하였다.

영수증		발행일	20X1. 9. 25.	
		받는이	동백상사	귀하
공 급 자				
상 호	예스카	대표자	김센타	(인)
등록번호	321-21-00256			
주 소	경기도 구리시 경춘로 125			
전 화	031-570-9963	팩스		
받은금액				205,000원
날 짜	품목	수량	단가	금액
9/25	차량등록비용			150,000원
	번호판구입외			55,000원
합 계			₩ 205,000원	
부가가치세법시행규칙 제25조의 규정에 의한 (영수증)으로 개정				

예제05 9월 11일 당사는 사무실에서 사용하던 비품인 냉난방기의 고장으로 새로운 냉난방기를 설치하기로 하였다. 난방마트㈜에서 새로운 냉난방기를 구입하고 구입대금 500,000원은 이달 20일에 지급하기로 하고 설치비 50,000원은 현금으로 지급하였다.

정답

04. (차) 차량운반구	205,000	(대) 현금	205,000
05. (차) 비품	550,000	(대) 현금	50,000
		미지급금(난방마트㈜)	500,000

예제06 7월 12일 ㈜울산중고나라에서 영업부 비품(에어컨)을 1,100,000원에 구입하고 대금은 다음과 같이 하나카드로 결제하였다.

```
           카드매출전표
           (공급받는자용)
----------------------------------------
카드종류 : 하나카드
회원번호 : 1754-6599-****-9997
거래일시 : 20X1.7.12. 16 : 05 : 16
거래유형 : 신용승인
금    액 : 1,100,000원
결제방법 : 일시불
승인번호 : 71999995
은행확인 : 하나은행
----------------------------------------
가맹점명 : ㈜울산중고나라
             - 이 하 생 략 -
```

예제07 11월 5일 인천상사에서 판매용 컴퓨터 10,000,000원과 업무용 컴퓨터 2,000,000원을 매입하였다. 대금은 당사가 발행한 약속어음 2매(10,000,000원 1매, 2,000,000원 1매)로 지급하였다.(단, 하나의 분개로 입력할 것.)

예제08 10월 20일 판매용 문서세단기 5,000,000원(5대분)과 업무용 문서세단기 1,000,000원(1대)을 전포문구에서 구입하고, 대금은 이번 달 30일에 모두 지급하기로 하였다. (하나의 전표로 회계처리할 것.)

정답

06. (차) 비품	1,100,000	(대) 미지급금(하나카드)	1,100,000
07. (차) 상품	10,000,000	(대) 지급어음(인천상사)	10,000,000
비품	2,000,000	미지급금(인천상사)	2,000,000
08. (차) 상품	5,000,000	(대) 외상매입금(전포문구)	5,000,000
비품	1,000,000	미지급금(전포문구)	1,000,000

예제09 9월 21일 삼촌컴퓨터로부터 컴퓨터 11대를 구입(@1,750,000원)하였다. 이 중 10대는 판매용으로 외상구입했으며, 1대는 업무용으로 현금결제하였다.

2 취득 후 지출의 회계처리

예제10 9월 12일 본사 건물에 엘리베이터를 설치하고 13,000,000원을 넥스코에 2개월 후에 지급하기로 하다.(자본적지출로 회계처리한다.)

예제11 9월 20일 건물의 엘레베이터 수리비용 13,000,000원을 현금으로 지급하였다. (수익적지출로 처리한다.)

예제12 9월 30일 건물에 엘리베이터 설치비(자본적 지출) 7,000,000원과 외벽 도색비(수익적 지출) 6,000,000원을 현금으로 지급하다.

3 감가상각비 회계처리

예제13 12월 31일 당기분 영업용 차량운반구에 대한 감가상각비 900,000원과 판매부서의 비품에 대한 감가상각비 300,000원을 계상하다.

정답

09. (차) 상품	17,500,000	(대) 외상매입금(삼촌컴퓨터)	17,500,000
비품	1,750,000	현금	1,750,000
10. (차) 건물	13,000,000	(대) 미지급금(넥스코)	13,000,000
11. (차) 수선비(판)	13,000,000	(대) 현금	13,000,000
12. (차) 건물	7,000,000	(대) 현금	13,000,000
수선비(판관비)	6,000,000		
13. (차) 감가상각비(판)	1,200,000	(대) 감가상각누계액(차량운반구)	900,000
		감가상각누계액(비품)	300,000

→ 기말수정분개

4 유형자산 처분 회계처리

예제14 9월 7일 당사는 보유하고 있던 토지(취득원가 30,000,000원)를 영동상사에 50,000,000원에 매각하고 대금 중 10,000,000원은 당좌수표로 지급받았으며, 나머지는 다음달 10일 수령하기로 하였다.

예제15 12월 22일 사용 중인 업무용 승용차를 무등상사에 5,000,000원에 처분하고 대금은 1개월 후에 받기로 하였다. 업무용 승용차의 취득원가는 9,000,000원이고 처분 시까지 계상한 감가상각누계액은 3,500,000원이다.

예제16 11월 27일 당사는 보유하고 있던 차량운반구(취득원가 8,000,000원, 감가상각누계액 2,000,000원)를 영동상사에 7,000,000원에 매각하고 대금을 자기앞수표로 지급받았다.

정답

14.	(차) 현금	10,000,000	(대) 토지	30,000,000	
	미수금(영동상사)	40,000,000	유형자산처분이익	20,000,000	
15.	(차) 감가상각누계액(차량운반구)	3,500,000	(대) 차량운반구	9,000,000	
	미수금(무등상사)	5,000,000			
	유형자산처분손실	500,000			
16.	(차) 현금	7,000,000	(대) 차량운반구	8,000,000	
	감가상각누계액(차량운반구)	2,000,000	유형자산처분이익	1,000,000	

chapter 01. 회계처리

제 6 절 | 기타비유동자산

예제01 6월 10일 세무상사에 3년 후 회수 예정으로 10,000,000원을 대여하고 선이자 1,000,000원을 공제한 잔액을 보통예금 계좌에서 이체하다.(단, 선이자는 수익으로 처리하기로 한다.)

예제02 1월 18일 상품 홍보관을 개설하기 위해 점포를 보증금 10,000,000원에 남촌빌딩으로부터 임차하고, 대금은 현금으로 지급하다.

예제03 12월 20일 상품 보관을 위해 세무상사로부터 임차하여 사용하고 있던 창고 건물의 임차기간이 완료되어 임차보증금 20,000,000원이 보통예금계좌로 입금되다.

예제04 11월 10일 회계상사에 미지급된 창고 임차료 3,000,000원을 임대인(회계상사)과 합의하에 임차보증금과 상계하다.

정답

01.	(차) 장기대여금(세무상사)	10,000,000	(대) 보통예금	9,000,000
			이자수익	1,000,000
02.	(차) 임차보증금(남촌빌딩)	10,000,000	(대) 현금	10,000,000
03.	(차) 보통예금	20,000,000	(대) 임차보증금(세무상사)	20,000,000
04.	(차) 미지급금(회계상사)	3,000,000	(대) 임차보증금(회계상사)	3,000,000

제 7 절 부채

부채편에서 연습해야 할 회계처리 내용은
1. 부채 발생 회계처리
2. 부채 상환 회계처리
이렇게 2가지 유형으로 연습을 해야 할 것이다. 구체적인 내용은 유형별로 구분하여 연습하도록 하자. 계정과목으로는 외상매입금, 지급어음, 가수금, 선수금, 미지급금, 예수금, 단기차입금, 장기차입금, 임대보증금 순서로 되어 있다.

1 부채 발생 회계처리

예제01 1월 10일 세무상사에서 상품 10,000,000원을 매입하고, 대금 중 6,000,000원은 약속어음(만기일 : 당해 연도 3월 10일)을 발행하여 지급하고 잔액은 외상으로 거래하다.

예제02 8월 2일 보통예금 계좌에 2,000,000원이 입금되었으나, 입금자명이 불분명하여 그 내역을 확인할 수 없다.

예제03 7월 5일 무한상사에 상품을 6,000,000원에 판매하기로 계약하고, 계약금(판매금액의 10%)을 현금으로 받다.

예제04 11월 5일 국제상사에 상품을 7,000,000원에 판매하기로 계약하고, 계약금 2,000,000원을 당사 당좌예금 계좌로 이체받다.

정답

01. (차) 상품	10,000,000	(대) 지급어음(세무상사)		6,000,000
		외상매입금(세무상사)		4,000,000
02. (차) 보통예금	2,000,000	(대) 가수금		2,000,000
03. (차) 현금	600,000	(대) 선수금(무한상사)		600,000
04. (차) 당좌예금	2,000,000	(대) 선수금(국제상사)		2,000,000

chapter 01. 회계처리

예제05 5월 20일 당사는 회계상사에서 비품(3,000,000원)을 구입하고, 대금 중 1,000,000원은 하나카드로 결제하고, 나머지는 현금으로 지급하다.

예제06 10월 10일 업무용 화물차를 세무자동차에서 5,000,000원에 구입하고, 대금 중 1,000,000원은 보통예금계좌에서 이체하여 지급하고, 잔액은 6개월 무이자할부로 하다. 또한 화물차에 대한 취득세 500,000원을 현금으로 납부하다.

예제07 3월 5일 판매사원의 급여 2,000,000원을 지급하면서 근로소득세 150,000원과 건강보험료(근로자 부담분) 80,000원을 차감한 잔액을 보통예금계좌에서 지급하였다.

예제08 10월 2일 2020년 2월 28일 상환 목적으로 거래처 진주상점에서 10,000,000원을 차입하여 보통예금에 입금하였다.

예제09 12월 27일 희망은행으로부터 다음 연도 12월 20일 상환하기로 하고, 30,000,000원을 차입하여 보통예금에 입금하였다.

정답

05. (차) 비품	3,000,000	(대) 미지급금(하나카드)		1,000,000
		현금		2,000,000
06. (차) 차량운반구	5,500,000	(대) 보통예금		1,000,000
		미지급금(세무자동차)		4,000,000
		현금		500,000
07. (차) 급여(판)	2,000,000	(대) 예수금		230,000
		보통예금		1,770,000
08. (차) 보통예금	10,000,000	(대) 단기차입금(진주상점)		10,000,000
09. (차) 보통예금	30,000,000	(대) 단기차입금(희망은행)		30,000,000

예제10 8월 1일 하나은행으로부터 원금 1,000,000원을 3개월 동안 차입하면서 선이자 50,000원을 차감한 금액이 당사 보통예금 계좌로 입금되다.(단, 선이자는 이자비용으로 회계처리하기로 한다.)

예제11 8월 21일 하나은행에서 10,000,000원을 차입하여 당사 보통예금에 이체하다. (상환예정일 : 2년 후 8월 20일, 이자지급 : 매월 말일, 이자율 : 연 4%)

예제12 10월 1일 금정문구는 소유한 창고를 ㈜민철산업에 임대하기로 하고 임대보증금의 잔금을 ㈜민철산업이 발행한 당좌수표로 받다.(단, 계약금은 계약서 작성일인 7월 1일에 현금으로 이미 받았으며 별도의 영수증을 발행하여 주었다.)

부동산 임대차 계약서   ■월세   □전세

임대인과 임차인 쌍방은 표기 부동산에 관하여 다음 계약 내용과 같이 임대차계약을 체결한다.

1. 부동산의 표시

소재지	부산광역시 금정구 금샘로323(구서동)					
토지	지목	대지			면적	3,242㎡
건물	구조	창고	용도	사업용	면적	1,530㎡
임대할부분	전체				면적	3,242㎡

2. 계약내용
제1조(목적) 위 부동산의 임대차에 한하여 임대인과 임차인은 합의에 의하여 임차보증금 및 차임을 아래와 같이 지불하기로 한다.

보증금	金 10,000,000원정
계약금	金 1,000,000원정은 계약 시에 지불하고 영수함 영수자( ) (인)
중도금	金 원정은 년 월 일에 지불하며
잔 금	金 9,000,000원정은 20X1년 10월 1일에 지불한다.
차 임	金 800,000원정은 매월 20일(후불)에 지급한다.

제2조(존속기간) 임대인은 위 부동산을 임대차 목적대로 사용할 수 있는 상태로 20X1년 10월 1일까지 임차인에게 인도하며 임대차기간은 인도일로부터 20X2년 9월 30일(12개월) 까지로 한다.

정답

10. (차) 보통예금   950,000   (대) 단기차입금(하나은행)   1,000,000
        이자비용   50,000

11. (차) 보통예금   10,000,000   (대) 장기차입금(하나은행)   10,000,000

12. (차) 현금   9,000,000   (대) 임대보증금(㈜민철산업) 10,000,000
        선수금(㈜민철산업)   1,000,000

2 부채 상환 회계처리

예제13 10월 25일 북구상사의 외상매입금 420,000원을 약정기일 이전에 지급함으로써 20,000원을 할인받고, 잔액은 당좌수표를 발행하여 지급하였다.

예제14 10월 10일 호수상사의 외상매입금 5,000,000원을 결제하기 위해 매출처 일품컴퓨터에서 받아 보관중인 약속어음 5,000,000원을 배서양도하였다.

예제15 1월 10일 가수금 5,000,000원 중 3,000,000원은 세무상사에 대한 상품매출의 계약금이고 나머지는 회계상사의 외상매출금을 회수한 것으로 확인되다.

예제16 2월 20일 상품 5,000,000원을 매출처 세무상사에 판매하고, 대금은 1월 30일 수령한 계약금 1,000,000원을 차감한 잔액을 보통예금 계좌로 이체 받았다.

예제17 12월 20일 신한상사에서 할부로 구입하고 미지급금으로 처리했던 차량할부금 중 500,000원을 현금으로 지급하였다.

정답

13.	(차) 외상매입금(북구상사)	420,000	(대) 당좌예금	400,000
			매입할인	20,000
14.	(차) 외상매입금(호수상사)	5,000,000	(대) 받을어음(일품컴퓨터)	5,000,000
15.	(차) 가수금	5,000,000	(대) 선수금(세무상사)	3,000,000
			외상매출금(회계상사)	2,000,000
16.	(차) 선수금(세무상사)	1,000,000	(대) 상품매출	5,000,000
	보통예금	4,000,000		
17.	(차) 미지급금(신한상사)	500,000	(대) 현금	500,000

예제18 11월 10일 건강보험료 회사부담분 120,000원과 직원부담분 120,000원을 보통예금통장에서 이체하였다.(건강보험료 회사부담분은 복리후생비(판)로 처리한다.)

예제19 12월 10일 11월분 건강보험료 250,000원(회사부담분 125,000원 본인부담분 예수액 125,000원)을 현금으로 납부하였다.(회사부담분은 복리후생비로 처리하며, 하나의 전표로 입력할 것.)

예제20 11월 10일 급여 지급 시 공제한 소득세 및 국민연금 250,000원과 회사 부담분 국민연금 150,000원을 보통예금에서 지급하다.(회사부담분 국민연금은 세금과공과로 처리한다.)

정답

18.	(차) 예수금	120,000	(대) 보통예금	240,000
	복리후생비(판)	120,000		
19.	(차) 예수금	125,000	(대) 현금	250,000
	복리후생비(판)	125,000		
20.	(차) 예수금	250,000	(대) 보통예금	400,000
	세금과공과	150,000		

chapter 01. 회계처리

제 8 절 자본

> 자본편에서 연습해야 할 회계처리 내용은
> 1. 자본금 증가 회계처리
> 2. 자본금 감소 회계처리
> 3. 자본금 대체 회계처리
> 이렇게 3가지 유형으로 연습을 해야 할 것이다. 구체적인 내용은 유형별로 구분하여 연습하도록 하자.

1 자본금 증가 회계처리

예제01 1월 1일 사업을 개시한 사업주가 운전자금 용도로 사용하기 위하여 회사 사업용 계좌(보통예금)로 10,000,000원을 입금하다.

예제02 2월 10일 사업주가 사업 확장을 위하여 5,000,000원을 추가로 출자하여 회사 보통예금 계좌로 입금하였다.

2 자본금 감소 회계처리

예제03 5월 5일 사업주의 가계비용 1,000,000원을 보통예금 계좌에서 이체하여 지급하였다.(자본금에 대한 평가계정으로 처리할 것.)

예제04 5월 8일 사업주 개인용도로 사용하기 위해 신형카메라 690,000원을 구매하고, 사업용 신용카드(현대카드)로 결제하였다.

정답

01. (차) 보통예금	10,000,000	(대) 자본금	10,000,000
02. (차) 보통예금	5,000,000	(대) 인출금	5,000,000
03. (차) 인출금	1,000,000	(대) 보통예금	1,000,000
04. (차) 인출금	690,000	(대) 미지급금(현대카드)	690,000

예제05 9월 11일 사업주가 가정에서 사용할 목적으로 컴퓨터를 국민카드로 1,000,000원에 구입하였다.

예제06 9월 20일 사업주의 자택에서 사용하기 위해 판매용 상품 3,000,000원을 가져가다. (자본금에 대한 평가계정으로 처리할 것.)

3 자본금 대체 회계처리

예제07 12월 31일 인출금 계정 차변잔액 2,000,000원을 자본금 계정에 대체하였다.

정답

05. (차) 인출금 1,000,000 (대) 미지급금(국민카드) 1,000,000

06. (차) 인출금 3,000,000 (대) 상품 3,000,000

07. (차) 자본금 2,000,000 (대) 인출금 2,000,000
    → 기말수정분개

제 9 절　수익과 비용

수익과 비용편에서 연습해야 할 회계처리 내용은
1. 판매비와 관리비 회계처리
2. 영업외수익 회계처리
3. 영업외비용 회계처리
이렇게 3가지 유형으로 연습을 해야 할 것이다. 구체적인 내용은 유형별로 구분하여 연습하도록 하자. (매출과 매출원가 회계처리는 당좌자산 및 재고자산편에서 학습)

1 판매비와 관리비 회계처리

예제01 11월 6일 영업부 직원용 유니폼을 600,000원에 삼호패션㈜에서 제작하고 신한카드로 결제하였다.

```
            카드매출전표
            (공급받는자용)
    --------------------------------------
    카드종류 : 신한카드
    회원번호 : 2234-2222-****-1767
    거래일시 : 20X1.11.06.15:07:18
    거래유형 : 신용승인
    매   출 : 600,000원
    부 가 세 :
    합   계 : 600,000원
    결제방법 : 일시불
    승인번호 : 61999998
    은행확인 : 신한은행
    --------------------------------------
    가맹점명 : 삼호패션㈜
            - 이 하 생 략 -
```

정답
01. (차) 복리후생비(판)　　　600,000　　(대) 미지급금(신한카드)　　　600,000원

예제02 9월 30일 영업사원 김창원의 9월 급여를 다음과 같이 당사 보통예금통장에서 이체하였다.

나리상사 20X1년 9월 급여내역

(단위 : 원)

이름	김창원	지급일	20X1년 9월 30일
기본급여	3,800,000원	소득세	111,000원
직책수당	200,000원	지방소득세	11,100원
상여금		고용보험	36,450원
특별수당		국민연금	122,000원
차량유지		건강보험	50,000원
급여 계	4,000,000원	공제합계	330,550원
노고에 감사드립니다.		지급총액	3,669,450원

예제03 7월 3일 창고에서 상품의 적재를 위해 고용한 일용직 근로자에게 일당 150,000원을 현금으로 지급하였다.

예제04 10월 3일 매출처의 체육행사 지원을 위해 과일 1,000,000원을 구매하고 법인카드(신한카드)로 결제하다.

정답

02. (차) 급여(판)	4,000,000	(대) 예수금	330,550
		보통예금	3,669,450
03. (차) 잡급(판)	150,000	(대) 현금	150,000
04. (차) 접대비(판)	1,000,000	(대) 미지급금(신한카드)	1,000,000

예제 05 10월 13일 불특정 다수에게 배포할 목적으로 광고용 휴지를 구입하고 다음의 신용카드 전표를 받았다.

```
단말기번호
9002125248                    120524128234
카드종류
국민카드                        신용승인
회원번호
4906-0302-3245-9952
유효기간
20X1/10/13 13:52:46
일반
일시불                         금액         330,000원

은행확인
비씨
판매자                         봉사료              0원
                              합계         330,000원

대표자
이학주
사업자등록번호
117-09-52793
가맹점명
가나다마트
가맹점주소
서울 서초구 매헌로 16
                              서명
                              Misa
```

정답

05. (차) 광고선전비(판)   330,000   (대) 미지급금(국민카드)   330,000

예제06 11월 30일 11월 1일에 민영기획과 체결한 광고대행계약 관련하여 실제 옥외광고가 이뤄졌고, 이에 잔금 900,000원을 보통예금 계좌에서 이체하였다. 계약금 100,000원은 계약일인 11월 1일에 지급하고 선급비용으로 회계처리 하였다.

예제07 9월 28일 관리부 직원이 시내 출장용으로 교통카드를 충전하고, 대금은 현금으로 지급하였다.

[교통카드 충전영수증]

역사명   : 평촌역
장비번호 : 163
카드번호 : 5089346652536693
결제방식 : 현금
충전일시 : 20X1. 09. 28.

충전 전 잔액 :   500원
충전금액   :   50,000원

충전 후 잔액 :   50,500원

대표자명 : 서울메트로 사장
사업자번호 : 108-12-16397
주소 : 서울특별시 서초구 반포로 23

정답

06. (차) 광고선전비(판)	1,000,000	(대) 선급비용(민영기획)		100,000
		보통예금		900,000
07. (차) 여비교통비(판)	50,000	(대) 현금		50,000

예제08 9월 12일 영업부 직원들이 사용할 사무용품 700,000원을 동보성문구로부터 구입하고 사업용신용카드(비씨카드)로 결제하였으며, 비용계정으로 처리하였다.

전자서명전표

단말기번호
8002124738   120524128234
카드종류
비씨카드   신용승인
회원번호
4906-0302-3245-9958
유효기간
20X1/09/12 13 : 52 : 46
일반
일시불   금액   700,000원

은행확인   세금   0원
비씨
판매자   봉사료   0원
                           합계   700,000원

대표자
이성수
사업자등록번호
117-09-52793
가맹점명
동보성문구
가맹점주소
서울 양천구 신정동 973-12
                            서명
                           안양상사

정답

08. (차) 사무용품비(판)	700,000	(대) 미지급금(비씨카드)	700,000
또는 소모품비(판)			

예제 09 10월 14일 고객응대를 위한 접견실을 꾸밀 화분과 꽃 등 소모품을 구입하고 국민카드로 결제하다.(비용처리할 것.)

```
              카드매출전표
              (공급받는자용)
    ------------------------------------
    카드종류 : 국민카드
    회원번호 : ****-****-****-0001
    거래일시 : 20X1.10.14. 13 : 20 : 26
    거래유형 : 신용승인
    매    출 : 200,000원
    부 가 세 :       0원
    합    계 : 200,000원
    결제방법 : 일시불
    승인번호 : 133501449
    은행확인 : 국민카드사
    ------------------------------------
    가맹점명 : 선부화원
              - 이 하 생 략 -
```

정답

09. (차) 소모품비(판)   200,000   (대) 미지급금(국민카드)   200,000

chapter 01. 회계처리

예제10 12월 27일 업무용 차량에 대한 제2기분 자동차세를 사업용카드(비씨카드)로 납부하고 다음과 같은 영수증을 수령하였다.

20X1 년분 자동차세 세액 신고납부서					납세자 보관용 영수증	
납 세 자 주　　소	최범락 경기도 안양시 동안구 학의로 332					
납세번호	기관번호		제목	납세년월기		과세번호
과세대상	17바 1234 (비영업용, 1998cc)	구 분	자동차세	지방교육세	납부할 세액 합계	
		당초산출세액	198,700	(자동차세액 ×30%)	258,310 원	
과세기간	20X1.07.01. ~20X1.12.31.	선납공제액(10%)				
		요일제감면액(5%)				
		납부할세액	198,700	59,610		
〈납부장소〉			위의 금액을 영수합니다. 20X1년　12 월　27일			
			*수납인이 없으면 이 영수증은 무효입니다　　*공무원은 현금을 수납하지 않습니다.			

예제11 9월 25일 영업부 건물 화재보험료(20X1년 9월 25일~20X1년 12월 31일 귀속분) 150,000원을 현금으로 납부하였다.

예제12 9월 10일 업무용 차량의 주유비를 현금으로 결제하고 현금영수증을 수취하였다.

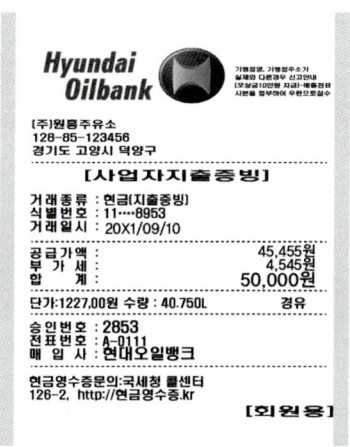

정답					
10.	(차) 세금과공과(판)	258,310	(대) 미지급금(비씨카드)	258,310	
11.	(차) 보험료 (판)	150,000	(대) 현금	150,000	
12.	(차) 차량유지비(판)	50,000	(대) 현금	50,000	

예제13 11월 8일 영업부 사무실 에어컨이 고장나서 이를 수리하고 수리비를 현금으로 지급하였다.(단, 수익적 지출로 처리한다.)

NO.		영 수 증 (공급받는자용)		
		동백상사		귀하
공급자	사업자등록번호	126-01-18454		
	상 호	에지서비스	성 명	오휘연
	사업장소재지	인천 서구 승학로 57		
	업 태	서비스	종 목	수리
작성일자		금액합계		비고
20X1. 11. 8.		30,000원		
공급내역				
월/일	품명	수량	단가	금액
11. 8.	수리비			30,000원
합 계			30,000원	
위 금액을 영수(청구)함				

예제14 8월 31일 회계부에서 구독한 신문구독료를 현금으로 지급하였다.(도서인쇄비로 처리할 것.)

20X1년도 08월분 구독료

기간 : 20X1. 08. 1.~08. 31.
월구독료 : 30,000원

상기와 같이 영수함.
20X1. 08. 31.

웅비신문사
구독해주셔서 감사합니다.

정답

13. (차) 수선비(판)	30,000	(대) 현금	30,000
14. (차) 도서인쇄비(판)	30,000	(대) 현금	30,000

예제15 8월 4일 관리부 직원의 경리실무 책을 현금으로 구매하였다.

```
                    동래서점
      131-90-67801                  임애숙
      부산 동래구 충렬대로 126번길 5 TEL:507-4683

                  현금(지출증빙)
      구매 20X1/08/04/17:06 거래번호 : 0026-0107
         상품명          수량          금액
          도서            1          88,000원
        2043655000009
         합   계                     88,000원
         받은금액                    88,000원
```

예제16 11월 16일 다음의 휴대폰 이용요금 청구서를 수령하고 납부해야할 총금액을 현금으로 지급하였다.

기본내역

휴대폰서비스이용요금	29,526원
기본료	26,000원
국내이용료	3,636원
메세지이용료	60원
할인 및 조정	-170원
기타금액	14,764원
당월청구요금	44,290원
미납요금	0원
납부하실 총 금액	**44,290원**

정답

15. (차) 도서인쇄비(판)   88,000   (대) 현금   88,000
16. (차) 통신비(판)   44,290   (대) 현금   44,290

예제17 8월 5일 7월분 영업부 사무실의 인터넷요금 50,000원과 수도요금 30,000원을 보통예금에서 이체하였다.

2 영업외수익 회계처리

예제18 8월 10일 매월 지급받는 창고 임대료 1,000,000원이 보통예금에 입금되다.

예제19 10월 18일 강남상사의 단기대여금 8,000,000원과 이자 302,000원이 당사 보통예금계좌에 입금되다.

예제20 4월 25일 매입 거래처 세무상사로부터 영업에 사용할 비품을 증여받았다.(비품의 시가는 500,000원)

예제21 6월 20일 매입 거래처 세무상사로부터 상품 외상매입금 1,000,000원을 전액 면제받았다.

정답

17.	(차) 통신비(판)	50,000	(대) 보통예금	80,000
	수도광열비(판)	30,000		
18.	(차) 보통예금	1,000,000	(대) 임대료	1,000,000
19.	(차) 보통예금	8,302,000	(대) 단기대여금(강남상사)	8,000,000
			이자수익	302,000
20.	(차) 비품	500,000	(대) 자산수증이익	500,000
21.	(차) 외상매입금(세무상사)	1,000,000	(대) 채무면제이익	1,000,000

chapter 01. 회계처리

3 영업외비용 회계처리

예제22 10월 1일 하나은행의 단기차입금(차입기간 : 올해 1월 1일~올해 9월 30일)에 대한 이자 300,000원이 당사의 보통예금 계좌에서 이체되었다.

예제23 10월 21일 폭우로 인한 자연재해 피해자를 돕기 위해 현금 500,000원을 동작구청에 기부하였다.

예제24 8월 16일 아산상점에 상품을 매출하고 받은 약속어음 400,000원을 주거래 은행에서 할인받고 할인료 15,000원을 차감한 나머지 금액은 당좌 예입하다.(단, 관련 비용은 매출채권처분손실로 회계 처리할 것.)

예제25 10월 17일 추석 명절에 사용할 현금을 확보하기 위하여 주원고무 발행의 약속어음 3,000,000원을 은행에서 할인받고, 할인료 300,000원을 제외한 금액을 당좌 예입하다.(단, 매각거래임.)

정답

22.	(차) 이자비용	300,000	(대) 보통예금	300,000
23.	(차) 기부금	500,000	(대) 현금	500,000
24.	(차) 당좌예금 매출채권처분손실	385,000 15,000	(대) 받을어음(아산상점)	400,000
25.	(차) 당좌예금 매출채권처분손실	2,700,000 300,000	(대) 받을어음(주원고무)	3,000,000

제 10 절 결산

> 결산편에서 연습해야 할 회계처리 내용은
> 1. 매출원가 회계처리
> 2. 수익의 이연과 발생 회계처리
> 3. 비용의 이연과 발생 회계처리
> 4. 유가증권(단기매매증권)의 평가 회계처리
> 5. 대손충당금 설정 회계처리
> 6. 외화자산 및 부채의 평가 회계처리
> 7. 감가상각비 회계처리
> 8. 비유동부채의 유동성대체 회계처리
> 9. 소모품 계정의 회계처리
> 10. 가지급금 및 가수금 계정의 회계처리
> 11. 현금과부족 계정의 회계처리
> 12. 인출금 계정의 회계처리
> 13. 마이너스 계좌의 회계처리
> 이렇게 13가지 유형으로 연습을 해야 할 것이다. 구체적인 내용은 유형별로 구분하여 연습하도록 하자.

1 매출원가 회계처리

예제1 결산일 현재 기초상품재고액과 당기상품매입액의 합계가 100,000,000원이고 기말상품재고액은 20,000,000원이다.(단, 전표입력에서 구분으로 5:결산차변, 6:결산대변으로 입력할 것.)

정답
01. (결차) 상품매출원가   80,000,000원   (결대) 상품   80,000,000원
    상품매출원가 = 100,000,000원(기초상품재고액 + 당기상품매입액) − 20,000,000원(기말상품재고액)

2 수익의 이연과 발생 회계처리

(1) 수익의 이연 - 수익처리 한 경우 - 결산 시 부채처리

예제2 결산일 현재 단기대여금에 대한 이자수익 중 기간 미경과분이 300,000원 있다.

예제3 7월 1일에 1년분 임대료 240,000원을 현금으로 미리 받고 전액 수익으로 계상하였다. 이 중 120,000원은 다음 연도 임대료에 해당한다.

(2) 수익의 이연 - 부채처리 한 경우 - 결산 시 수익처리

예제4 7월 1일에 1년분 임대료 240,000원을 현금으로 미리 받고 전액 부채(선수수익)로 계상하였다. 이 중 120,000원은 해당 연도 임대료에 해당한다.

(3) 수익의 발생 - 결산 시 수익처리 + 자산처리

예제5 결산일 현재 보통예금에 대한 기간경과분 이자 1,000원을 계상하시오.

예제6 결산일 현재 장부에 계상되지 않은 당기분 임대료(영업외수익)는 300,000원이다.

예제7 결산일 현재 별이상사의 단기대여금 5,000,000원에 대한 기간 경과분 미수이자 62,500원을 계상하다.

정답

02.	(차) 이자수익	300,000	(대) 선수수익	300,000
03.	(차) 임대료	120,000	(대) 선수수익	120,000
04.	(차) 선수수익	120,000	(대) 임대료	120,000
05.	(차) 미수수익	1,000	(대) 이자수익	1,000
06.	(차) 미수수익	300,000	(대) 임대료(904)	300,000
07.	(차) 미수수익	62,500	(대) 이자수익	62,500

3 비용의 이연과 발생 회계처리

(1) 비용의 이연 - 비용처리 한 경우 - 결산 시 자산처리

예제8 11월 2일 지급시 전액 비용 처리한 보험료 지급분 중 당기 기간미경과분은 200,000원이다.

예제9 20X1년 4월 1일에 본사영업부 운영차량에 대해 아래와 같이 보험에 가입하고 전액 당기비용으로 처리하였다. 기말수정분개를 하시오.(단, 월할 계산하고, 음수로 입력하지 말 것.)

> • 보험회사 : ㈜만세보험   • 보험료납입액 : 1,200,000원
> • 보험적용기간 : 20X1년 4월 1일~20X2년 3월 31일

(2) 비용의 이연 - 자산처리 한 경우 - 결산 시 비용처리

예제10 4월 1일에 당사소유 차량에 대한 보험료(보험기간 20X1년 4월 1일~20X2년 3월 31일) 360,000원을 지급하면서 자산으로 회계처리 하였다. 기말결산분개를 수행하시오.(월할계산할 것.)

예제11 3월 1일에 12개월분 사무실 임차료(임차기간 : 20X1. 3. 1.~20X2. 2. 29.) 12,000,000원을 보통예금 계좌에서 이체하면서 전액 자산계정인 선급비용으로 처리하였다. 기말수정분개를 하시오.(단, 월할계산할 것.)

정답

08. (차) 선급비용　　　　　　　　200,000　　　(대) 보험료(판)　　　　　　200,000

09. (차) 선급비용　　　　　　　　300,000　　　(대) 보험료(판)　　　　　　300,000
　　　보험료 미경과분 계산 1,200,000원 × 3개월/12개월 = 300,000원

10. (차) 보험료(판)　　　　　　　270,000　　　(대) 선급비용　　　　　　　270,000
　　　보험료 = 360,000원 × 9개월/12개월 = 270,000원

11. (차) 임차료(판)　　　　　　10,000,000　　　(대) 선급비용　　　　　10,000,000원

(3) 비용의 발생 - 결산 시 비용처리 + 부채 계상

예제12 기말 현재 단기차입금에 대한 이자 미지급액 300,000원을 계상하다.

예제13 7월 1일 우리은행으로부터 10,000,000원을 연이자율 6%로 12개월 간 차입(차입기간: 20X1.7.1.~20X2.6.30.)하고, 이자는 12개월 후 차입금 상환시 일시에 지급하기로 하였다. 월할 계산하여 결산분개 하시오.

예제14 12월분 영업부 직원의 급여 미지급액은 2,000,000원이다.

예제15 12월분 영업부 직원급여 3,000,000원은 다음달 4일에 지급될 예정이다.

4 유가증권의 평가 회계처리

예제16 결산일 현재 5월 10일에 취득한 단기매매증권(취득가액 300,000원)의 기말 공정가액이 500,000원으로 증가하였다.

예제17 결산일 현재 5월 10일에 취득한 단기매매증권(취득가액 500,000원)의 기말 공정가액이 300,000원으로 하락하였다.

정답

12. (차) 이자비용	300,000	(대) 미지급비용	300,000
13. (차) 이자비용 300,000		(대) 미지급비용	300,000
미지급이자 = 10,000,000원 × 6% × 6개월/12개월 = 300,000원			
14. (차) 급여(판)	2,000,000	(대) 미지급비용	2,000,000
15. (차) 급여(판)	3,000,000	(대) 미지급비용	3,000,000
16. (차) 단기매매증권	200,000	(대) 단기매매증권평가이익	200,000
17. (차) 단기매매증권평가손실	200,000	(대) 단기매매증권	200,000

5 대손충당금 설정 회계처리

예제18 매출채권(외상매출금 100,000,000원, 받을어음 50,000,000원) 잔액에 대하여 2%의 대손충당금을 보충법으로 설정하다.(외상매출금과 받을어음에 대하여 이미 설정되어 있는 대손충당금 금액은 각각 300,000원, 100,000원이다.)

6 외화자산 및 부채의 평가 회계처리

예제19 기중에 미국 ABC상사에 판매한 외상매출금 11,500,000원(미화 $10,000)의 결산일 현재 적용환율이 미화 1$당 1,200원이다. 기업회계기준에 따라 외화환산손익을 인식한다.

예제20 기말 외상매출금 중에는 미국 ABC상사의 외상매출금 12,000,000원(미화 $10,000)이 포함되어 있으며, 결산일 환율에 의해 평가하고 있다. 결산일 현재의 적용환율은 미화 1$당 1,100원이다.

예제21 기중에 미국 ABC상사에서 구매한 외상매입금 11,500,000원(미화 $10,000)의 결산일 현재 적용환율이 미화 1$당 1,200원이다. 기업회계기준에 따라 외화환산손실을 인식한다.

정답

18. (차) 대손상각비(판)　　　　　　2,600,000　　(대) 대손충당금(외상매출금)　1,700,000
　　　　　　　　　　　　　　　　　　　　　　　　　대손충당금(받을어음)　　900,000
　　외상매출금 : 100,000,000원 × 2% − 300,000원 = 1,700,000원
　　받을어음 : 50,000,000원 × 2% − 100,000원 = 900,000원

19. (차) 외상매출금(미국 ABC상사)　500,000　　(대) 외화환산이익　　　　　500,000
　　외화환산이익 = $10,000 × (1,200원/$ − 1,150원/$) → 환율 상승에 따른 자산 증가

20. (차) 외화환산손실　　　　　　1,000,000　　(대) 외상매출금(미국 ABC상사)　1,000,000
　　외화환산손실 = $10,000 × (1,100원/$ − 1,200원/$) → 환율 하락에 따른 자산 감소

21. (차) 외화환산손실　　　　　　　500,000　　(대) 외상매입금(미국 ABC상사)　500,000
　　외화환산손실 = $10,000 × (1,200원/$ − 1,150원/$) → 환율 상승에 따른 부채 증가

예제22 기말 외상매입금 중에는 미국 ABC상사의 외상매입금 12,000,000원(미화 $10,000)이 포함되어 있으며, 결산일 환율에 의해 평가하고 있다. 결산일 현재의 적용환율은 미화 1$당 1,100원이다.

7 감가상각비의 회계처리

예제23 당기분 감가상각비는 비품 900,000원, 차량운반구 2,000,000원이다.

예제24 우현상사에서 사용하고 있는 자산에 대한 당기분 감가상각비(판)는 건물 1,500,000원, 차량운반구 2,500,000원, 비품 1,100,000원이다.

예제25 3년 전 취득하였던 차량운반구(취득원가 20,000,000원, 잔존가액 4,000,000원, 내용연수 5년, 정액법)의 당기분 감가상각비를 계상하다.

정답

22. (차) 외상매입금(미국 ABC상사)　　1,000,000　　(대) 외화환산이익　　1,000,000
　　외화환산이익 = $10,000 × (1,100원/$ − 1,200원/$) → 환율 하락에 따른 부채 감소

23. (차) 감가상각비(판)　　2,900,000　　(대) 감가상각누계액(비품)　　900,000
　　　　　　　　　　　　　　　　　　　　감가상각누계액(차량운반구)　　2,000,000

24. (차) 감가상각비(판)　　5,100,000　　(대) 감가상각누계액(건물)　　1,500,000
　　　　　　　　　　　　　　　　　　　　감가상각누계액(차량운반구)　　2,500,000
　　　　　　　　　　　　　　　　　　　　감가상각누계액(비품)　　1,100,000

25. (차) 감가상각비(판)　　3,200,000　　(대) 감가상각누계액(차량운반구)　　3,200,000
　　감가상각비 = (20,000,000원 − 4,000,000원) ÷ 5년

8 비유동부채의 유동성대체 회계처리

예제26 결산일 현재 하나은행의 장기차입금 10,000,000원의 상환기일이 내년으로 도래하였다.

9 소모품 계정의 회계처리

예제27 8월 31일에 구입하여 자산(취득원가 470,000원)으로 회계 처리한 소모품 중 기말까지 사용하고 남은 금액은 210,000원이다.

예제28 영업부서의 소모품비로 계상된 금액 중 결산일 현재 미사용된 소모품이 120,000원 있다.

예제29 판매부문의 소모품 구입시 비용으로 처리한 금액 중 기말 현재 미사용한 금액은 150,000원이다.

10 가지급금 및 가수금 계정의 회계처리

예제30 기말 합계잔액시산표의 가지급금 잔액 711,000원은 거래처 보석상사에 이자를 지급한 것으로 판명되다.

정답

26. (차) 장기차입금(하나은행)	10,000,000	(대) 유동성장기부채(하나은행)	10,000,000
27. (차) 소모품비(판)	260,000	(대) 소모품	260,000
28. (차) 소모품	120,000	(대) 소모품비(판)	120,000
29. (차) 소모품	150,000	(대) 소모품비(판)	150,000
30. (차) 이자비용	711,000	(대) 가지급금	711,000

예제31 기말합계잔액시산표의 가지급금 잔액 500,000원은 거래처 대연상사에 대한 외상매입금 상환액으로 판명되다.

예제32 기말합계잔액시산표의 가수금 잔액 100,000원은 거래처 세무상사에 대한 상품매출 외상대금 회수액으로 판명되다.

11 현금과부족 계정의 회계처리

예제33 결산일 현재 현금실제액이 현금장부잔액보다 51,000원 많고 차이원인은 확인되지 않았다.

예제34 결산일 현재 현금과부족 계정으로 처리되어 있는 현금부족액 60,000원에 대한 원인이 밝혀지지 않고 있다.

예제35 결산일 현재 장부상 현금보다 실제 현금이 부족하여 현금과부족 계정으로 처리되어 있는 금액 300,000원 중 100,000원은 매출거래처의 개업축하금으로 지급한 것이고, 200,000원은 당사 영업부서 직원의 결혼축의금으로 지급한 것임을 확인하였다.

정답

31.	(차) 외상매입금(대연상사)	500,000	(대) 가지급금	500,000
32.	(차) 가수금	500,000	(대) 외상매출금(세무상사)	500,000
33.	(차) 현금	51,000	(대) 잡이익	51,000
34.	(차) 잡손실	60,000	(대) 현금과부족	60,000
35.	(차) 접대비(판) 복리후생비(판)	100,000 200,000	(대) 현금과부족	300,000

12 인출금 계정의 회계처리

예제36 기말 현재 현금과부족 50,000원은 대표자가 개인적인 용도로 사용한 금액으로 판명되었다.

예제37 인출금계정 잔액(300,000원)을 조회하여 자본금계정에 대체하다.

13 마이너스 계좌의 회계처리

예제38 하나은행의 보통예금통장은 마이너스 통장으로 개설된 것이다. 기말현재 하나은행의 보통예금통장 잔액은 −6,352,500원이다.(단기차입금으로 대체하는 회계처리를 하시오.)

정답

36. (차) 인출금	50,000	(대) 현금과부족	50,000
37. (차) 자본금	300,000	(대) 인출금	300,000
38. (차) 보통예금	6,352,500	(대) 단기차입금(하나은행)	6,352,500

마이너스 통장에서 인출 또는 이체액은 보통예금의 잔액이 있어서 인출 또는 이체하는 것이 아니라, 단기차입금을 인출 또는 이체하는 것이므로 '단기차입금(부채)' 계정으로 처리한다.

MEMO

실무능력

제1절 실무시험 개요
제2절 기초정보관리
제3절 전기분 재무제표 수정 및 추가 입력
제4절 일반전표입력
제5절 오류수정
제6절 결산
제7절 제장부조회

CHAPTER 01 실무능력

제1절 실무시험 개요

1 전산회계 2급 실무시험 개요

전산회계 2급 시험에서는 아래와 같은 내용으로 실무시험이 이루어져 있다. 따라서 실무시험 범위를 확인하고 그에 맞는 수험방향을 세우는 것이 중요하다.

구분	실무능력	내용	문제	배점
문제1	기초정보관리	회사등록 입력 및 수정	1문제	6점
문제2	전기분 재무제표	전기분 재무제표의 정정 및 추가 입력	1문제	6점
문제3	① 전기분 재무제표	거래처별초기이월	1문제	3점
	② 기초정보관리	거래처등록 및 계정과목 등록	1문제	3점
문제4	일반전표입력	일반전표입력	8문제	24점
문제5	일반전표입력	일반전표 정정 및 추가 입력	2문제	6점
문제6	일반전표입력 및 결산자료입력	결산	4문제	12점
문제7	장부관리 및 재무제표	제장부조회	3문제	10점

문제 내용과 배점을 보면 일반전표 및 결산 문제의 비중이 약 42점에 해당한다. 즉, 전산회계 2급 실무시험에서의 핵심은 회계처리를 잘해야 하는 것이다. 회계처리 외의 문제는 단순한 정보의 입력 및 조회에 해당하기 때문에 기출문제를 몇 번 풀이해보는 것으로 충분할 것으로 판단되나 회계처리는 연습이 필요하다. 따라서 단순한 정보 입력 문제보다는 회계처리 연습에 집중을 해서 시험 준비를 하는 것이 옳다.

2 실무시험 준비 Tip

구분	내용
문제1 문제2 문제3	① 시험문제에 제시된 정보를 입력하는 란의 위치와 어떤 정보를 입력해야 하는지에 대한 내용을 숙지하는 것으로 충분하다. ② 난이도가 있는 것이 아니기에 기출문제를 풀이하면서 연습하는 것으로 충분할 것으로 판단된다.
문제4	① 일반전표입력은 회계프로그램에 입력하는 것이 어렵거나 중요하지 않으며 회계처리를 할 수 있는 이론적인 환경을 만드는 것이 매우 중요하다. ② 이론 강의 시에 학습한 내용을 체계적으로 정리하여 회계처리하는 연습을 꾸준히 하여야 하며, 특수한 회계처리나 자신이 잘 틀리는 회계처리에 대한 연습이 필요하다.
문제5	① 회계처리 연습을 꾸준히 하였다면 문제4의 일반전표 입력문제와 동일하다. ② 단, 일반적인 회계처리 연습만 한다면 실제 시험장에서 당황할 수 있으므로 기출문제를 풀이하면서 감을 익히는 것만으로 충분하다.
문제6	① 결산 문제에 대하여 회계프로그램에 입력하는 것이다. 입력하는 것 자체가 어렵거나 중요하지는 않지만 결산 회계처리를 할 수 있는 이론적인 환경을 만드는 것이 매우 중요하다. ② 이론 강의 시에 학습한 내용을 체계적으로 정리하여 결산 회계처리하는 연습을 꾸준히 하여야 하며, 특이한 결산문제나 자신이 잘 틀리는 결산문제에 대해서 연습이 필요하다.
문제7	① 제장부 조회는 일정한 규칙이 있다. ② 문제에서 제시되는 정보를 통해서 어떠한 장부를 조회해야 하는지 연습이 필요하다. ③ 기출문제를 풀이하면서 연습하는 것으로 충분할 것으로 판단된다.

제 2 절 기초정보관리

기초정보관리 메뉴에서 시험에 출제되는 문제는
① 회사등록 메뉴
② 거래처등록 메뉴 : 일반거래처, 금융기관, 신용카드
③ 계정과목 및 적요등록 메뉴
이렇게 3가지에 해당한다고 볼 수 있다.
시험에 제시된 정보를 해당하는 메뉴와 란에 입력하거나 수정하는 능력을 측정한다. 난이도는 매우 낮은 수준에 해당하며, 기출문제를 몇 번 풀이하는 것으로 충분하다. 난이도가 낮은 만큼 기초정보관리 문제에서는 반드시 점수를 많이 획득하여야 한다.

1 회사등록 메뉴

예제01 다음은 동래상사의 사업자등록증이다. 회사등록메뉴에 입력된 내용을 검토하여 누락분은 추가 입력하고 잘못된 부분은 정정하시오.(주소 입력 시 우편번호는 입력하지 않아도 무방함)

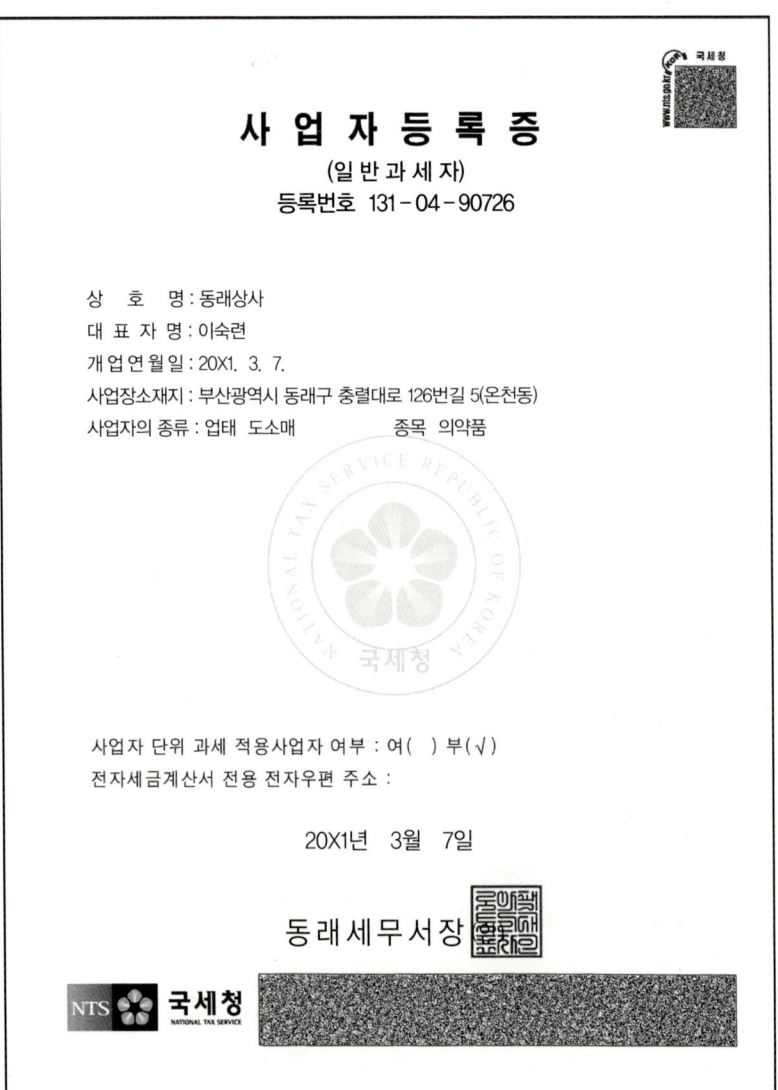

chapter 01. 실무능력

정답

01. 1. 업태 : 제조 → 도소매 로 수정 입력
    2. 종목 : 문구 → 의약품
    3. 관할세무서 : '금정'세무서에서 → '동래'세무서로 수정한다.

기본사항	추가사항			
1.회계연도	제 11 기	년 01 월 01 일 ~	년 12 월 31 일	
2.사업자등록번호	131-04-90726	3.과세유형 일반과세	과세유형전환일 ----/--/--	
4.대표자명	이숙련	대표자거주구분	거주자	
5.대표자주민번호	600403-2178950	주민번호 구분	정상	
6.사업장주소	47823	부산광역시 동래구 충렬대로126번길 5		
	(온천동)		신주소	여
7.자택주소	47863	부산광역시 동래구 사직로 80		
	(사직동, 사직 쌍용 예가)		신주소	여
8.업태	**도소매**	**9.종목**	**의약품**	
10.주업종코드	513311	도매 및 소매업 / 의약품 도매업		
11.사업장전화번호	051) 488 - 1234	12.팩스번호	051) 488 - 1233	
13.자택전화번호	) -	14.공동사업장여부	부	
15.소득구분	사업소득	16.중소기업여부	여	
17.개업연월일	03-07	18.폐업연월일	----/--/--	
19.사업장동코드	2626010800	부산광역시 동래구 온천동		
20.주소지동코드	2626010900	부산광역시 동래구 사직동		
21.사업장관할세무서	**607 동래**	22.주소지관할세무서	607 동래	
23.지방소득세납세지	동래구	24.주소지지방소득세납세지	동래구	

2 거래처등록 메뉴

(1) 일반거래처 등록 메뉴

예제02 당사의 신규거래처를 거래처등록메뉴에 추가등록하시오.

> - 상호 : 미래전자
> - 코드 : 2033
> - 대표자 : 오미래
> - 사업자등록번호 : 104-08-56781
> - 업태 : 도소매
> - 종목 : 컴퓨터주변기기
> - 유형 : 동시
> - 사업장 소재지 : 서울특별시 성북구 보문로27길 11
>
> ※ 주소 입력 시 우편번호는 입력하지 않아도 무방함

정답

02. 거래처등록 메뉴(일반거래처 탭)에 등록

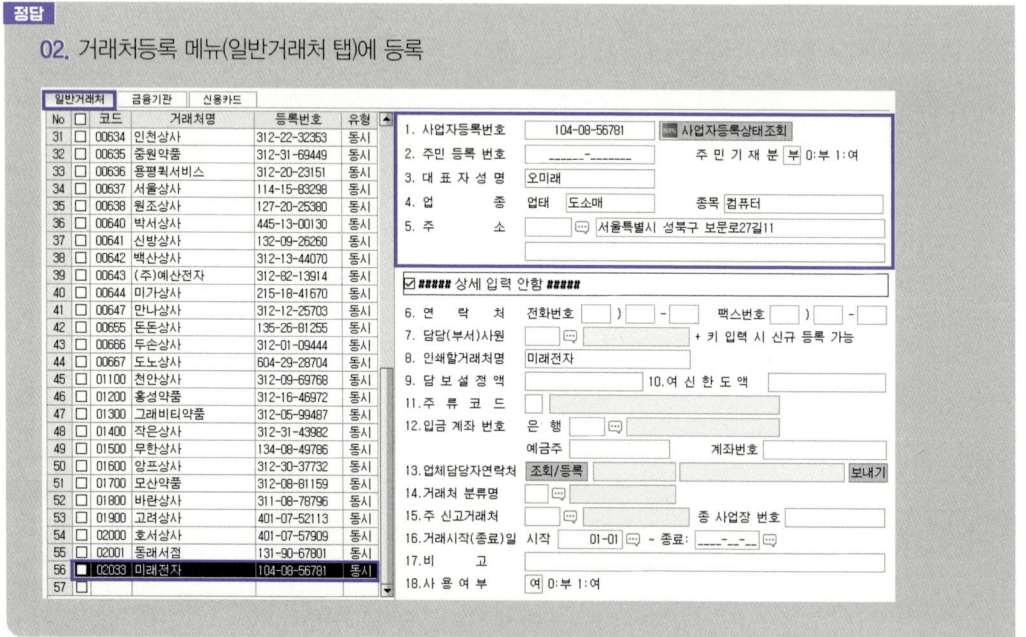

(2) 금융기관 거래처 등록 메뉴

예제03 다음 자료를 이용하여 [기초정보등록]의 [거래처등록] 메뉴에서 거래처(금융기관)를 추가로 등록하시오. (주어진 자료 외의 다른 항목은 입력할 필요 없음)

- 거래처코드 : 98002
- 거래처명 : 우리은행
- 유형 : 보통예금
- 계좌번호 : 1005-302-998167
- 예금종류 : 보통예금
- 사업용계좌 : 여

정답

03. [거래처등록] 메뉴의 금융기관 탭에 거래처코드를 98002로 등록하여 나머지 항목 모두 입력

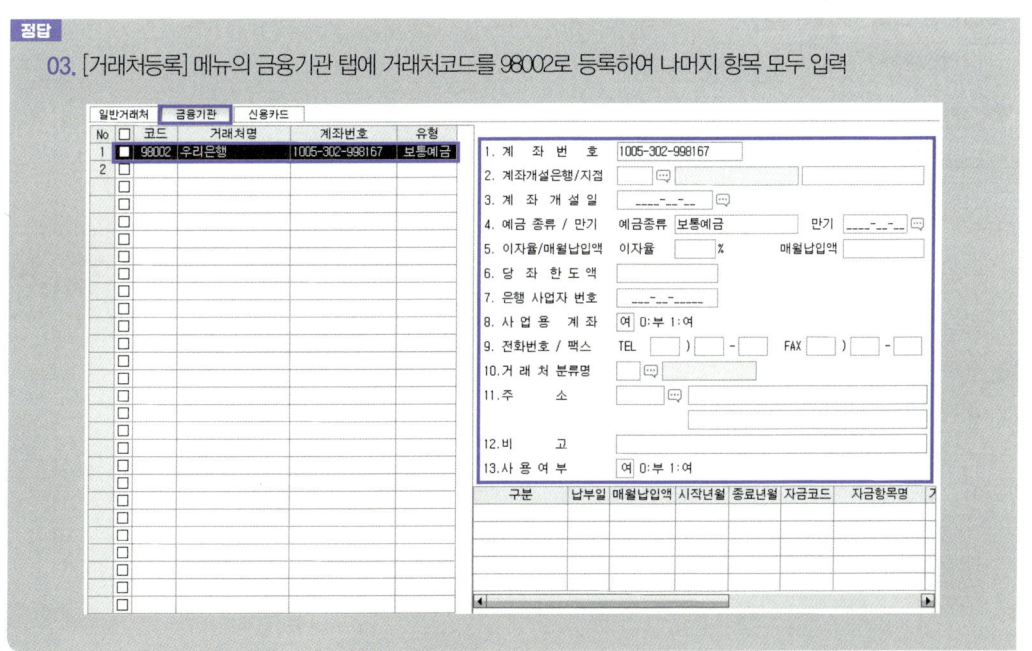

(3) 신용카드 거래처 등록 메뉴

예제04 다음 자료를 이용하여 [기초정보등록]의 [거래처등록] 메뉴에서 거래처(신용카드)를 추가로 등록하시오.(단, 주어진 자료 외의 다른 항목은 입력할 필요 없음)

- 거래처코드 : 99600
- 거래처명 : 신한카드
- 유형 : 매입
- 카드번호(매입) : 7895-4512-2365-8541
- 카드종류(매입) : 사업용카드

정답

04. [거래처등록] 메뉴의 신용카드 탭에 거래처코드를 99600으로 등록하여 나머지 항목 모두 입력

chapter 01. 실무능력

3 계정과목 및 적요등록 메뉴

예제05 청도상사는 임원의 외국출장이 빈번하여 이를 별도로 구분하고자 한다. [812. 여비교통비] 계정과목에 다음의 적요를 등록하시오.

> 현금적요 9.   임원 해외출장비 지급
> 대체적요 8.   해외출장비 가지급정산

정답

05. 기초정보등록의 계정과목 및 적요등록 메뉴에서 812 여비교통비 현금적요란 6번에 '임원 해외출장비 지급'을 기입하고, 대체적요란 8번에 '해외출장비 가지급정산'을 기입한다.

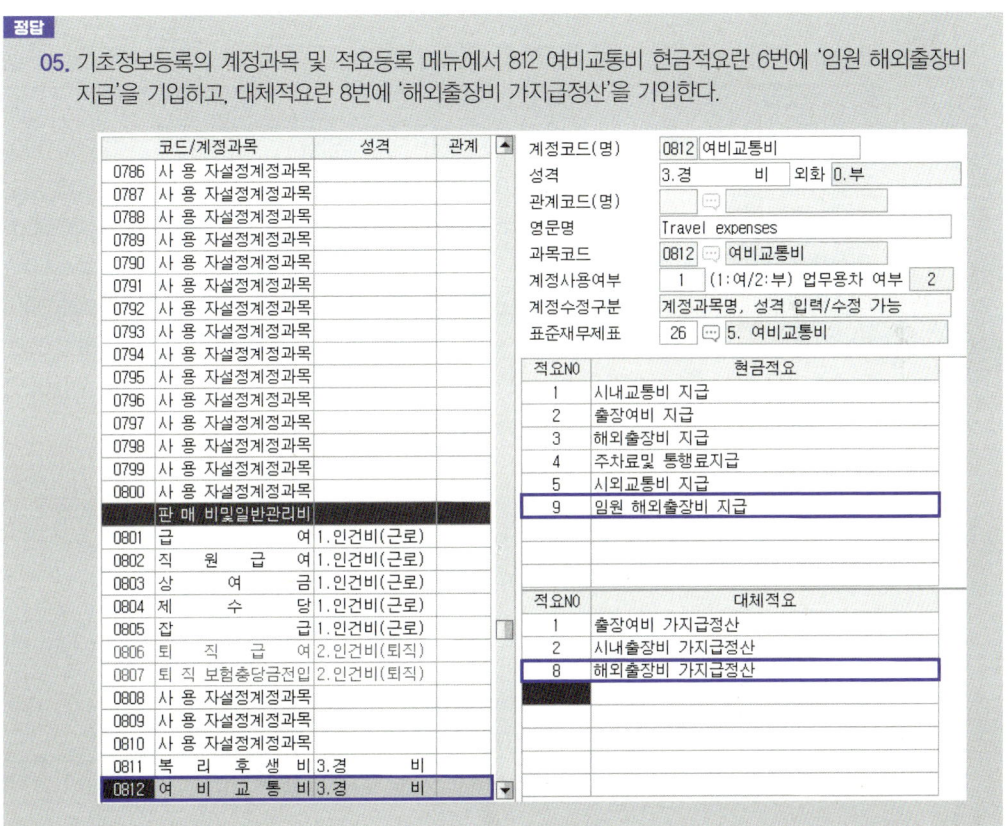

237

제 3 절 전기분 재무제표 수정 및 추가 입력

전기분 재무제표 메뉴에서 시험에 출제되는 문제는
① 전기분 재무상태표 수정 및 추가 입력하는 유형
② 전기분 손익계산서 수정 및 추가 입력하는 유형
③ 거래처별 초기이월 수정 및 추가 입력하는 유형
이렇게 3가지에 해당한다고 볼 수 있다.
시험에 제시된 정보를 기존에 입력되어 있던 데이터와 일치 여부를 확인하고 잘못된 부분은 수정 입력 또는 누락된 부분은 추가 입력하는 능력을 측정한다. 기출문제를 몇 번 풀이하는 것으로 충분하며 난이도가 낮은 만큼 전기분 재무제표 문제에서는 반드시 점수를 획득하여야 한다.

1 전기분 재무상태표 수정 및 추가 입력하는 유형

예제01 다음은 동방상사의 전기분 재무상태표이다. 입력되어 있는 자료를 검토하여 오류부분은 수정하고 누락된 부분은 추가 입력하시오.

재무상태표

회사명 : 동방상사   제3기 20X1. 12. 31.   (단위: 원)

과목	금액		과목	금액	
현금		17,000,000	외상매입금		12,360,000
당좌예금		18,000,000	지급어음		29,800,000
보통예금		31,500,000	미지급금		4,500,000
외상매출금	15,000,000		단기차입금		13,000,000
대손충당금	150,000	14,850,000	가수금		3,000,000
받을어음	12,500,000		임대보증금		7,000,000
대손충당금	125,000	12,375,000	자본금		63,815,000
미수금		3,300,000	(당기순이익: 16,700,000원)		
상품		13,000,000			
장기대여금		3,500,000			
차량운반구	17,000,000				
감가상각누계액	4,000,000	13,000,000			
비품	5,500,000				
감가상각누계액	550,000	4,950,000			
임차보증금		2,000,000			
자산총계		133,475,000	부채와자본총계		133,475,000

chapter 01. 실무능력

정답

01. 수정 전 보통예금 29,500,000원 → 보통예금 31,500,000원
　　　　상품 12,000,000원 → 상품 13,000,000원
　　　　임대보증금 4,000,000원 → 임대보증금 7,000,000원

자산			부채 및 자본		
코드	계정과목	금액	코드	계정과목	금액
0101	현금	17,000,000	0251	외상매입금	12,360,000
0102	당좌예금	18,000,000	0252	지급어음	29,800,000
0103	보통예금	31,500,000	0253	미지급금	4,500,000
0108	외상매출금	15,000,000	0257	가수금	3,000,000
0109	대손충당금	150,000	0260	단기차입금	13,000,000
0110	받을어음	12,500,000	0294	임대보증금	7,000,000
0111	대손충당금	125,000	0331	자본금	63,815,000
0120	미수금	3,300,000			
0146	상품	13,000,000			
0179	장기대여금	3,500,000			
0208	차량운반구	17,000,000			
0209	감가상각누계액	4,000,000			
0212	비품	5,500,000			
0213	감가상각누계액	550,000			
0232	임차보증금	2,000,000			

2 전기분 손익계산서 수정 및 추가 입력하는 유형

예제02 다음은 청도상사의 전기분 손익계산서이다. 입력되어 있는 자료를 검토하여 오류 부분은 정정하고 누락된 부분은 추가 입력하시오.

손익계산서

회사명: 청도상사　　　　　제9기 20X1.1.1.~20X1.12.31.　　　　　(단위: 원)

과 목	금 액	
Ⅰ. 매출액		491,000,000
상품매출	491,000,000	
Ⅱ. 매출원가		
상품매출원가		393,300,000
기초상품재고액	12,000,000	
당기상품매입액	397,800,000	
기말상품재고액	16,500,000	
Ⅲ. 매출총이익		97,700,000
Ⅳ. 판매비와관리비		67,700,000
1. 급여	53,000,000	
2. 복리후생비	3,200,000	
3. 여비교통비	350,000	
4. 접대비	880,000	
5. 수도광열비	310,000	
6. 세금과공과금	320,000	
7. 감가상각비	600,000	
8. 임차료	6,500,000	
9. 보험료	800,000	
10. 차량유지비	1,300,000	
11. 광고선전비	440,000	
Ⅴ. 영업이익		30,000,000
Ⅵ. 영업외수익		330,000
1. 이자수익	310,000	
2. 잡이익	20,000	
Ⅶ. 영업외비용		1,030,000
1. 이자비용	490,000	
2. 기부금	540,000	
Ⅷ. 소득세차감전순이익		29,300,000
Ⅸ. 소득세등		
Ⅹ. 당기순이익		29,300,000

> **정답**

02. ① 기말상품재고액 15,600,000원 → 16,500,000원(재무상태표에서 수정)
    (주의 : 손익계산서의 매출원가는 기초재고액 + 당기매입액 − 기말재고액으로 계산되므로 기말재고자산금액이 잘못된 경우는 재무상태표에서 금액을 수정하면 손익계산서의 매출원가가 자동으로 수정된다.)

자산		
코드	계정과목	금액
0101	현금	23,000,000
0102	당좌예금	24,500,000
0103	보통예금	8,540,000
0108	외상매출금	9,500,000
0109	대손충당금	350,000
0110	받을어음	14,000,000
0111	대손충당금	200,000
0114	단기대여금	7,500,000
0120	미수금	2,500,000
0146	상품	**16,500,000**
0202	건물	15,000,000
0203	감가상각누계액	1,500,000
0208	차량운반구	35,000,000
0209	감가상각누계액	3,500,000

부채 및 자본		
코드	계정과목	금액
0251	외상매입금	8,450,000
0253	미지급금	450,000
0259	선수금	15,000,000
0331	자본금	126,590,000

② 세금과공과금 누락분 320,000원 추가 입력
③ 광고선전비 4,400,000원 → 440,000원 수정

코드	계정과목	금액
0401	상품매출	491,000,000
0451	상품매출원가	393,300,000
0801	급여	53,000,000
0811	복리후생비	3,200,000
0812	여비교통비	350,000
0813	접대비	880,000
0815	수도광열비	310,000
0818	감가상각비	600,000
0819	임차료	6,500,000
0821	보험료	800,000
0822	차량유지비	1,300,000
0833	**광고선전비**	**440,000**
0901	이자수익	310,000
0930	잡이익	20,000
0951	이자비용	490,000
0953	기부금	540,000
0817	**세금과공과**	**320,000**

3 거래처별 초기이월 수정 및 추가 입력하는 유형

예제03 당사의 외상매출금과 지급어음에 대한 거래처별 초기이월 자료는 다음과 같다. 주어진 자료를 검토하여 잘못된 부분을 정정하거나 누락된 부분을 추가 입력하시오.

계정과목	거래처명	금액(원)	계정과목	거래처명	금액(원)
외상매출금	목포상사	5,000,000	지급어음	부산상사	20,000,000
	대전상사	5,500,000		광주상사	4,300,000
	천안상사	4,500,000		강원상사	5,500,000

정답

03. ① 외상매출금: 천안상사 4,500,000원 추가 입력한다.

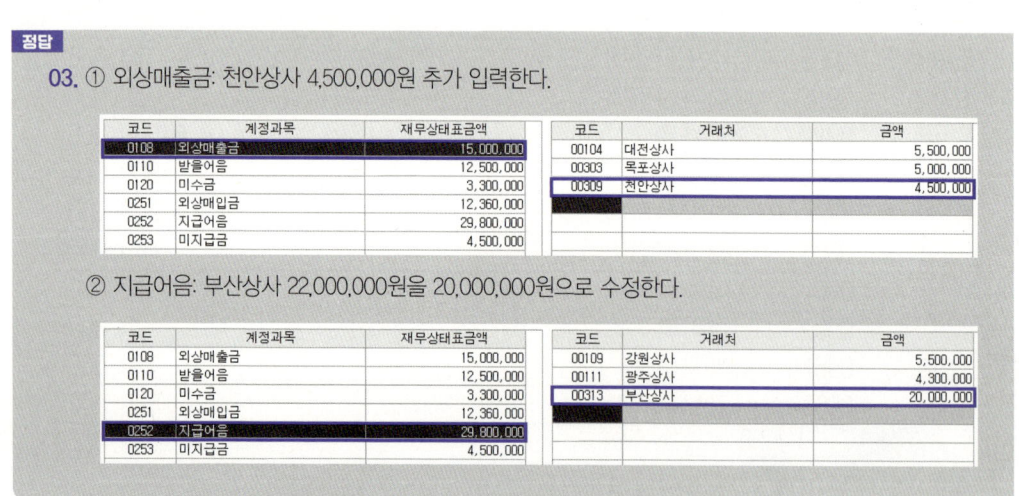

② 지급어음: 부산상사 22,000,000원을 20,000,000원으로 수정한다.

chapter 01. 실무능력

제 4 절 | 일반전표입력

> 일반전표입력 메뉴에서 시험에 출제되는 문제는 본 교재 회계처리편에서 학습한 내용을 프로그램에 단순히 입력하는 형태로 출제된다. 따라서 프로그램의 숙련도와는 상관없이 회계처리를 잘하여야 높은 점수를 획득할 수 있다. 이하에서는 일반전표입력 메뉴에 입력하는 방법에 대해서 살펴보자.

1 일반전표 입력방법

구분	내용
1. 월/일 입력	① 특정 월과 일 ② 월도~월도
2. 전표번호	① 전표번호의 수정 ② 전표의 삭제
3. 구분	① 입금전표와 출금전표(1번 출금, 2번 입금) ② 차변과 대변 대체전표(3번 차변, 4번 대변) ③ 결산전표(5번 결산차변, 7번 결산 대변)
4. 계정과목	① F2 단축키를 활용하여 찾기 ② 자동완성기능을 활용하여 찾기
5. 거래처	① 거래처는 기입력된 거래처를 입력 ② 입력된 거래처가 없으면 신규로 거래처 등록하여 입력
6. 적요	① 적요는 일반거래에 대해서는 입력하지 않음 ② 타계정대체거래에 한해서만 적요 입력
7. 금액입력	① '+'키는 숫자 000 기능 ② 하단 붉은 글씨가 나타나면 금액 오류이므로 다시 확인

(1) 월/일 입력

① 특정 월과 일

② 월도~월도

'변경' 버튼을 누르면 조회하는 방법을 특정 월과 일 또는 월도~월도로 변경할 수 있다.

변경 버튼을 누르면 표시 방법이 변경된다.

(2) 전표번호

① 전표번호의 수정

전표번호가 동일하지 않으면 동일한 전표로 처리되지 않는다.

상단 메뉴 SF2번호수정 버튼을 누르고 번호를 동일하게 수정하면 동일한 전표로 인식된다.

② 전표의 삭제

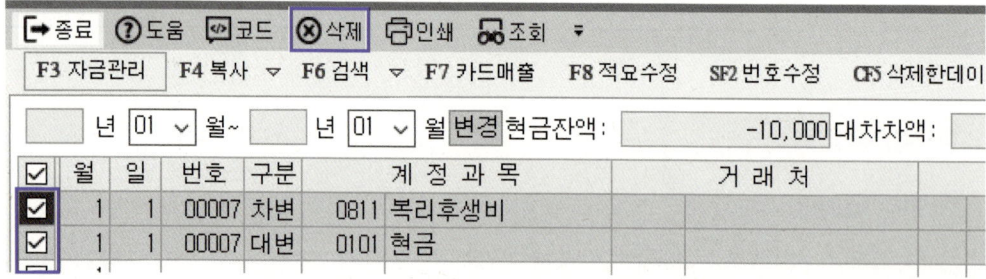

오류 전표를 삭제하고자 하는 경우에는 전표 좌측의 박스에 체크하고 상단의 '삭제' 버튼을 누르면 해당 전표가 삭제된다.

(3) 구분

구분란은 차변과 대변을 결정하는 요소이다. 하나의 예를 들어 살펴보자.

예 종업원 식대 10,000원을 현금으로 지급하다.

① 입금전표와 출금전표를 사용하는 경우

□	월	일	번호	구분	계 정 과 목	거 래 처	적 요	차 변	대 변
□	1	1	00008	출금	0811 복리후생비			10,000	(현금)

현금지출이므로 구분란에 '1'을 입력하면 출금전표 처리된다.

② 차변과 대변 대체전표를 사용하는 경우

□	월	일	번호	구분	계 정 과 목	거 래 처	적 요	차 변	대 변
□	1	1	00009	차변	0811 복리후생비			10,000	
□	1	1	00009	대변	0101 현금				10,000

구분란에 '3'을 입력하면 차변이 되고 '4'를 입력하면 대변이 된다.

③ 결산전표를 사용하는 경우

□	월	일	번호	구분	계 정 과 목	거 래 처	적 요	차 변	대 변
□	1	1	00009	결차	0811 복리후생비			10,000	
□	1	1	00009	결대	0101 현금				10,000

구분란에 '5'를 입력하면 결산차변이 되고 '6'을 입력하면 결산대변이 된다.

(4) 계정과목

계정과목은 회계상 거래를 분석한 후 그에 해당하는 계정과목을 선택하여야 한다.

① F2 단축키를 활용하여 찾기

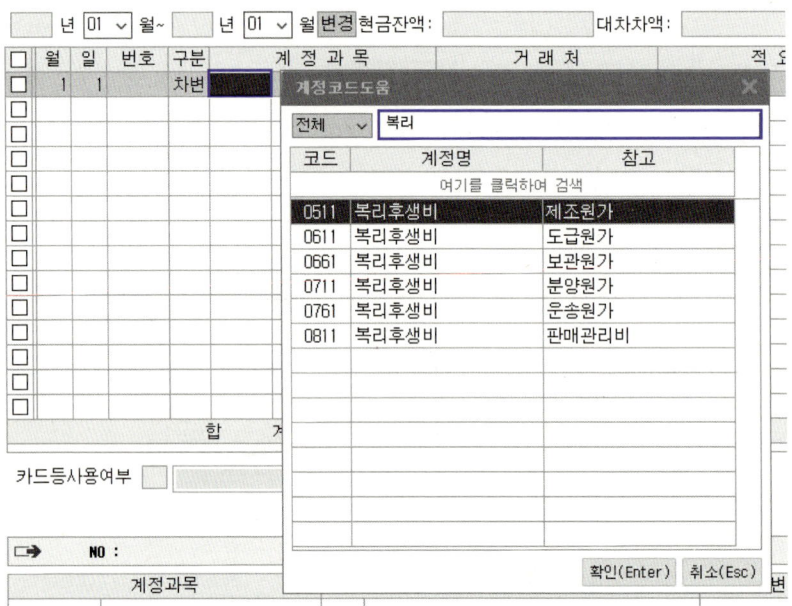

구분 옆 계정과목란에 커서를 두고 F2키를 누르면 계정코드도움 창이 나타난다. 선택해야 하는 계정과목을 입력한 후에 조회되면 선택하여 입력한다.

② 자동완성기능을 활용하여 찾기

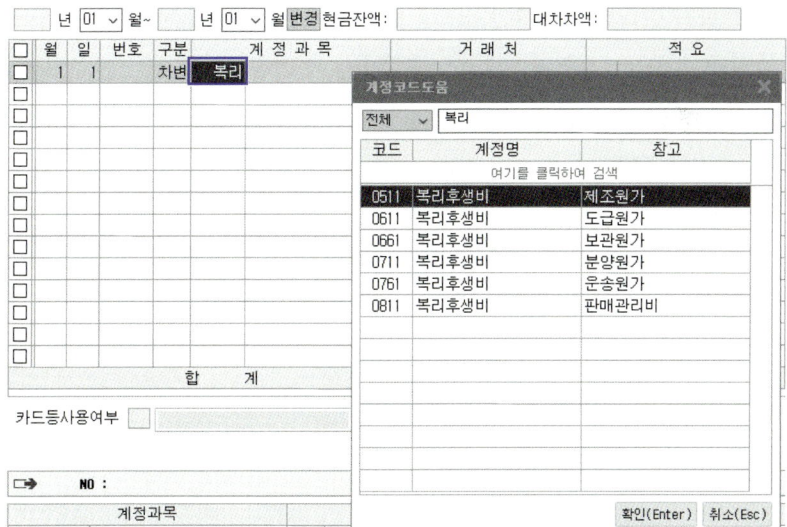

구분 옆 계정과목란에 선택해야 하는 계정과목을 입력하면 계정코드도움 창이 나타난다. 선택할 계정과목을 클릭하면 입력된다.

(5) 거래처

채권, 채무와 관련된 계정과목은 반드시 거래처코드를 입력하여야 한다.

① 기입력된 거래처를 입력하는 경우

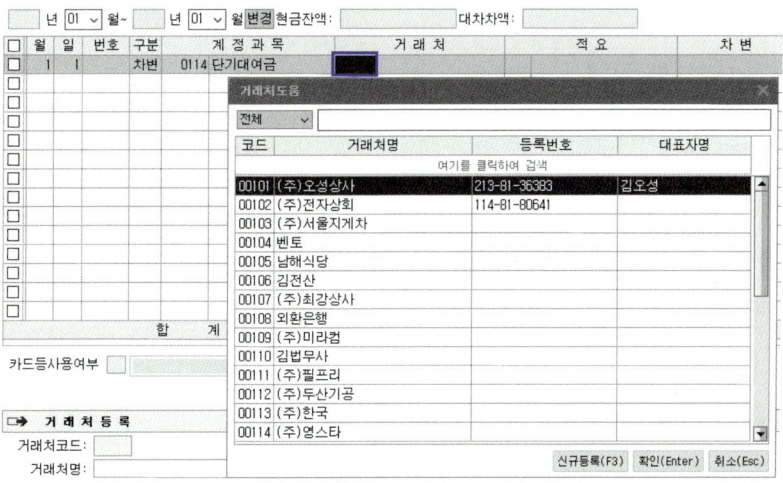

거래처란에 F2키를 누르거나 직접입력하면 거래처도움 창이 나타난다. 해당 거래처를 선택하면 입력된다.

② 신규로 거래처를 등록하여 입력하는 경우

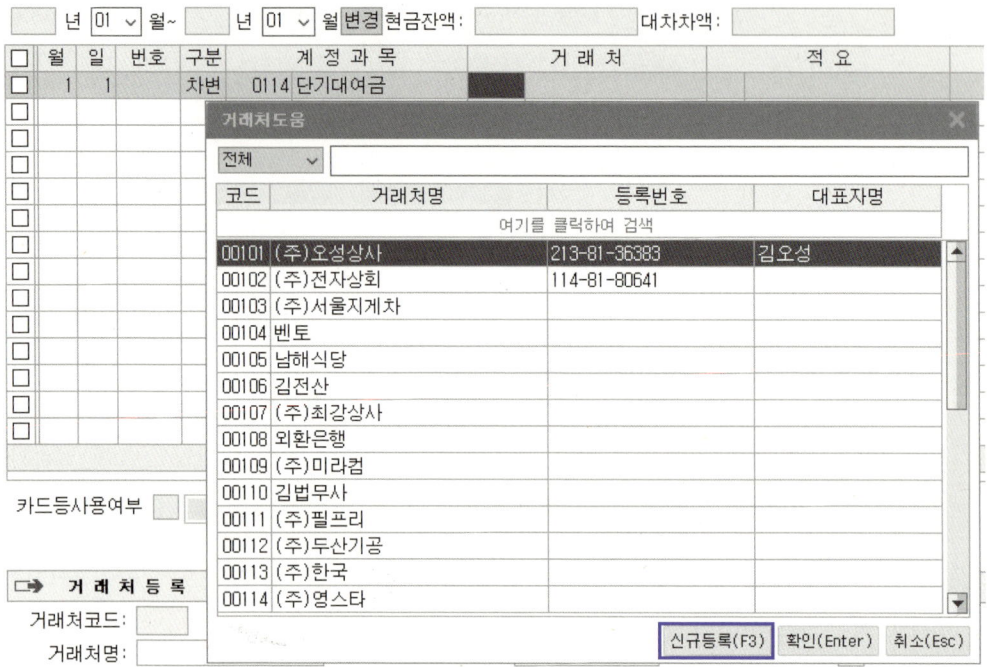

거래처란에 F2키를 눌러서 거래처도움 창을 열고 하단의 신규등록(F3) 버튼을 누른다.

문제에서 제시된 정보만 간략히 입력 후 확인 버튼을 누르면 신규 등록된 거래처로 입력된다.

(6) 적요

시험에서 적요를 입력하는 것은 타계정대체거래에 한해서만 적요를 입력하게 된다. 일반적으로 재고자산을 접대비나 기부금 등으로 사용한 거래내용이 타계정대체거래에 해당한다.

□	월	일	번호	구분	계정과목	거래처	적요	차변	대변
□	1	1	00010	차변	0813 접대비			10,000	
□	1	1	00010	대변	0146 상품		8 타계정으로 대체액 손익		10,000

타계정대체거래에 대해서는 적요란에 8.타계정으로 대체액 손익계산서 반영분을 선택하여 입력한다.

(7) 금액 입력

□	월	일	번호	구분	계정과목	거래처	적요	차변	대변
□	1	1	00011	차변	0103 보통예금			10,000,000	
□	1	1	00011	대변	0251 외상매입금				9,000,000
□	1								
				합 계			[차액:1,000,000]	10,000,000	9,000,000

금액란에 '+'키를 누르면 숫자 '0'을 천단위로 입력 가능하다. 또한 금액을 입력한 후에 하단에 붉은색 글씨로 차액이 나타나면 금액 입력에 대한 오류가 발생한 것이므로 다시 전표에 입력한 금액을 확인하여야 한다.

2 일반전표 입력 시 주의해야 하는 사항

구분	내용
1. 거래처코드	채권과 채무와 관련된 거래에 대해서는 반드시 거래처코드를 입력
2. 타계정대체 거래	상품이 타계정으로 대체되는 거래는 적요 8번을 입력
3. 유동성 구분	유동자산(부채)과 비유동자산(부채)을 구분하여 계정코드 선택
4. 장부조회 입력	장부를 조회하여 해당하는 내용을 문제에 적용
5. 차감계정 코드	차감계정코드를 사용하는 경우 해당 계정에 대응되는 코드를 사용 (감가상각누계액, 매출할인 등, 매입할인 등, 대손충당금 등)

(1) 거래처코드

채권과 채무와 관련된 거래에 대해서는 반드시 거래처코드를 입력하여야 한다.

채권이란 자산 중에서 거래 상대방으로부터 금전 등을 수취할 수 있는 권리가 있는 자산을 의미한다. 예를 들어 외상매출금, 받을어음, 미수금, 대여금 등이 있다.

채무란 부채 중에서 거래 상대방에게 금전 등을 지급해야 하는 의무가 있는 부채를 의미한다. 예를 들어 외상매입금, 지급어음, 미지급금, 차입금 등이 있다. 거래처코드를 입력하는 방법에 대해서는 앞서 설명하였으므로 여기에서는 생략한다.

(2) 타계정대체 거래

상품이 타계정, 즉 접대비나 기부금 등으로 사용되어진 경우에는 타계정대체거래에 해당하므로 적요 8번을 입력하여야 한다. 입력하는 방법에 대해서는 앞서 설명하였으므로 여기에서는 생략한다.

(3) 유동성 구분

동일한 계정과목이라 하더라도 유동자산(부채)과 비유동자산(부채)으로 구분하여 입력해야 하는 경우가 있다.

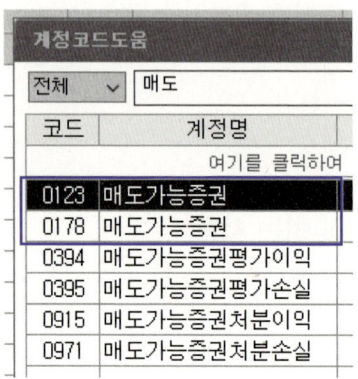

예를 들어 매도가능증권을 입력하는 경우에 있어서 계정과목은 동일하지만 123번과 178번으로 구분할 수 있다. 123번은 유동자산이고 178번은 비유동자산에 해당한다.

계 정 체 계	
당 좌 자 산 :	0101-0145
재 고 자 산 :	0146-0175
투 자 자 산 :	0176-0194
유 형 자 산 :	0195-0217
무 형 자 산 :	0218-0230
기타비유동자산 :	0231-0250
유 동 부 채 :	0251-0290
비 유 동 부 채 :	0291-0330
자 본 금 :	0331-0340
자 본 잉 여 금 :	0341-0350
자 본 조 정 :	0381-0391
기 타 포괄손익 :	0392-0399
이 익 잉 여 금 :	0351-0380

계정과목 및 적요등록 메뉴 좌측에서 확인할 수 있다.

(4) 장부조회 입력

시험문제에서 제시된 회계처리를 하기 위하여 기존에 입력된 데이터를 확인하기 위하여 관련 장부를 조회하여 문제를 해결해야 하는 경우도 있다.

예를 들어

> 6월 10일에 한국물산에 대한 외상매출금 7,000,000원이 대손되었다.
> (단, 관련 데이터는 조회하여 사용할 것)

이렇게 문제가 제시된 경우에는 7,000,000원의 외상매출금 대손회계처리를 하기 위해서는 대손 당시에 외상매출금과 관련된 대손충당금 금액을 알고 있어야 회계처리를 할 수 있다. 일반적으로 문제에서 대손충당금 금액을 제시하지만 지금처럼 제시되지 않는다고 해서 당황할 필요는 없다. 재무상태표에서 대손발생 직전월말일로 조회하여 대손충당금을 알 수 있다.

과 목	제 16(당)기 1월1일 ~ 5월31일	
	금액	
자산		
Ⅰ.유동자산		121,557,000
① 당좌자산		116,087,000
현금		440,000
보통예금		10,000,000
외상매출금	105,500,000	
대손충당금	400,000	105,100,000
부가세대급금		547,000
② 재고자산		5,470,000
제품		5,470,000

(차) 대손충당금　　400,000　　　　　　(대) 외상매출금(한국물산)　7,000,000
　　　대손상각비　6,600,000

월	일	번호	구분	계정과목		거래처		적요	차변	대변
6	10	00001	차변	0109	대손충당금				400,000	
6	10	00001	차변	0835	대손상각비				6,600,000	
6	10	00001	대변	0108	외상매출금	00126	한국물산			7,000,000

주의해야 하는 것은 109 대손충당금은 외상매출금과 관련된 대손충당금인 것이고, 외상매출금은 채권에 해당하므로 거래처코드를 입력하여야 한다는 것이다.

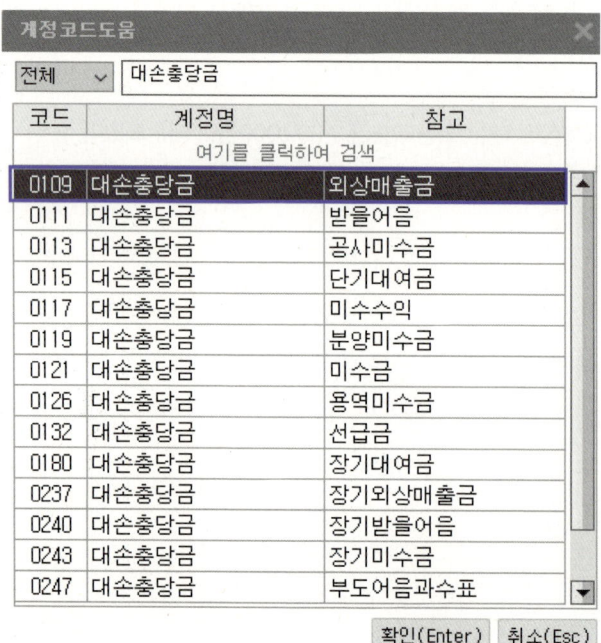

chapter 01. 실무능력

| 제 5 절 | 오류수정 |

> 오류수정문제 부분에서 시험에 출제되는 문제는
> 1. 차변 기록의 계정과목을 변경하는 유형
> 2. 대변 기록의 계정과목을 변경하는 유형
> 3. 차변과 대변 기록의 계정과목 모두 변경하는 유형
> 4. 전표 내용을 추가하는 유형
> 5. 전표를 삭제하는 유형
> 이렇게 5가지에 해당한다고 볼 수 있다.
> 전산회계 2급에서의 오류수정문제는 일반전표입력 메뉴에 입력된 전표 내용을 일반전표입력 메뉴 내에서 전표내용을 수정하거나 누락된 내용을 추가적으로 입력하는 문제로 구성되어 있다. 이러한 오류수정문제를 풀어내기 위해서는 기존에 입력된 전표가 무엇이 잘못되었는지를 분석하고 분석한 내용을 토대로 문제에서 제시된 정보와 결합하여 올바른 회계처리를 해낼 수 있어야 한다.

1 차변 기록의 계정과목을 변경하는 유형

예제01 12월 20일 대한적십자사에 현금으로 기부한 100,000원이 세금과공과(판)로 처리되어 있음을 확인하였다.

```
수정 전 회계처리
12월 20일  (차) 세금과공과(판)   100,000원    (대) 현금        100,000원
```

예제02 11월 15일 당사가 지급한 운반비 200,000원은 상품매입에 따른 운반비가 아니라 상품매출에 따른 운반비로 판명되다.

```
수정 전 회계처리
11월 15일  (차) 상품              200,000원    (대) 현금        200,000원
```

정답

01. 기부금을 세금과공과 계정과목으로 잘못 처리하였으므로 세금과공과 계정과목을 기부금 계정과목으로 수정한다.
    수정 후 : (차) 기부금   100,000   (대) 현금   100,000

02. 회사는 운반비를 상품매입에 따른 운반비로 보아 상품의 취득원가로 가산하였다. 하지만 상품매입에 따른 운반비가 아니라 상품매출에 따른 운반비에 해당하므로 당기 비용처리하여야 한다. 따라서 상품 계정과목을 운반비 계정과목으로 수정한다.
    수정 후 : (차) 운반비(판)   200,000   (대) 현금   200,000

예제03 9월 30일 행복상사에 지급하고 선급금으로 처리했던 200,000원이 영업부 회식비로 지출한 영수증으로 확인되었다.

> 수정 전 회계처리
> 9월 30일   (차) 선급금(행복상사) 200,000원   (대) 현금   200,000원

예제04 7월 30일 업무용 차량을 구입하면서 현금으로 지불한 취득세 100,000원을 세금과공과로 회계처리하였다.

> 수정 전 회계처리
> 7월 30일   (차) 세금과공과(판) 100,000원   (대) 현금   100,000원

예제05 9월 20일 현금으로 지출한 500,000원은 영업부서의 광고선전비가 아니라 영업부서의 소모품비인 것으로 확인되었다.

> 수정 전 회계처리
> 9월 20일   (차) 광고선전비(판) 500,000원   (대) 현금   500,000원

예제06 11월 9일 매입거래처 장미상사에 보통예금으로 이체하여 지급된 외상매입금 320,000원이 담당직원의 실수로 상품계정으로 입력되어 있음을 확인하였다.

> 수정 전 회계처리
> 11월 9일   (차) 상품   320,000원   (대) 보통예금   320,000원

정답

03. 영업부 회식비로 지출한 영수증이 확인되었기 때문에 선급금 계정과목을 복리후생비 계정과목으로 수정한다.
    수정 후 : (차) 복리후생비(판)   200,000   (대) 현금   200,000

04. 취득세는 유형자산의 취득가액으로 계상하는 성격이므로 차량운반구 계정과목으로 수정한다.
    수정 후 : (차) 차량운반구   100,000   (대) 현금   100,000

05. 광고선전비가 아니라 소모품으로 확인되었으므로 광고선전비 계정과목을 소모품비 계정과목으로 수정한다.
    수정 후 : (차) 소모품비(판관비)   500,000   (대) 현금   500,000

06. 보통예금으로 이체한 내역이 외상매입금의 결제에 해당하므로 상품 계정과목을 외상매입금 계정과목으로 수정한다. 외상매입금은 채무에 해당하므로 거래처코드를 누락하지 않도록 해야 한다.
    수정 후 : (차) 외상매입금(장미상사) 320,000   (대) 보통예금   320,000

예제07 12월 10일 직원 급여 지급 시 징수한 소득세 10,000원을 현금 납부하고 세금과공과금으로 처리하였다.

> 수정 전 회계처리
> 12월 10일 (차) 세금과공과   10,000원   (대) 현금   10,000원

예제08 11월 30일 다음과 같은 거래명세표를 수령하고 복리후생비로 회계처리하였으며, 대금은 보통예금 계좌에서 지급하였다. (단, 비용으로 처리할 것)

권		호		거 래 명 세 표 (거래용)				
20X1년 11월 31일			공급자	등록번호	123-03-85375			
				상 호	좋은문구	성 명	정좋은	㉠
청도상사		귀하		사업장 소재지	경기도 의정부시 의정로 77(의정부동)			
아래와 같이 계산합니다.				업 태	도·소매업	종 목	문구류	
합계금액	이십만			원정 (₩ 200,000)				
월일	품목		규격	수량	단가	공급가액	세액	
11/30	A4 용지			10	20,000원	200,000원		
	계							
전잔금					합 계		200,000원	
입 금	200,000원		잔금			인수자	김동호	㉠
비 고								

> 수정 전 회계처리
> 11월 30일 (차) 복리후생비(판) 200,000원   (대) 보통예금   200,000원

정답

07. 직원 급여 지급 시 소득세는 예수금으로 처리한다. 예를 들어 급여 지급 시에는 아래와 같이 회계처리한다.
    (차) 급여   500,000   (대) 예수금   10,000
                                              보통예금   490,000
    따라서 급여 지급 시에 예수금 처리하였던 내용을 그 다음달 10일까지 소득세 등을 납부하여야 한다.
    수정 후 : (차) 예수금   10,000   (대) 현금   10,000

08. 거래명세표의 품목을 확인하면 A4용지를 구입한 것으로 알 수 있다. 따라서 복리후생비 계정과목을 사무용품비 또는 소모품비 계정과목으로 수정한다.
    수정후 : (차) 사무용품비(판)   200,000   (대) 보통예금   200,000
         (또는 소모품비(판))

예제09 11월 12일 신용카드로 결제한 저녁식사비(350,000원)는 거래처 직원들이 아닌 영업부 판매담당 직원들을 위한 지출이다.

전자서명전표

단말기번호	
8002124738	120524128234
카드종류	
비씨카드	신용승인
회원번호	
4906-0302-3245-9952	
유효기간	
20X1/11/12 13 : 52 : 46	
일반	
일시불	금액　　　　350,000원
은행확인	세금　　　　　(무시)
비씨	
판매자	봉사료　　　　　0원
	합계　　　　350,000원
대표자	
이학주	
사업자등록번호	
117-09-52793	
가맹점명	
평화정	
가맹점주소	
경기 구리시 경춘로 20	
	서명
	나라상사

수정 전 회계처리
11월 12일 (차) 접대비(판)　　350,000원　　(대) 미지급금(비씨카드)　350,000원

정답

09. 저녁식사비가 영업부 직원들에 대한 식사비로 확인이 되었기 때문에 접대비 계정과목을 복리후생비 계정과목으로 수정한다.
수정 후 : (차) 복리후생비(판)　　350,000　　(대) 미지급금(비씨카드)　　350,000

예제10 11월 10일 카드결제일에 신용카드(국민카드) 대금을 납부하고 비품으로 회계처리 하였다. 해당 신용카드 대금은 10월 30일에 사무실 에어컨을 500,000원에 신용 카드로 구입한 금액이다.(11월 10일 회계처리만 수정할 것)

> 수정 전 회계처리
> 11월 10일 (차) 비품 500,000원   (대) 보통예금   500,000원

2 대변 기록의 계정과목을 변경하는 유형

예제11 8월 20일 장전문구로부터 받은 600,000원은 외상매출금의 회수가 아니라, 상품 매출 계약금을 자기앞수표로 받은 것이다.

> 수정 전 회계처리
> 8월 20일   (차) 현금 600,000원   (대) 외상매출금(장전문구) 600,000원

예제12 10월 3일 외상매출금 170,000원의 회수거래로 회계처리한 내용은 지에스상사에 대여 한 단기대여금에 대한 이자가 국민은행 보통예금 계좌에 입금된 거래로 확인되었다.

> 수정 전 회계처리
> 10월 3일 (차) 보통예금   170,000원   (대) 외상매출금(지에스상사)   170,000원

정답

10. 수정 전 회계처리에서는 미지급금에 관한 회계처리를 누락하였다. 또한 문제에서 11월 10일 회계처리만 수정 할 것을 요구하였으므로 수정 전 회계처리 내용을 11월 10일의 올바른 회계처리 내용으로 수정하면 된다.
    10월 30일 - 비품 구입 (차) 비품   500,000   (대) 미지급금(국민카드)   500,000
    11월 10일 - 대금 결제 (차) 미지급금(국민카드) 500,000   (대) 보통예금   500,000

11. 수령한 자기앞수표 60만원이 외상매출금의 회수가 아니라 계약금으로 받은 것이므로 외상매출금 계정과 목을 선수금 계정과목으로 수정한다. 선수금은 채무에 해당하므로 거래처코드를 누락하지 않도록 한다.
    수정 후 : (차) 현금   600,000   (대) 선수금(장전문구)   600,000

12. 보통예금에 이체된 17만원이 외상매출금의 회수가 아니라 단기대여금에 대한 이자로 수취한 것이므로 외상매출금 계정과목을 이자수익 계정과목으로 수정한다.
    수정 후 : (차) 보통예금   170,000   (대) 이자수익   170,000

예제13 10월 15일 지출된 대금은 당좌수표를 발행하여 지급한 것이 아니라 보통예금으로 지급한 것으로 밝혀졌다.

> 수정 전 회계처리
> 10월 15일 (차) 소프트웨어   200,000원   (대) 당좌예금   200,000원

예제14 11월 29일 임차료 300,000원을 보통예금 계좌에서 이체하여 지급한 것이 아니라 당좌수표를 발행하여 지급한 것으로 확인되었다.

> 수정 전 회계처리
> 11월 29일 (차) 임차료(판)   300,000원   (대) 보통예금   300,000원

③ 차변과 대변 기록의 계정과목 모두 변경하는 유형

예제15 11월 29일 임차료 300,000원을 보통예금 계좌에서 지급한 것으로 회계처리한 거래는, 실제로 보통예금 계좌로 임대료(904) 300,000원을 받은 것이다.

> 수정 전 회계처리
> 11월 29일 (차) 임차료   300,000원   (대) 보통예금   300,000원

정답

13. 당좌수표를 발행하여 지급한 것이 아니라 보통예금으로 지급하였으므로 당좌예금 계정과목을 보통예금 계정과목으로 수정한다.
    수정 후 : (차) 소프트웨어(0227)   200,000   (대) 보통예금   200,000

14. 임차료를 보통예금 계좌에서 이체하여 지급한 것이 아니라 당좌수표를 발행하여 지급하였으므로 보통예금 계정과목을 당좌예금 계정과목으로 수정한다.
    수정 후 : (차) 임차료(판)   300,000   (대) 당좌예금   300,000

15. 거래 내용을 잘못 이해하여 회계처리한 내용에 해당한다. 따라서 임대료로 수취한 내용으로 차변과 대변을 모두 수정한다.
    수정 후 : (차) 보통예금   300,000   (대) 임대료(904)   300,000

예제16 9월 30일 대표자 소유 주택의 취득세 250,000원을 회사 보통예금에서 계좌이체하여 납부하고 세금과공과로 회계처리하였다.

> 수정 전 회계처리
> 9월 30일   (차) 세금과공과   250,000원   (대) 현금   250,000원

4 전표 내용을 추가하는 유형

예제17 9월 30일 보통예금에서 자동 이체되어 회계처리한 전기요금 200,000원 중에는 사무실 전화요금 80,000원이 포함되어 있다.

> 수정 전 회계처리
> 9월 30일   (차) 수도광열비(판)   200,000원   (대) 보통예금   200,000원

예제18 11월 30일 아현상사의 외상대금을 결제하기 위해 보통예금 계좌에서 이체한 금액 1,000,000원에는 송금수수료 12,000원이 포함되어 있다.

> 수정 전 회계처리
> 11월 30일 (차) 외상매입금(아현상사) 1,000,000원   (대) 보통예금   1,000,000원

정답

16. 거래 내용을 잘못 이해하여 회계처리한 내용에 해당한다. 대표자 소유 주택에 대한 경비 등은 업무 무관 지출이므로 인출금에 해당한다.
    수정 후 : (차) 인출금   250,000   (대) 보통예금   250,000

17. 보통예금에서 지급한 20만원 중에 사무실 전화요금 8만원도 포함되어져 있으므로 수도광열비를 12만원으로 수정하고 통신비 8만원을 추가로 입력한다.
    수정 후 : (차) 수도광열비(판)   120,000   (대) 보통예금   200,000
             통신비(판)   80,000

18. 보통예금에서 지급한 100만원에는 송금수수료 12,000원이 포함되어져 있으므로 외상매입금을 988,000원으로 수정하고 수수료비용 12,000원을 추가로 입력한다.
    수정 후 : (차) 외상매입금(아현상사) 988,000   (대) 보통예금   1,000,000
             수수료비용(판)   12,000

예제19 11월 1일 수진상회로부터 상품을 매입하고 4,500,000원을 보통예금에서 지급하였다. 해당 상품매입에 대한 회계처리 시 매입계약에 따라 선지급했던 계약금 500,000원을 누락하였다.

> 수정 전 회계처리
> 11월 1일 (차) 상품   4,500,000원   (대) 보통예금   4,500,000원

예제20 11월 4일 서울상사로부터 상품 3,000,000원을 매입하고, 선지급한 계약금을 제외한 잔금 2,700,000원을 보통예금 계좌에서 이체하였으나, 담당 직원은 선지급한 계약금 300,000원을 회계처리에서 누락하였다.

> 수정 전 회계처리
> 11월 4일 (차) 상품   2,700,000원   (대) 보통예금   2,700,000원

예제21 8월 11일 거래처 남산문구로부터 입금된 2,970,000원은 외상매출금 3,000,000원 전액이 입금된 것이 아니라, 약정기일보다 빠르게 외상매출금이 회수되어 외상매출금의 1%를 할인한 후의 금액을 보통예금 계좌로 입금받은 것이다.

> 수정 전 회계처리
> 8월 11일 (차) 보통예금   2,970,000원   (대) 외상매출금(남산문구) 2,970,000원

정답

19. 문제에서 제시된 내용을 분석하면 아래와 같다.
    ① 상품을 매입하였다.(매입금액 ?)
    ② 지급금액
       가. 보통예금에서 4,500,000원 지급
       나. 계약금 500,000원 지급
    따라서 상품매입금액은 5,000,000원에 해당한다.
    수정 후 : (차) 상품   5,000,000   (대) 보통예금   4,500,000
                                                 선급금(수진상회)   500,000

20. 위 문제 19번과 동일하다.
    수정 후 : (차) 상품   3,000,000   (대) 선급금(서울상사)   300,000
                                                 보통예금   2,700,000

21. 외상매출금 3,000,000원에 대한 회수가 발생하여 2,970,000원을 보통예금으로 수취하였다. 외상매출금 30,000원은 회수가 되지 않은 것이 아니라 조기결제에 따른 매출할인이 발생한 것이기 때문에 차변에 매출할인 30,000원을 추가로 입력하고 외상매출금은 3,000,000원 전액 회수한 것으로 처리하여야 한다.
    수정 후 : (차) 보통예금   2,970,000   (대) 외상매출금(남산문구)   3,000,000
                 매출할인(403)   30,000

chapter 01. 실무능력

5 전표를 삭제하는 유형

예제22 12월 11일 당사는 거래처인 용인상사에 상품 2,000,000원을 판매하기로 계약하였다.

> 수정 전 회계처리
> 12월 11일 (차) 외상매출금(용인상사)   2,000,000원   (대) 상품매출   2,000,000원

정답

22. 단순히 상품을 판매하기로 계약한 것은 회계상 거래에 해당하지 않으므로 해당 전표를 삭제하여야 한다. 만약 회계상 거래로 인식되기 위해서는 판매하기로 계약을 하고 계약금 등을 받거나 하여야 한다.
    수정 후 : 전표삭제(분개 없음)

제 6 절 결산

> 결산 부분에서 시험에 출제되는 문제는
> 1. 매출원가 회계처리
> 2. 수익의 이연과 발생 회계처리
> 3. 비용의 이연과 발생 회계처리
> 4. 유가증권(단기매매증권)의 평가 회계처리
> 5. 대손충당금 설정 회계처리
> 6. 외화자산 및 부채의 평가 회계처리
> 7. 감가상각비 회계처리
> 8. 비유동부채의 유동성대체 회계처리
> 9. 소모품 계정의 회계처리
> 10. 가지급금 및 가수금 계정의 회계처리
> 11. 현금과부족 계정의 회계처리
> 12. 인출금 계정의 회계처리
> 13. 마이너스 계좌의 회계처리
>
> 일반적으로 13가지 유형이 출제가 된다.
> 전산회계 2급에서의 결산문제는 각 이론편에서 학습한 기말수정분개 내용에 대하여 수동결산(일반전표입력 메뉴에서 회계처리)하거나 자동결산(결산자료입력 메뉴에서 입력)하는 문제로 구성되어 있다. 이러한 결산 문제를 잘 풀어내기 위해서는 이론편에서 학습한 기말수정분개 유형에 따른 회계처리를 잘 할 수 있어야 좋은 점수를 획득할 수 있다.

1 매출원가 회계처리

예제01 결산일 현재 기초상품재고액과 당기상품매입액의 합계가 100,000,000원이고 기말상품재고액은 20,000,000원이다.(단, 전표입력에서 구분으로 5:결산차변, 6:결산대변으로 입력할 것)

정답

01. (결차) 상품매출원가   80,000,000   (결대) 상품   80,000,000
    상품매출원가 = 100,000,000원(기초상품재고액 + 당기상품매입액) – 20,000,000원(기말상품재고액)

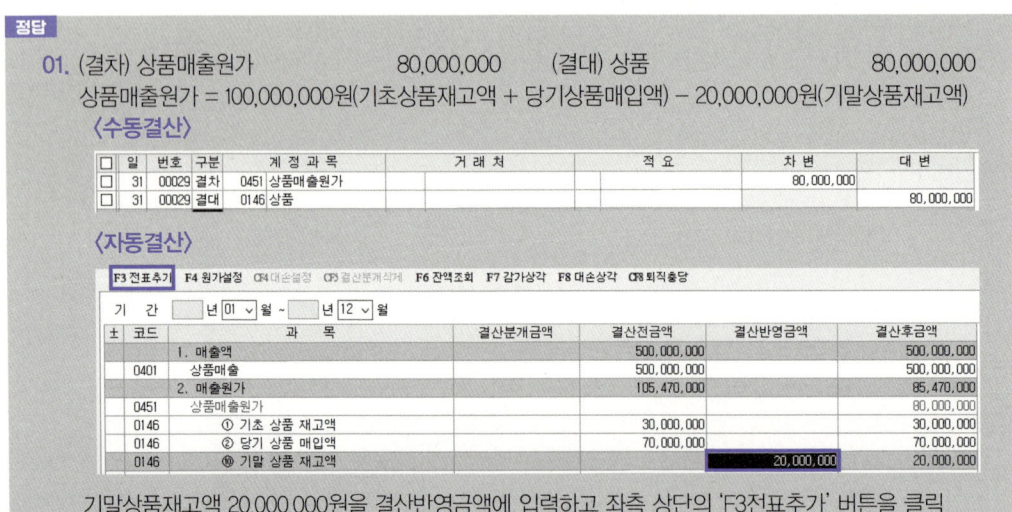

기말상품재고액 20,000,000원을 결산반영금액에 입력하고 좌측 상단의 'F3전표추가' 버튼을 클릭

2 수익의 이연과 발생 회계처리

(1) 수익의 이연 – 수익처리 한 경우 – 결산 시 부채처리

예제02 7월 1일에 1년분 임대료 240,000원을 현금으로 미리 받고 전액 수익으로 계상하였다. 이 중 120,000원은 다음 연도 임대료에 해당한다.

(2) 수익의 이연 – 부채처리 한 경우 – 결산 시 수익처리

예제03 7월 1일에 1년분 임대료 240,000원을 현금으로 미리 받고 전액 부채(선수수익)로 계상하였다. 이 중 120,000원은 해당 연도 임대료에 해당한다.

(3) 수익의 발생 – 결산 시 수익처리 + 자산처리

예제04 결산일 현재 별이상사의 단기대여금 5,000,000원에 대한 기간 경과분 미수이자 62,500원을 계상하다.

3 비용의 이연과 발생 회계처리

(1) 비용의 이연 – 비용처리 한 경우 – 결산 시 자산처리

예제05 20X1년 4월 1일에 본사영업부 운영차량에 대해 아래와 같이 보험에 가입하고 전액 당기비용으로 처리하였다. 기말수정분개를 하시오.(단, 월할 계산하고, 음수로 입력하지 말 것)

- 보험회사 : ㈜만세보험
- 보험적용기간 : 20X1년 4월 1일~20X2년 3월 31일
- 보험료납입액 : 1,200,000원

정답

02. (차) 임대료　　　　　120,000　　(대) 선수수익　　　　　120,000

□	월	일	번호	구분	계 정 과 목	거 래 처	적 요	차 변	대 변
□	12	31	00030	결차	0904 임대료			120,000	
□	12	31	00030	결대	0263 선수수익				120,000

03. (차) 선수수익　　　　　120,000　　(대) 임대료　　　　　120,000

□	월	일	번호	구분	계 정 과 목	거 래 처	적 요	차 변	대 변
□	12	31	00030	결차	0263 선수수익			120,000	
□	12	31	00030	결대	0904 임대료				120,000

04. (차) 미수수익　　　　　62,500　　(대) 이자수익　　　　　62,500

□	월	일	번호	구분	계 정 과 목	거 래 처	적 요	차 변	대 변
□	12	31	00030	결차	0116 미수수익			62,500	
□	12	31	00030	결대	0901 이자수익				62,500

05. (차) 선급비용　　　　　300,000　　(대) 보험료(판)　　　　　300,000
　　　보험료 미경과분 계산 1,200,000원 × 3개월/12개월 = 300,000원

□	월	일	번호	구분	계 정 과 목	거 래 처	적 요	차 변	대 변
□	12	31	00030	결차	0133 선급비용			300,000	
□	12	31	00030	결대	0821 보험료				300,000

(2) 비용의 이연 - 자산처리 한 경우 - 결산 시 비용처리

예제06 4월 1일에 당사소유 차량에 대한 보험료(보험기간 20X1년 4월 1일~20X2년 3월 31일) 360,000원을 지급하면서 자산으로 회계처리하였다. 기말결산분개를 수행하시오.(월할계산할 것)

(3) 비용의 발생 - 결산 시 비용처리 + 부채 계상

예제07 7월 1일 우리은행으로부터 10,000,000원을 연이자율 6%로 12개월간 차입(차입기간: 20X1.7.1.~20X2.6.30.)하고, 이자는 12개월 후 차입금 상환시 일시에 지급하기로 하였다. 월할 계산하여 결산분개 하시오.

4 유가증권의 평가 회계처리

예제08 결산일 현재 5월 10일에 취득한 단기매매증권(취득가액 300,000원)의 기말 공정가액이 500,000원으로 증가하였다.

정답

06. (차) 보험료(판) 270,000   (대) 선급비용 270,000
보험료 = 360,000원 × 9개월/12개월 = 270,000원

□	월	일	번호	구분	계 정 과 목	거 래 처	적 요	차 변	대 변
□	12	31	00030	결차	0821 보험료			270,000	
□	12	31	00030	결대	0133 선급비용				270,000

07. (차) 이자비용 300,000   (대) 미지급비용 300,000
미지급이자 = 10,000,000원 × 6% × 6개월/12개월 = 300,000원

□	월	일	번호	구분	계 정 과 목	거 래 처	적 요	차 변	대 변
□	12	31	00030	결차	0951 이자비용			300,000	
□	12	31	00030	결대	0262 미지급비용				300,000

08. (차) 단기매매증권 200,000   (대) 단기매매증권평가이익 200,000

□	월	일	번호	구분	계 정 과 목	거 래 처	적 요	차 변	대 변
□	12	31	00030	결차	0107 단기매매증권			200,000	
□	12	31	00030	결대	0981 단기매매증권평가이익				200,000

5 대손충당금 설정 회계처리

예제09 매출채권(외상매출금 100,000,000원, 받을어음 50,000,000원) 잔액에 대하여 2%의 대손충당금을 보충법으로 설정하다.(외상매출금과 받을어음에 대하여 이미 설정되어 있는 대손충당금 금액은 각각 300,000원, 100,000원이다.)

정답

09. (차) 대손상각비(판)   2,600,000   (대) 대손충당금(외상매출금)   1,700,000
                                          대손충당금(받을어음)   900,000

외상매출금 : 100,000,000원 × 2% – 300,000원 = 1,700,000원
받을어음 : 50,000,000원 × 2% – 100,000원 = 900,000원

〈수동결산〉

월	일	번호	구분	계정과목		거래처	적요	차변	대변
12	31	00030	결차	0835	대손상각비			2,600,000	
12	31	00030	결대	0109	대손충당금				1,700,000
12	31	00030	결대	0111	대손충당금				900,000

〈자동결산〉
① 결산자료입력 메뉴 상단 'F8대손상각' 메뉴 클릭
② 대손율 수정 및 추가설정액 확인 → 하단 '결산반영' 버튼 클릭

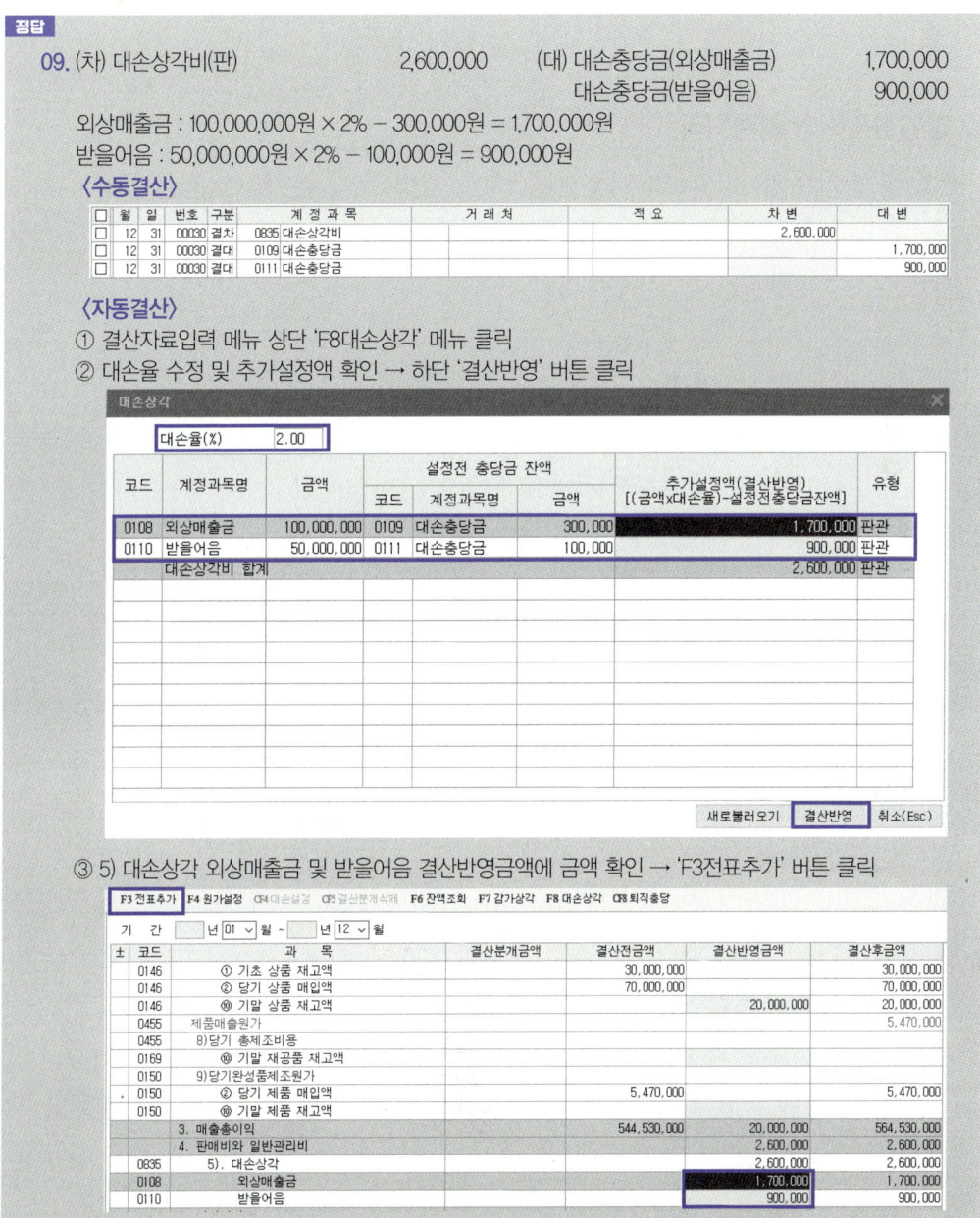

③ 5) 대손상각 외상매출금 및 받을어음 결산반영금액에 금액 확인 → 'F3전표추가' 버튼 클릭

또는 결산자료입력 메뉴에서 대손충당금 추가설정금액을 결산반영금액에 직접 입력해도 가능

6 외화자산 및 부채의 평가 회계처리

예제10 기중에 미국 ABC상사에 판매한 외상매출금 11,500,000원(미화 $10,000)의 결산일 현재 적용환율이 미화 1$당 1,200원이다. 기업회계기준에 따라 외화환산손익을 인식한다.

7 감가상각비의 회계처리

예제11 당기분 감가상각비는 비품 900,000원, 차량운반구 2,000,000원이다.

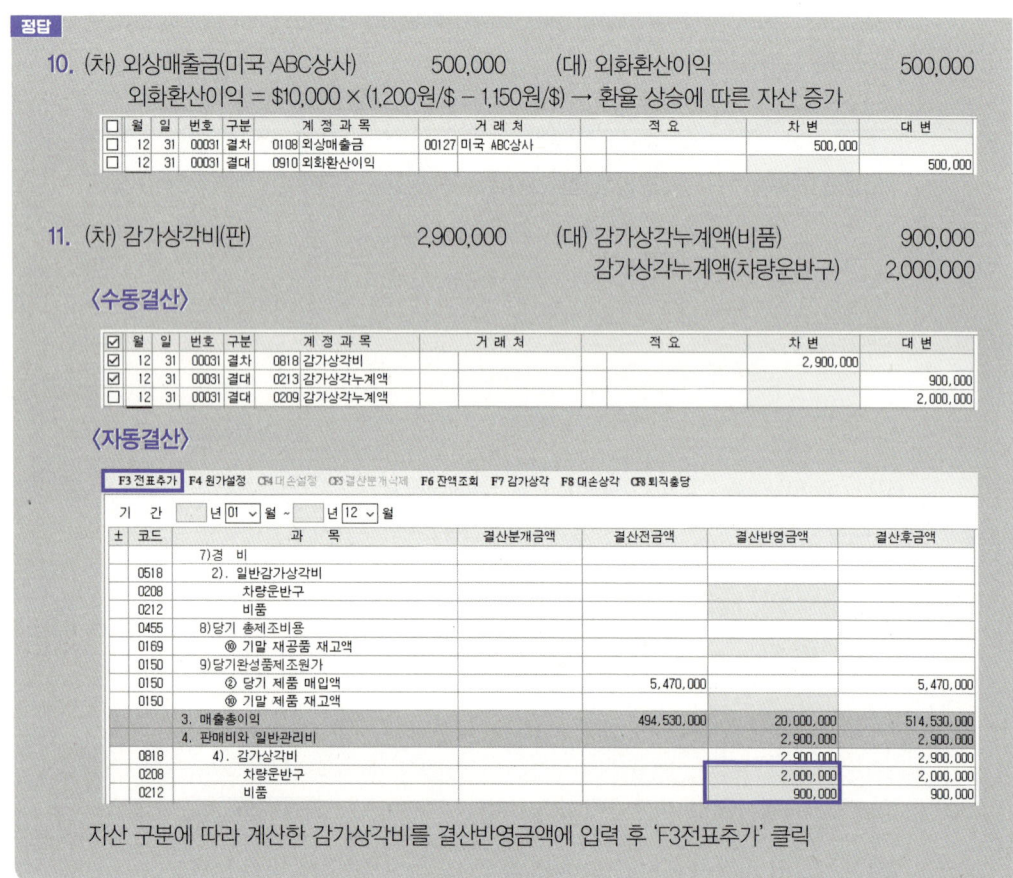

8 비유동부채의 유동성대체 회계처리

예제12 결산일 현재 하나은행의 장기차입금 10,000,000원의 상환기일이 내년으로 도래하였다.

9 소모품 계정의 회계처리

예제13 8월 31일에 구입하여 자산(취득원가 470,000원)으로 회계처리한 소모품 중 기말까지 사용하고 남은 금액은 210,000원이다.

10 가지급금 및 가수금 계정의 회계처리

예제14 기말 합계잔액시산표의 가지급금 잔액 711,000원은 거래처 보석상사에 이자를 지급한 것으로 판명되다.

정답

12. (차) 장기차입금(하나은행) 10,000,000 (대) 유동성장기부채(하나은행) 10,000,000

□	월	일	번호	구분	계 정 과 목	거 래 처	적 요	차 변	대 변
□	12	31	00032	결차	0293 장기차입금	00128 하나은행	1 장기 차입금의 유동성대체	10,000,000	
□	12	31	00032	결대	0264 유동성장기부채	00128 하나은행	3 장기차입금의 유동성 장기부채 대체		10,000,000

13. (차) 소모품비(판) 260,000 (대) 소모품 260,000

□	월	일	번호	구분	계 정 과 목	거 래 처	적 요	차 변	대 변
□	12	31	00032	결차	0830 소모품비			260,000	
□	12	31	00032	결대	0122 소모품				260,000

14. (차) 이자비용 711,000 (대) 가지급금 711,000

□	월	일	번호	구분	계 정 과 목	거 래 처	적 요	차 변	대 변
□	12	31	00032	결차	0951 이자비용			711,000	
□	12	31	00032	결대	0134 가지급금				711,000

11 현금과부족 계정의 회계처리

예제15 결산일 현재 현금실제액이 현금장부잔액보다 51,000원 많고 차이원인은 확인되지 않았다.

12 인출금 계정의 회계처리

예제16 인출금계정 잔액(300,000원)을 조회하여 자본금계정에 대체하다.

13 마이너스 계좌의 회계처리

예제17 하나은행의 보통예금통장은 마이너스 통장으로 개설된 것이다. 기말 현재 하나은행의 보통예금통장 잔액은 －6,352,500원이다.(단기차입금으로 대체하는 회계처리를 하시오.)

정답

15. (차) 현금   51,000   (대) 잡이익   51,000

□	월	일	번호	구분	계정과목	거래처	적요	차변	대변
□	12	31	00032	결차	0101 현금			51,000	
□	12	31	00032	결대	0930 잡이익				51,000

16. (차) 자본금   300,000   (대) 인출금   300,000

□	월	일	번호	구분	계정과목	거래처	적요	차변	대변
□	12	31	00032	결차	0331 자본금			300,000	
□	12	31	00032	결대	0338 인출금				300,000

17. (차) 보통예금   6,352,500   (대) 단기차입금(하나은행)   6,352,500

마이너스 통장에서 인출 또는 이체액은 보통예금의 잔액이 있어서 인출 또는 이체하는 것이 아니라, 단기차입금을 인출 또는 이체하는 것이므로 '단기차입금(부채)' 계정으로 처리한다.

□	월	일	번호	구분	계정과목	거래처	적요	차변	대변
□	12	31	00032	결차	0103 보통예금			6,352,500	
□	12	31	00032	결대	0260 단기차입금	00128 하나은행			6,352,500

제 7 절 　제장부조회

전산회계 2급 실무시험에서 마지막으로 출제되는 영역에 해당한다. 난이도는 높지 않으나 연습을 하지 않으면 실제 시험에서 많이 당황할 수 있으므로 문제에서 제시된 정보에 따른 제장부를 선택하여 조회할 수 있는 능력을 키워야 한다.

구분	내용
거래처원장	① 거래처별로 채권, 채무 계정과목에 대한 잔액과 거래내용을 조회 ② 거래처원장 조회 문제는 특정거래처에 대한 계정과목과 금액을 조회하는 유형이 출제된다.
거래처별 계정과목별원장	특정거래처의 거래 내용이 계정과목별로 조회
계정별원장	① 특정계정과목에 대한 거래 내용을 조회 ② 계정별원장 조회 문제는 특정계정과목의 건수, 금액을 조회하는 유형이 출제된다.
현금출납장	현금의 잔액을 조회
일계표(월계표)	① 계정과목별로 대체전표 및 현금전표 내용을 조회 ② 일계표(월계표) 조회 문제는 계정과목별로 금액, 변동금액, 현금 지급금액 등을 일별 또는 월별로 조회하는 유형이 출제된다.
총계정원장	① 계정과목별로 증감 및 잔액을 조회 ② 총계정원장 조회 문제는 특정계정과목에 대한 월별 변동액과 잔액을 조회하는 유형이 출제된다.
합계잔액시산표	① 계정과목별(자산, 부채, 자본, 수익, 비용)로 합계와 누계잔액을 조회 ② 합계잔액시산표 조회 문제는 재무상태표 및 손익계산서 조회문제와 유사하다. 다만 전기와 비교하는 유형의 문제는 출제될 수 없다.
재무상태표	① 자산, 부채, 자본의 누계잔액을 조회 ② 재무상태표 조회 문제는 자산, 부채, 자본 계정과목의 1월 1일부터 조회기간까지의 누계액과 장부금액, 전기와 비교하는 유형의 문제가 출제된다.
손익계산서	① 수익, 비용의 누계잔액을 조회 ② 손익계산서 조회 문제는 수익, 비용 계정과목의 1월 1일부터 조회기간까지의 누계액과 전기와 비교하는 유형의 문제가 출제된다.

제장부조회 문제는 반드시 하나의 장부로만 조회할 수 있는 것은 아니다. 문제를 풀기 위하여 여러 장부 중에 효율적으로 조회할 수 있는 장부를 선택하여 문제를 해결하는 것이 좋다.

1 거래처원장 조회

예제01 6월 30일 현재 매출처 본오전자의 외상매출금 잔액은 얼마인가?

예제02 4월말 외상매입금 잔액이 가장 적은 거래처와 금액은 얼마인가?

예제03 5월말 외상매출금 잔액이 가장 많은 거래처와 금액은 얼마인가?

정답

01. 12,000,000원 (거래처원장 : 외상매출금 조회)

02. 남산전기, 2,348,600원 (거래처원장 : 외상매입금 조회)

03. 충남상회, 55,000,000원 (거래처원장 : 외상매출금 잔액 조회)

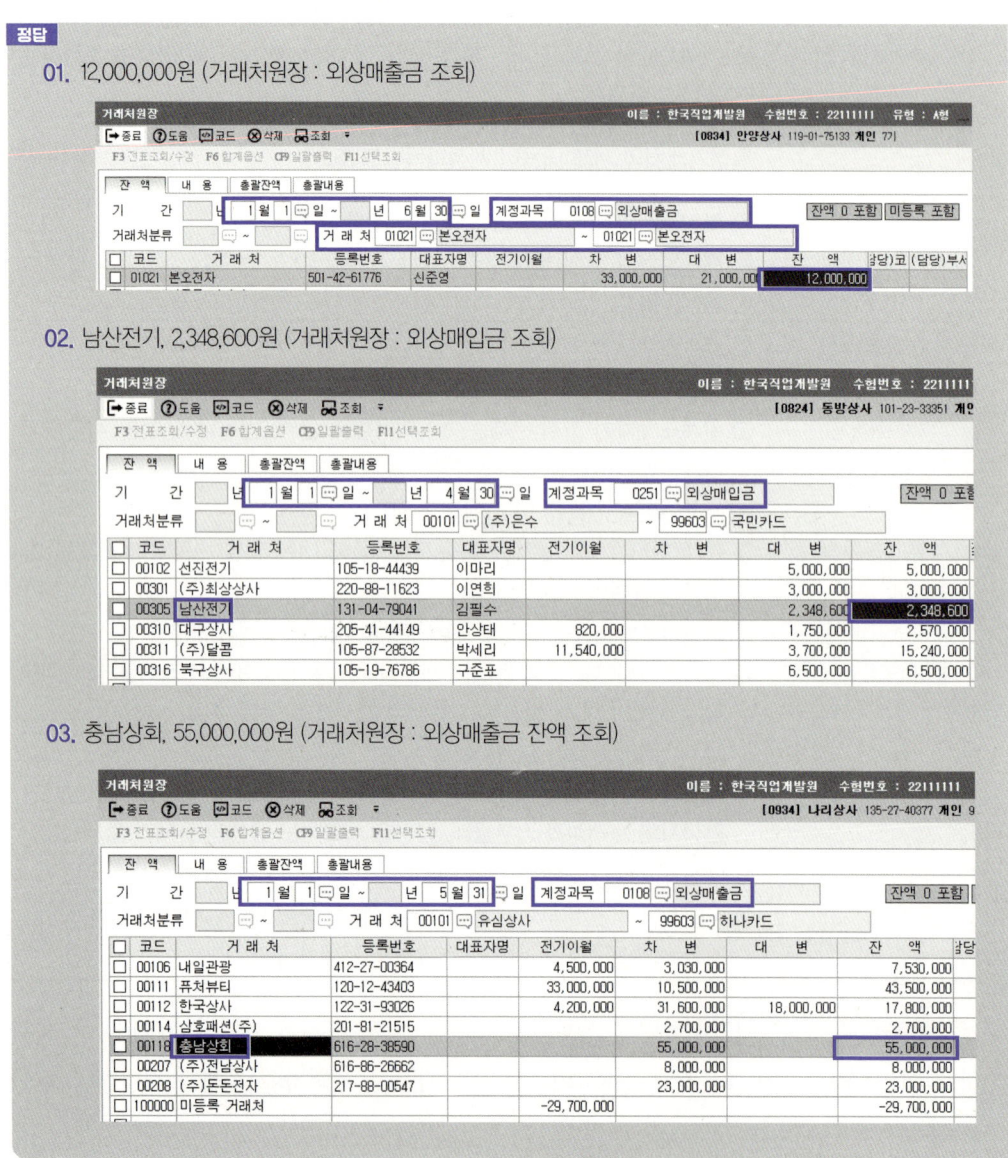

2 계정별원장 조회

예제04 2~3월 중에 발생한 상품구입 총구입건수와 총구입대금은 얼마인가?

예제05 6월 중에 발생한 상품매출은 몇 건이며, 총 금액은 얼마인가?

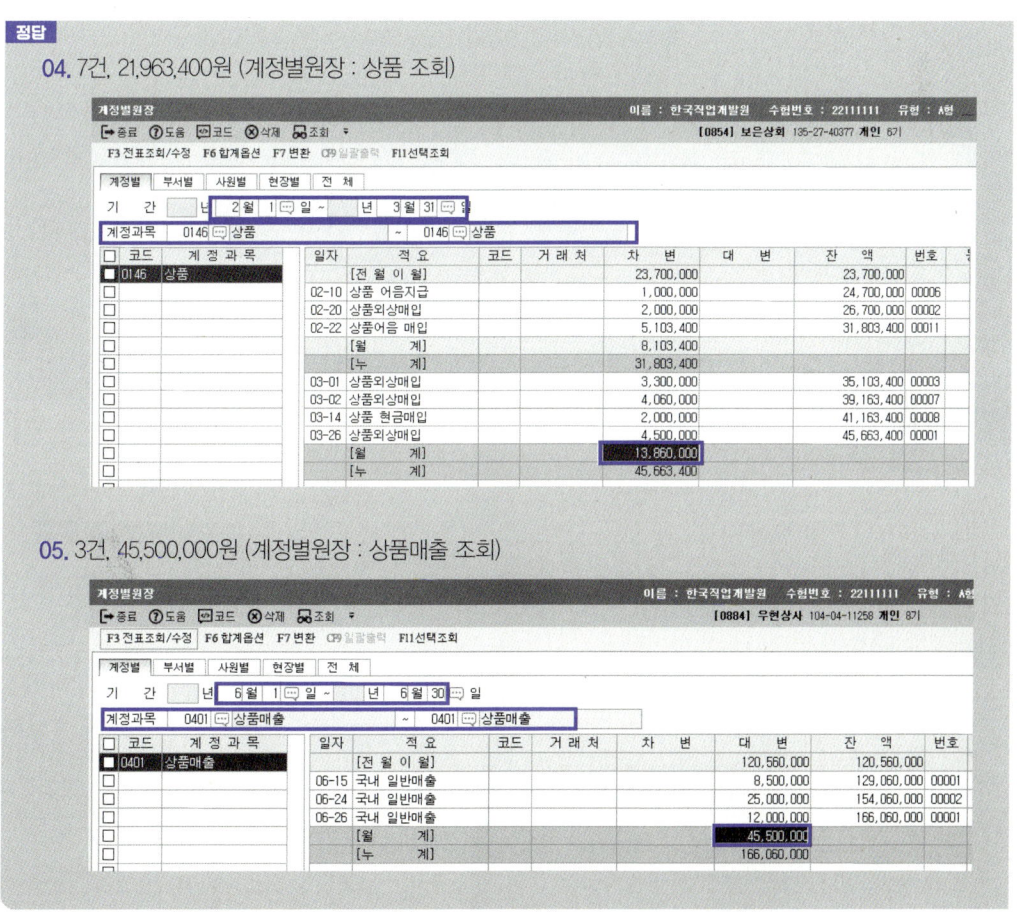

정답

04. 7건, 21,963,400원 (계정별원장 : 상품 조회)

05. 3건, 45,500,000원 (계정별원장 : 상품매출 조회)

예제06 상반기(1월~6월) 중 자산계정으로 처리된 소모품 구입 건수는 몇 건이며, 총금액은 얼마인가?

3 현금출납장 조회

예제07 4월~5월 중 현금지출이 가장 적은 월과 그 금액은 얼마인가?

정답

06. 4건, 1,350,000원 (계정별원장 : 소모품 조회)

07. 4월, 21,899,300원 (현금출납장 : 4월 1일~5월 31일 조회)

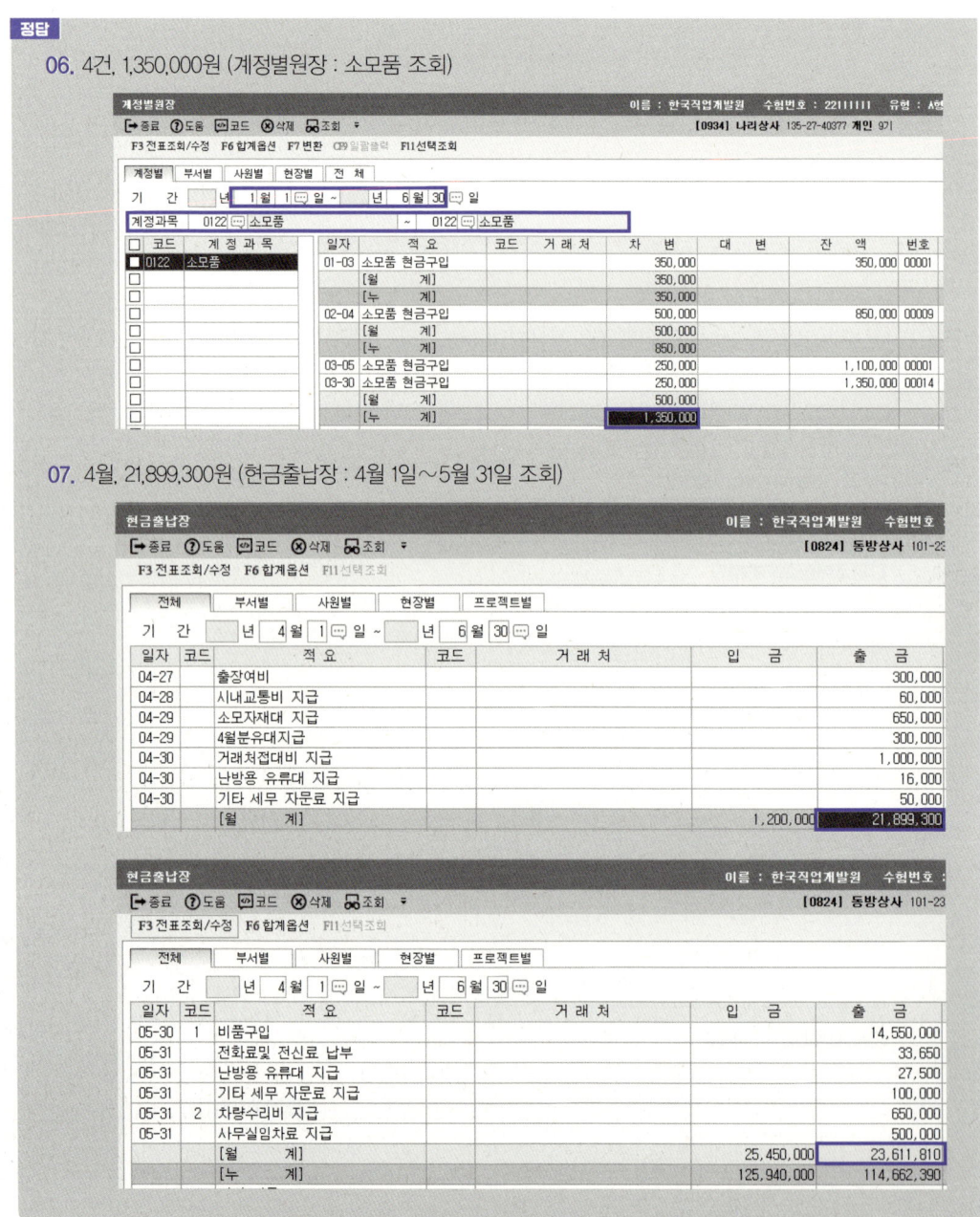

chapter 01. 실무능력

4 일계표(월계표) 조회

예제08 3월 상품매입액은 얼마인가?

예제09 5월에 발생한 이자비용은 얼마인가?

정답

08. 51,000,000원 (월계표 조회)

09. 550,000원 (월계표 조회))

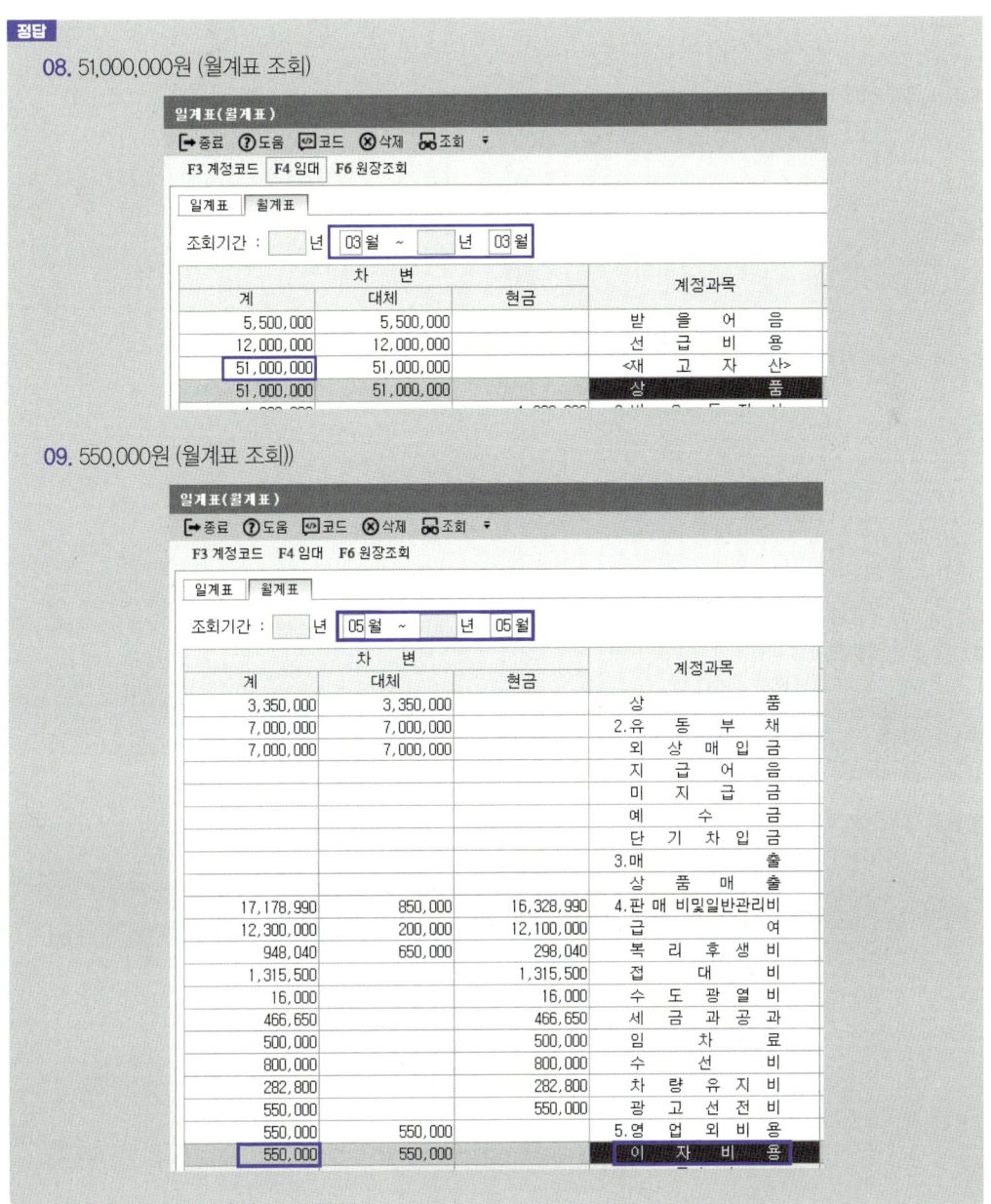

예제10 3월 1일부터 6월 30일 사이의 유동부채 증가 금액은 얼마인가?

정답

10. 41,993,600원 (월계표 조회) 3월~6월 조회, 유동부채 대변 계 – 차변 계)
    유동부채 증가금액 = 43,493,600원 대변 계 – 1,500,000원 차변 계

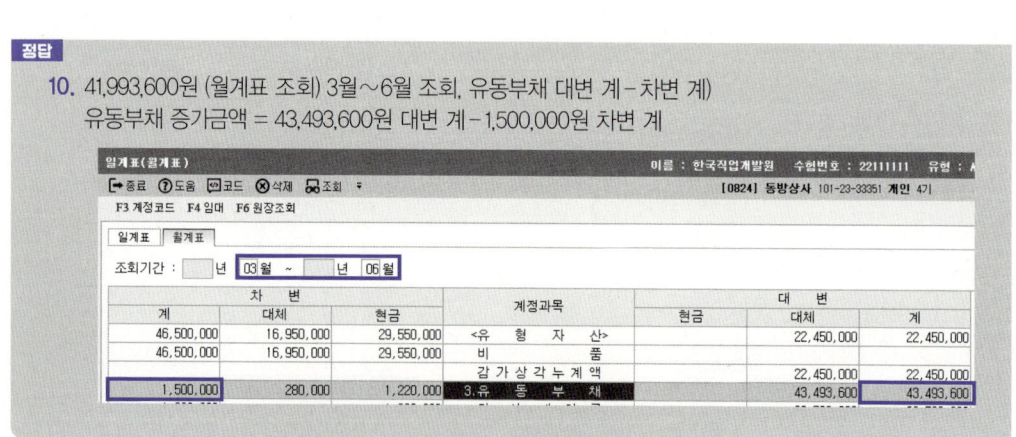

예제11 1월부터 3월까지의 상품매출액은 얼마인가?

정답

11. 101,760,000원 (월계표 조회 또는 손익계산서 조회)

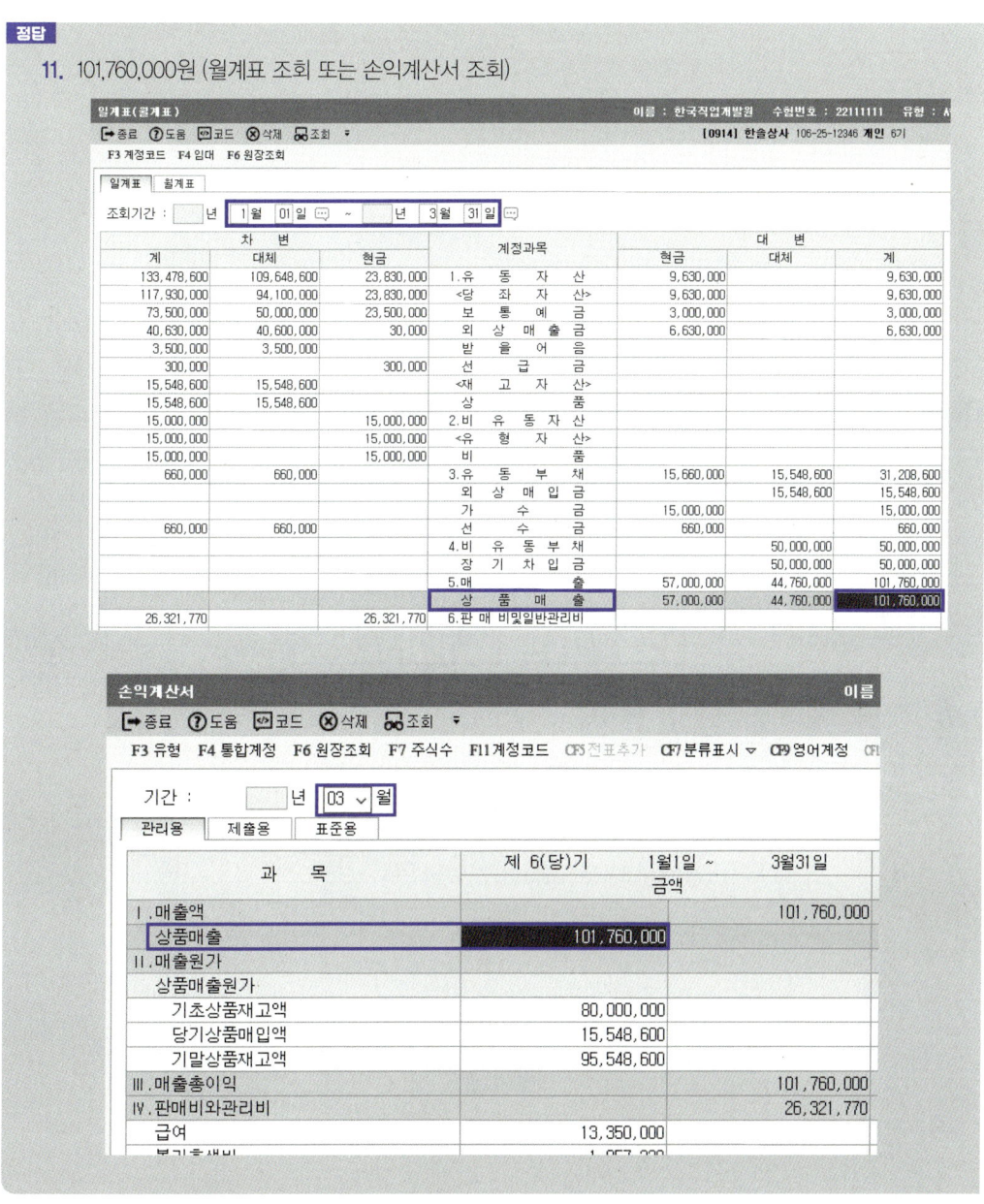

예제12 3월 중 현금으로 지급한 판매비와관리비 중 복리후생비는 얼마인가?

정답

12. 556,300원 (월계표 : 복리후생비 현금 조회)

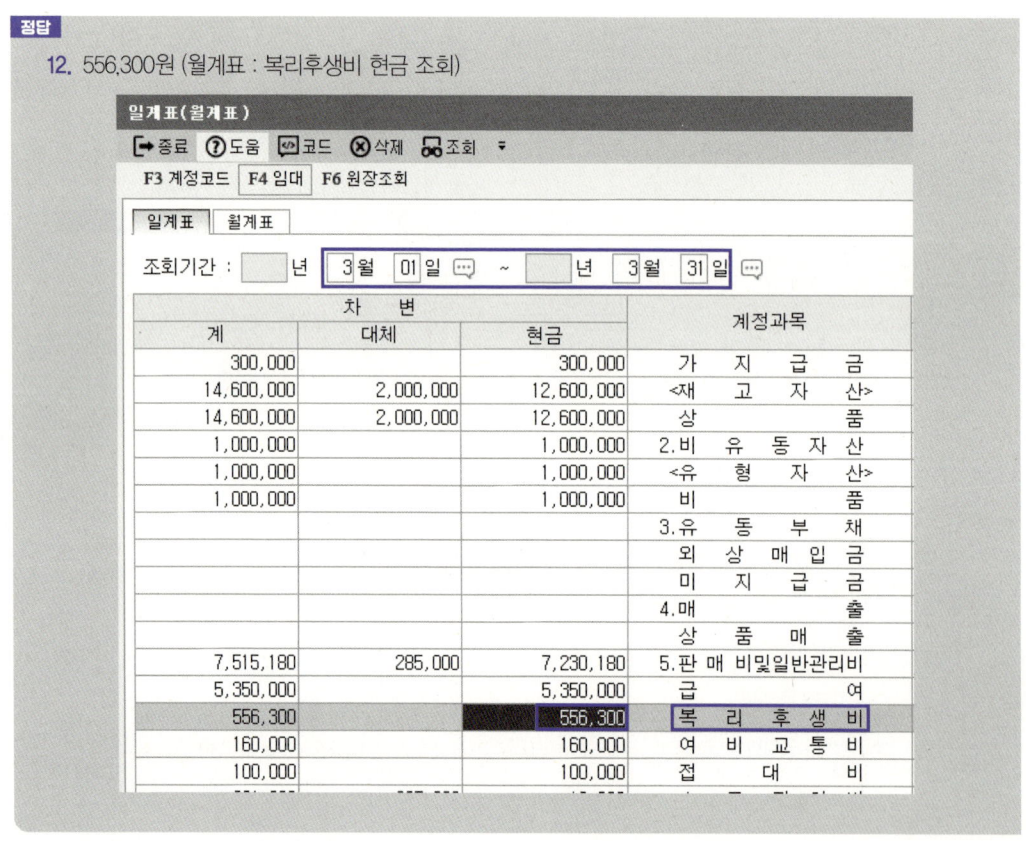

예제13 상반기(1월 1일 ~ 6월 30일) 판매비와 관리비 항목 중에서 거래금액이 가장 큰 계정과목 코드와 금액을 입력하시오.

5 총계정원장 조회

예제14 상반기(1월~6월) 중 광고선전비를 가장 많이 지출한 월과 가장 적게 지출한 월의 차이 금액은 얼마인가?

정답

13. 급여, 20,000,000원 (월계표조회)

14. 670,000원 (총계정원장 조회)
    차이금액 = 2월 1,000,000원 - 1월 330,000원

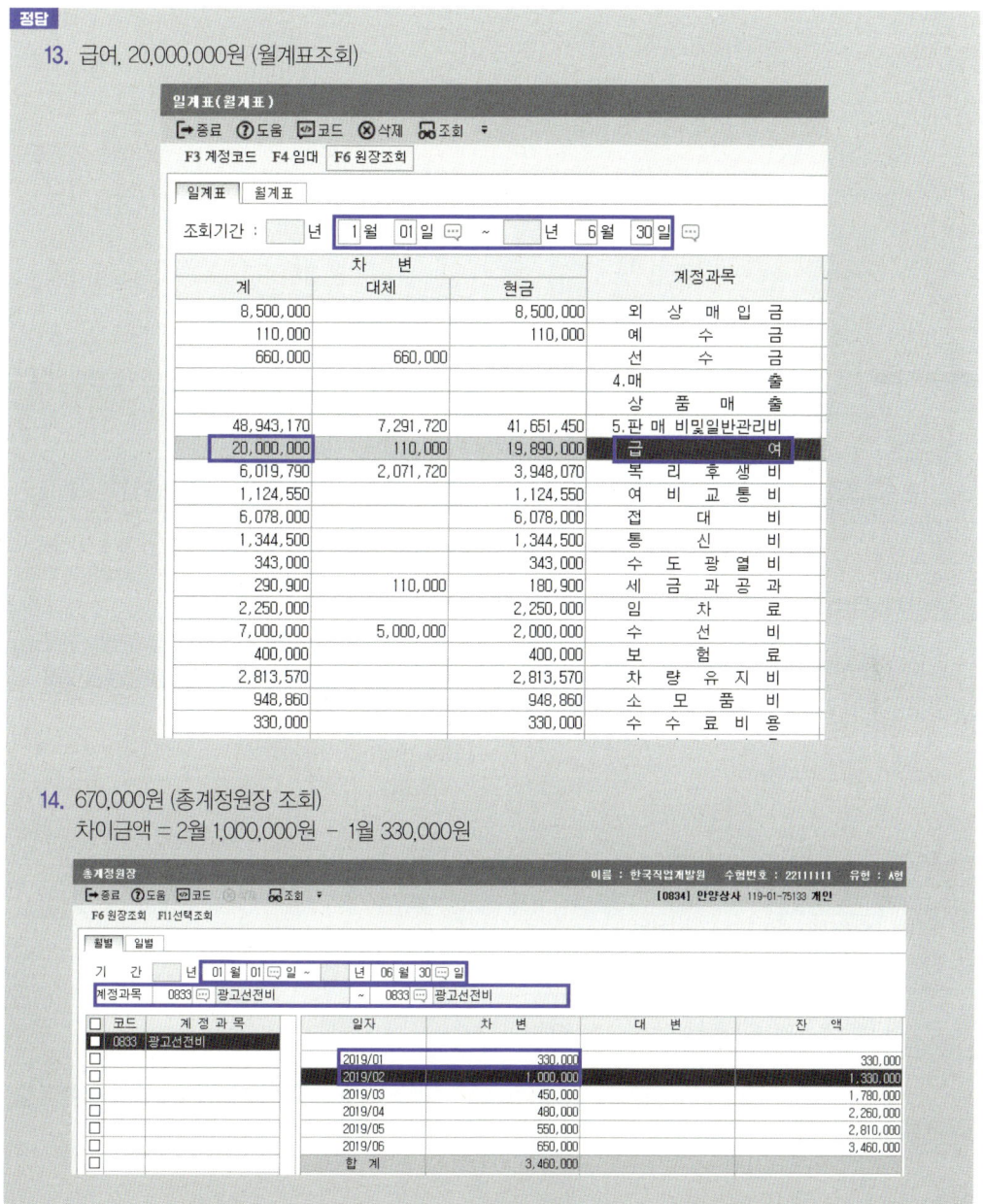

예제15 1월부터 6월까지의 판매비와 관리비 중 접대비 지출액이 가장 많은 월의 금액과 가장 적은 월의 금액을 합산하면 얼마인가?

예제16 1월의 외상매출금 입금액은 얼마인가?

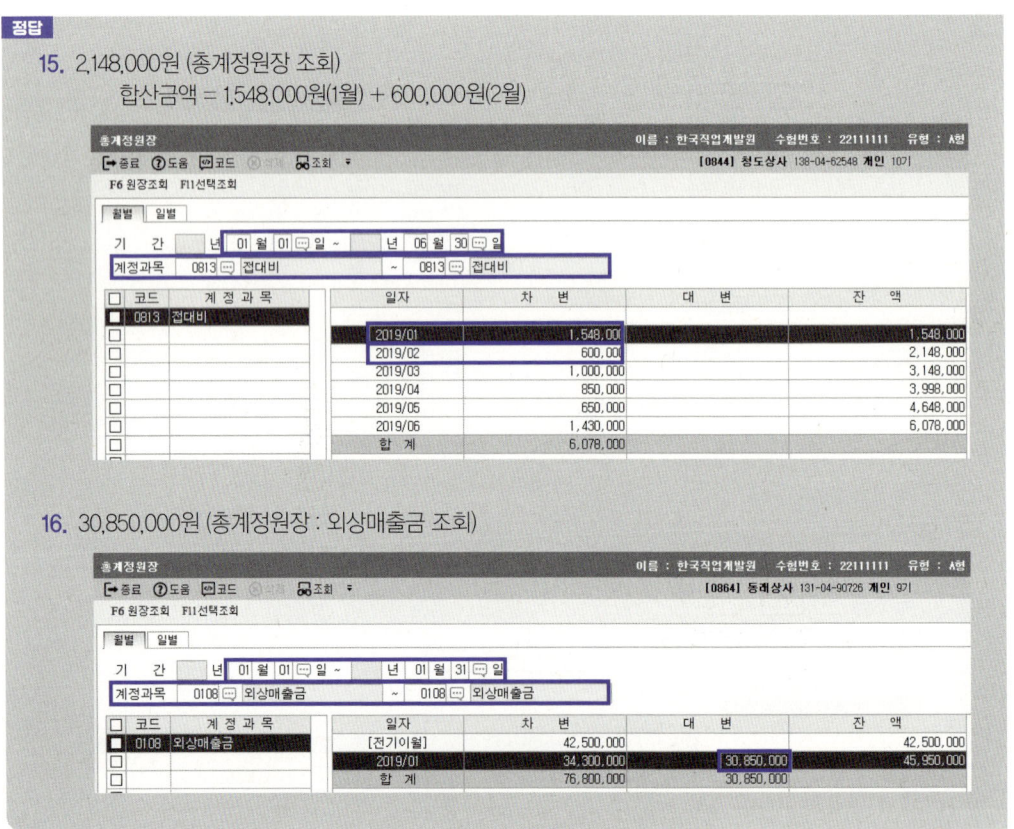

정답

15. 2,148,000원 (총계정원장 조회)
    합산금액 = 1,548,000원(1월) + 600,000원(2월)

16. 30,850,000원 (총계정원장 : 외상매출금 조회)

예제17 상반기(1월~6월) 중 현금의 지출이 가장 많은 달은 몇 월이며, 그 금액은 얼마인가?

예제18 5월의 보통예금 출금액은 총 얼마인가?

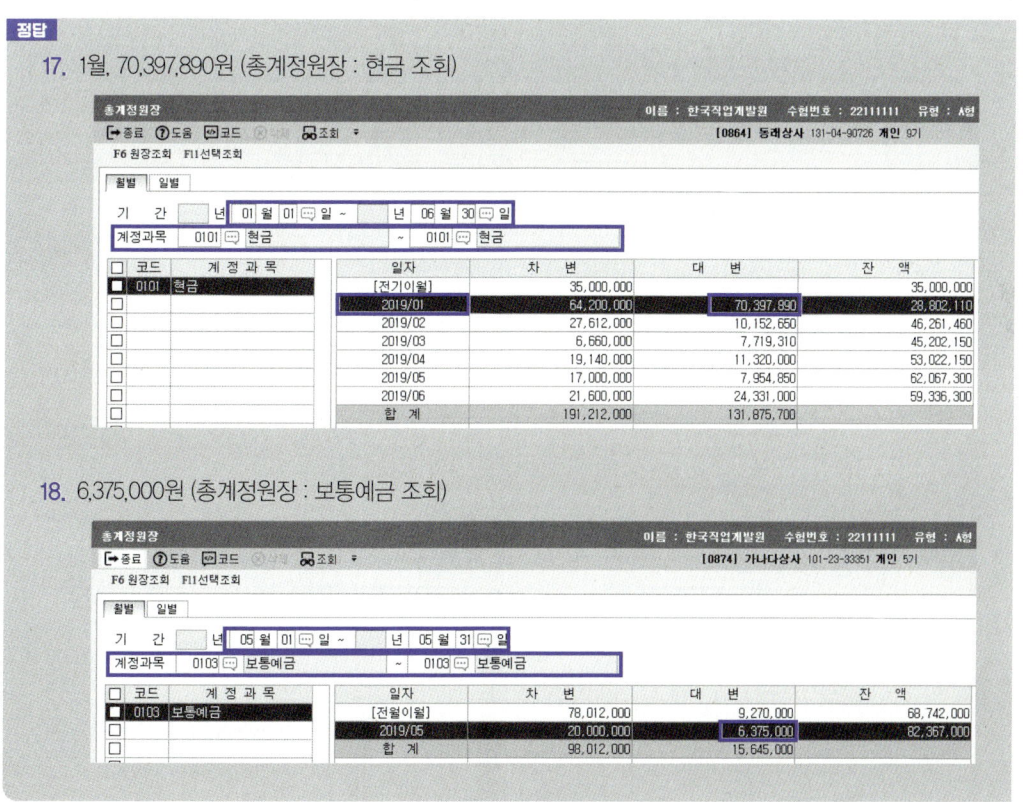

17. 1월, 70,397,890원 (총계정원장 : 현금 조회)

18. 6,375,000원 (총계정원장 : 보통예금 조회)

6 합계잔액시산표 조회

예제19 6월 30일 현재 유동부채의 금액은 얼마인가?

정답

19. 160,180,000원 (합계잔액시산표 조회 또는 재무상태표 조회)

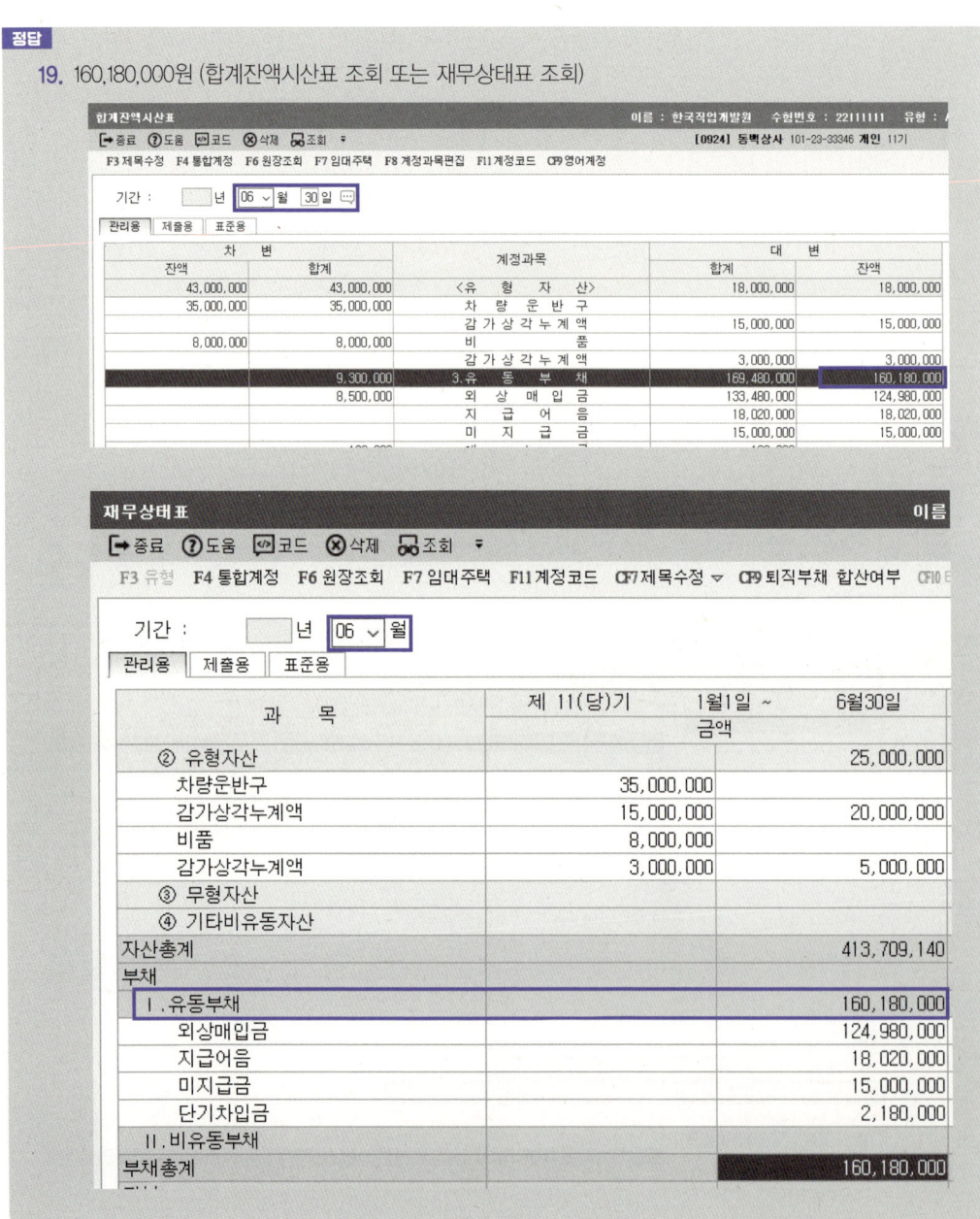

예제20 상반기(1월~6월) 중 상품매입액과 기초상품재고액을 합한 판매가능한 상품액은 얼마인가?

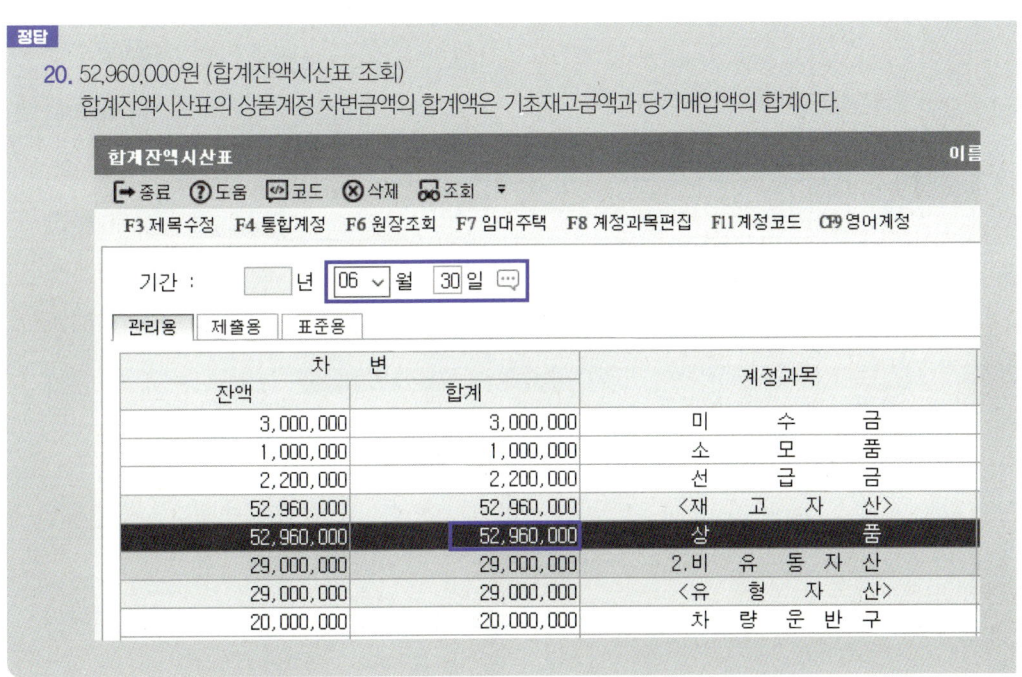

정답
20. 52,960,000원 (합계잔액시산표 조회)
합계잔액시산표의 상품계정 차변금액의 합계액은 기초재고금액과 당기매입액의 합계이다.

7 재무상태표 조회

예제21 5월말 현재 비품의 장부가액은 얼마인가?

예제22 6월말 현재 비유동자산은 전기 말과 대비하여 얼마 증가하였는가?

정답

21. 29,000,000원 (재무상태표 조회)
    장부금액 = 비품 52,000,000원 - 비품 감가상각누계액 23,000,000원

22. 32,650,000원 (재무상태표 조회)
    증가금액 = 당기 40,650,000원 - 전기 8,000,000원

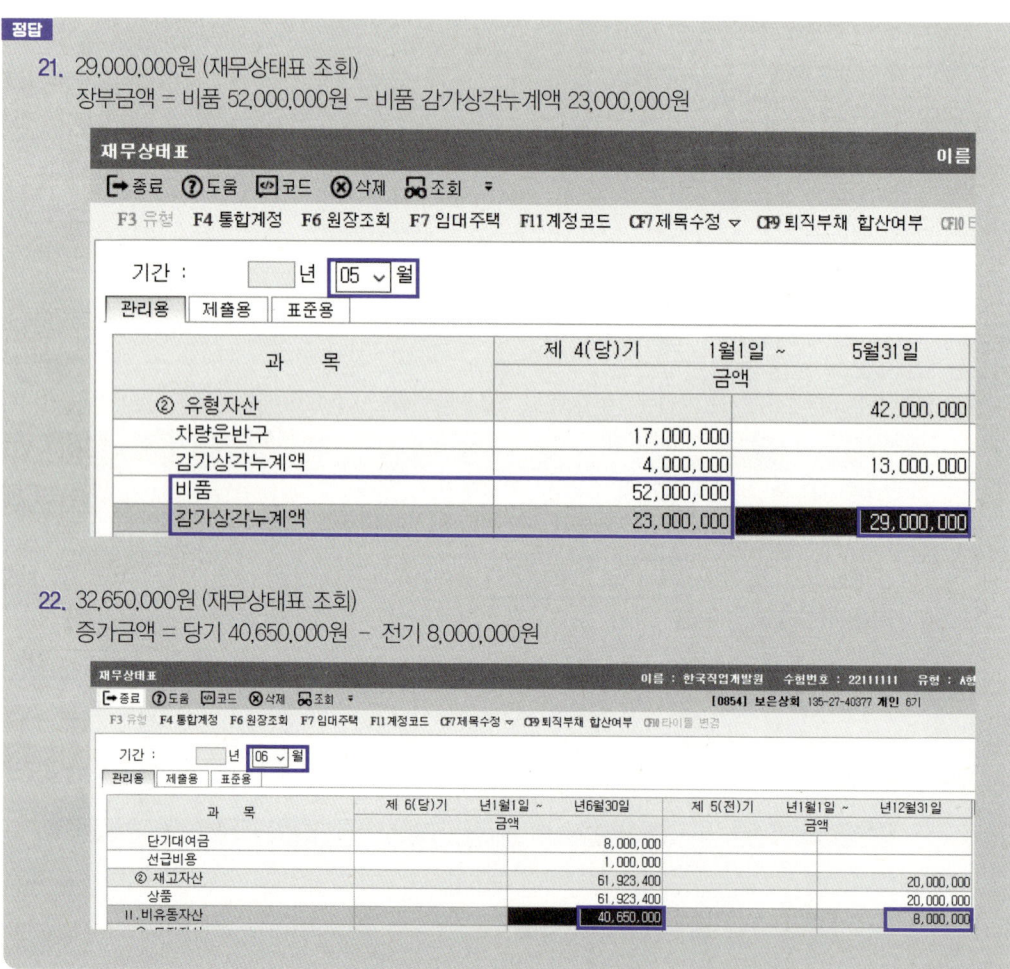

MEMO

기출문제

제 88 회　전산회계 2급
제 90 회　전산회계 2급
제 91 회　전산회계 2급
제 92 회　전산회계 2급
제 93 회　전산회계 2급

CHAPTER 01 전산회계2급 기출문제 분석

구분	82회	83회	84회	85회	86회
회계의 기본개념					재무제표의 종류
재무상태표 이해와 작성	자산의 감소 원인	계정과목	정의	자산, 부채, 자본 개념	자산, 부채, 자본 개념
손익계산서 이해와 작성					
회계의 기록과 순환과정	이월시산표 합계잔액시산표 장부의 종류 거래의 성립요건	계정잔액의 표시 회계의 기록 대상	총계정원장(2) 회계순환과정의 순서 거래의 종류	회계의 기록 대상 결합관계 총계정원장 보조장부	시산표 등식 회계거래의 영향
당좌자산	정의 현금 및 현금성자산	종류 외상매출금 계산 대손상각비의 계산	현금 및 현금성자산	현금 및 현금성자산 현금과부족	단기투자자산 계정과목
재고자산	매출원가 계산	매입원가 선입선출법	종류 판매가능상품의 계산	기말재고자산 차이 계산 재고감모손실 정의	후입선출법 매출원가의 계산 매입할인 매입원가
유가증권		단기금융상품			
유형자산	취득원가 회계처리	취득 이후 지출 감가상각비 계산	전체 취득원가 감가상각방법		처분 회계처리 감가상각비 계산
무형자산					
기타비유동자산			종류		
부채	비유동부채의 종류	비유동부채의 종류		종류	매입채무 계정
자본	기말자본금 계산		기초자본 계산		기말자본금 계산
수익과 비용	수익인식기준 영업외비용 계정	당기순이익의 계산	판매비와관리비 계정	영업외수익 계정 매출액의 계산 순매출액의 계산	계정의 개념
결산	재무제표 영향	이연 계정과목 결산 예비절차	재무제표 영향	손익의 이연	

chapter 01. 기출문제 분석

> 82회부터 93회까지 기출문제를 교재 목차에 맞추어 분석한 내용이다. 기출문제를 분석한다는 것은 의미가 있다. 미리 기출문제 분석 내용을 파악한 후에 학습에 대한 방향과 전략을 수립하여 합격하기를 바란다.

87회	88회	90회	91회	92회	93
		회계 등식		정보이용자	
정의 계정과목	자산 배열 순서		포함 요소 자산, 부채 계정과목	작성기준 자산, 부채 계정과목	유동자산 계정 부채 계정과목
	작성기준	계정			
총계정원장 시산표의 개념	총계정원장 성과에 미치는 거래	장부기록방법 결합관계	결합관계	회계의 기록 대상 보조장부	회계순환과정 잔액시산표
현금 및 현금성 자산 계정	현금과부족 회계처리 대손 회계처리 현금 및 현금성자산	현금 및 현금성자산 대손상각비의 계산		당좌자산의 계산 현금 및 현금성자산	대손 회계처리
선입선출법 정의	매출원가 계산	매출원가의 계산 매입원가	기초재고 계산 매입원가	매입 회계처리 기말재고 평가 영향	
		회계처리			
감가상각비의 계산	건설중인자산 정의 처분 회계처리	감가상각비의 계산	처분 회계처리	감가상각대상 취득 이후 지출 감가상각비의 계산	취득 이후 지출 정의 감가상각비의 계산
		정의			
			정의		
지급어음과 미지급금 부채금액 계산 계정의 정의	유동부채의 종류				지급어음
총수익의 계산	단기차입금의 계산 기말자본 계산	출자액의 계산	기말자본금 계산 자본금 회계처리	인출금	자본의 정의 기말자본금 계산
영업외비용 계정	판매비와관리비 계산	당기순이익 영향	현금회수액의 계산 당기비용의 계산 외화환산손익 당기순이익 영향	세금과공과	외상매출금 잔액 계산 영업이익 계산순서 영업외비용 계산
	비용의 이연 계정과목	기말수정분개	기말수정분개 비용의 이연 계정과목	수익의 이연 계정과목	결산절차

CHAPTER 02 제88회 전산회계 2급 A형

이론시험

■ 다음 문제를 보고 알맞은 것을 골라 이론문제 답안작성 메뉴에 입력하시오.(객관식 문항당 2점)

기본전제
문제에서 한국채택국제회계기준을 적용하도록 하는 전제조건이 없는 경우, 일반기업회계기준을 적용한다.

01 다음 중 계정잔액의 표시가 틀린 것은?

① 선수금 / 150,000원
② 가수금 / 150,000원
③ 예수금 / 150,000원
④ 미수금 / 150,000원

02 다음 자료는 20X1년 12월 31일 현재 재무상태표의 각 계정의 잔액이다. 단기차입금은 얼마인가?

• 미수금 : 550,000원   • 외상매출금 : 250,000원   • 단기차입금 :   ?
• 미지급비용 : 150,000원 • 선급금 : 130,000원   • 자본금 : 300,000원

① 540,000원   ② 500,000원   ③ 480,000원   ④ 460,000원

03 다음 자료에서 유동성배열법에 의한 자산 계정의 배열 순서가 옳은 것은?

| (가) 비품 | (나) 상품 | (다) 현금 | (라) 영업권 |

① (다) - (나) - (가) - (라)
② (다) - (가) - (라) - (나)
③ (다) - (가) - (나) - (라)
④ (다) - (다) - (라) - (가)

04 다음 중 경영성과에 영향을 미치는 거래는?

① 미지급금을 보통예금으로 지급하다.
② 미지급금을 약속어음을 발행하여 지급하다.
③ 예수금을 현금으로 지급하다.
④ 차입금에 대한 이자를 현금으로 지급하다

05 다음 자료를 기초로 판매비와관리비를 계산하면 얼마인가?

- 기부금 : 400,000원
- 급여 : 2,500,000원
- 복리후생비 : 600,000원
- 소모품비 : 300,000원

① 2,900,000원
② 3,400,000원
③ 3,500,000원
④ 3,800,000원

06 다음 중 분개 시 차변에 기입해야 하는 계정과목은?

기중 현금시재액이 5,000원 부족한 것을 발견하였다.

① 잡이익
② 현금
③ 잡손실
④ 현금과부족

07 다음 중 유동부채 계정과목만 짝지어진 것은?

① 미수금, 선수금, 외상매입금, 받을어음
② 미지급금, 선수금, 외상매입금, 지급어음
③ 미수금, 선급금, 외상매출금, 받을어음
④ 미지급금, 선급금, 외상매출금, 지급어음

08 재화의 생산, 용역의 제공, 타인에 대한 임대 또는 자체적으로 사용할 목적으로 보유하는 물리적 형체가 있는 자산으로서, 1년을 초과하여 사용할 것이 예상되는 자산은?

① 건설중인 자산
② 상품
③ 투자부동산
④ 산업재산권

09 다음 거래에 대한 기말 분개로 가장 옳은 것은?

> 12월 31일 결산시 외상매출금 잔액 10,000,000원에 대해 2%의 대손을 예상하였다.
> 단, 당사는 보충법을 사용하고 있으며 기말 분개 전 대손충당금 잔액은 100,000원이 계상되어 있다.

① (차) 대손충당금   100,000원   (대) 대손상각비   100,000원
② (차) 대손상각비   50,000원   (대) 대손충당금   50,000원
③ (차) 대손상각비   100,000원   (대) 외상매출금   100,000원
④ (차) 대손상각비   100,000원   (대) 대손충당금   100,000원

10 다음 중 일반 기업회계기준의 손익계산서 작성기준에 대한 설명으로 가장 잘못된 것은?
① 수익과 비용은 순액으로 기재함을 원칙으로 한다.
② 수익은 실현시기를 기준으로 인식한다.
③ 비용은 관련 수익이 인식된 기간에 인식한다.
④ 수익과 비용의 인식기준은 발생주의를 원칙으로 한다.

11 다음 자료에 의하여 기말부채(가)와 기말자본(나)을 계산하면 얼마인가?

> • 기초자산 : 1,000,000원   • 기말자산 : 900,000원   • 기초부채 : 400,000원
> • 총수익 : 500,000원   • 총비용 : 700,000원

① (가) 100,000원 (나) 800,000원   ② (가) 500,000원 (나) 400,000원
③ (가) 400,000원 (나) 300,000원   ④ (가) 600,000원 (나) 300,000원

12 다음 중 비용의 이연에 해당하는 계정과목은?
① 선수수익   ② 미수수익
③ 선급비용   ④ 미지급비용

13 다음 자료에 의하여 매출원가를 구하면 얼마인가?

- 기초상품재고액 : 900,000원
- 기말상품재고액 : 300,000원
- 매입환출 및 에누리 : 100,000원
- 당기총매입액 : 2,000,000원
- 상품매입시운반비 : 50,000원
- 매입할인 : 50,000원

① 2,300,000원 ② 2,400,000원
③ 2,500,000원 ④ 2,600,000원

14 다음 중 통화대용증권으로 분류할 수 없는 것은?

① 자기앞수표 ② 당점발행수표
③ 국공채만기이자표 ④ 송금수표

15 다음 거래 내용 중 발생할 수 있는 계정과목이 아닌 것은?

기업에서 사용 중이던 차량을 5,000,000원에 매각하고 전액 한 달 뒤에 받기로 하였다.
이 차량의 취득원가는 20,000,000원이며, 그동안의 감가상각누계액은 16,000,000원이다.

① 외상매출금 ② 감가상각누계액
③ 유형자산처분이익 ④ 차량운반구

실무시험

- 우현상사(회사코드: 0884)는 컴퓨터를 판매하는 개인기업이다. 당기(제8기) 회계기간은 2019.1.1. ~2019.12.31.이다. 전산세무회계 수험용 프로그램을 이용하여 다음 물음에 답하시오.

> **기본전제**
> 문제에서 한국채택국제회계기준을 적용하도록 하는 전제조건이 없는 경우, 일반기업회계기준을 적용한다.

문제1 다음은 우현상사의 사업자등록증이다. 회사등록메뉴에 입력된 내용을 검토하여 누락분은 추가 입력하고 잘못된 부분은 정정하시오.(6점)

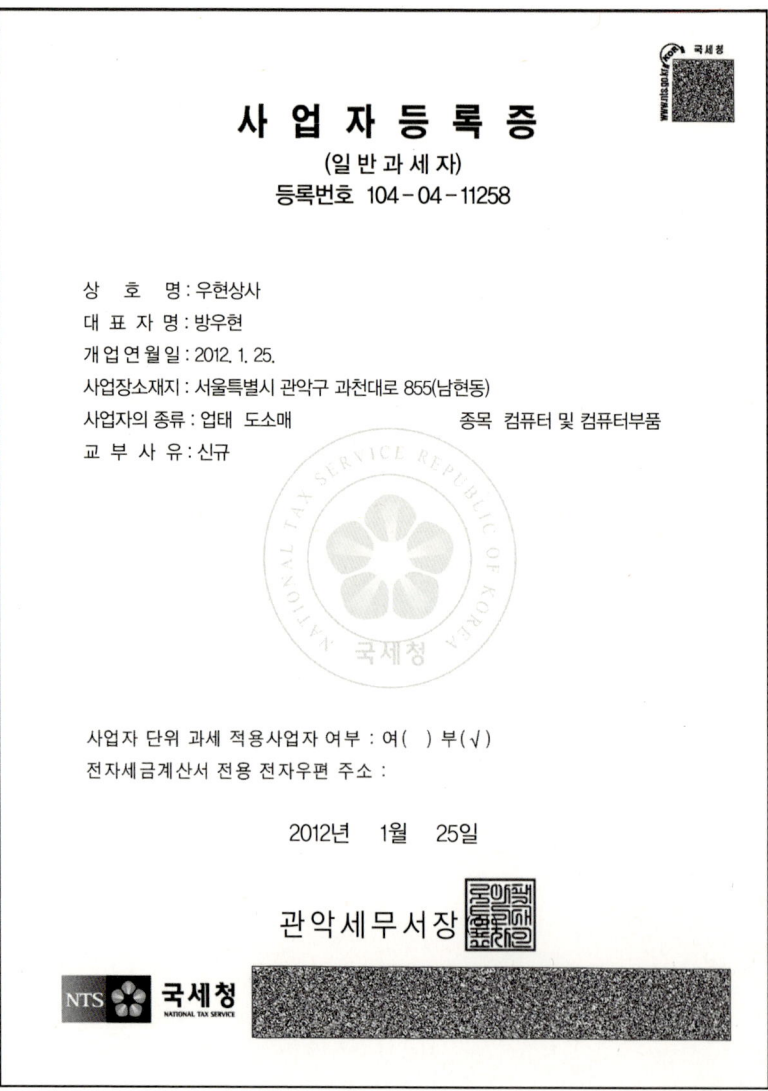

문제 2 다음은 우현상사의 전기분 손익계산서이다. 입력되어 있는 자료를 검토하여 오류부분은 정정하고 누락된 부분은 추가 입력하시오.(6점)

손익계산서

회사명 : 우현상사   제7기 2018.1.1.～2018.12.31.   (단위 : 원)

과목	금액	과목	금액
Ⅰ. 매출액	25,000,000	Ⅴ. 영업이익	8,850,000
상품매출	25,000,000	Ⅵ. 영업외수익	550,000
Ⅱ. 매출원가	10,000,000	이자수익	100,000
상품매출원가	10,000,000	임대료	450,000
기초상품재고액	3,000,000	Ⅶ. 영업외비용	200,000
당기상품매입액	11,000,000	이자비용	200,000
기말상품재고액	4,000,000	Ⅷ. 소득세차감전순이익	
Ⅲ. 매출총이익	15,000,000	Ⅸ. 소득세등	0
Ⅳ. 판매비와관리비	6,150,000	Ⅹ. 당기순이익	9,200,000
급여	3,200,000		
복리후생비	2,000,000		
여비교통비	240,000		
차량유지비	200,000		
소모품비	130,000		
광고선전비	380,000		

문제 3 다음 자료를 이용하여 입력하시오.(6점)

[1] 다음 자료를 이용하여 [기초정보등록]의 [거래처등록] 메뉴에서 거래처(금융기관)를 추가로 등록하시오.(단, 주어진 자료 외의 다른 항목은 입력할 필요 없음)(3점)

- 거래처코드 : 99100
- 거래처명 : 신한은행
- 유형 : 보통예금
- 계좌번호 : 8012-2256-1-258
- 계좌개설일 : 2019-02-05

[2] 우현상사의 거래처별 초기이월 채권과 채무잔액은 다음과 같다. 주어진 자료를 검토하여 잘못된 부분을 정정하거나 추가 입력하시오.(거래처코드사용)(3점)

계정과목	거래처	잔액	계
외상매출금	용산컴퓨터	10,000,000원	80,000,000원
	보석상사	35,000,000원	
	다이아상사	5,000,000원	
	강서상사	30,000,000원	
지급어음	관악컴퓨터	18,000,000원	25,000,000원
	엠케이컴퓨터	7,000,000원	

문제 4 다음 거래 자료를 일반전표입력 메뉴에 추가 입력하시오.(24점)

― 입력 시 유의사항 ―
- 적요의 입력은 생략한다.
- 부가가치세는 고려하지 않는다.
- 채권·채무와 관련된 거래처명은 반드시 기 등록되어 있는 거래처코드를 선택하는 방법으로 거래처명을 입력한다.
- 회계처리시 계정과목은 등록되어 있는 계정과목 중 가장 적절한 과목으로 한다.

[1] 8월 16일 아산상점에 상품을 매출하고 받은 약속어음 400,000원을 주거래 은행에서 할인받고 할인료 15,000원을 차감한 나머지 금액은 당좌 예입하다.(단, 관련 비용은 매출채권처분손실로 회계처리할 것)(3점)

[2] 9월 3일 영업부서의 영업용 휴대폰 이용요금 영수증을 수령하고 납부해야할 총 금액을 현금으로 지급하다.(3점)

기본내역	
휴대폰서비스이용요금	50,730원
기본료	47,000원
국내이용료	23,500원
데이터이용료	4,400원
할인 및 조정	−24,170원
기타금액	8,320원
당월청구요금	59,050원
미납요금	0원
납부하실 총 금액	59,050원

[3] 9월 5일 미래상사에 상품을 10,000,000원에 판매하기로 계약하고, 계약금 2,000,000원을 당사 보통예금 계좌로 이체받다.(3점)

[4] 10월 17일 상품을 판매하고 발급한 거래명세서이다. 대금 중 일부는 당좌예금계좌로 입금받고, 나머지는 외상으로 하였다.(3점)

권		호		거 래 명 세 표 (거래용)					
2019 년 10 월 17 일			공급자	등록번호	104-04-11258				
강원컴퓨터		귀하		상호	우현상사	성명	방우현		㊞
				사업장소재지	서울시 관악구 과천대로 855				
아래와 같이 계산합니다.				업태	도·소매업	종목	컴퓨터부품		
합계금액	일천육백오십만				원정 (₩		16,500,000		)
월일	품목		규격	수량	단가	공급가액		세액	
10/17	컴퓨터			11	1,500,000원	16,500,000원			
	계								
전잔금					합 계		16,500,000원		
입 금	계약금 10,000,000원		잔금	6,500,000원		인수자	박차돌		㊞
비 고									

[5] 11월 5일 인천상사에서 판매용 컴퓨터 10,000,000원과 업무용 컴퓨터 2,000,000원을 매입하였다. 대금은 당사가 발행한 약속어음 2매(10,000,000원 1매, 2,000,000원 1매)로 지급하였다.(단, 하나의 분개로 입력할 것)(3점)

[6] 11월 10일 급여 지급 시 공제한 소득세 및 국민연금 250,000원과 회사 부담분 국민연금 150,000원을 보통예금에서 지급하다.(회사부담분 국민연금은 세금과공과로 처리한다.)(3점)

[7] 12월 20일 신한상사에서 할부로 구입하고 미지급금으로 처리했던 차량할부금 중 500,000원을 현금으로 지급하였다.(3점)

[8] 12월 22일 사용 중인 업무용 승용차를 무등상사에 5,000,000원에 처분하고 대금은 1개월 후에 받기로 하였다. 업무용 승용차의 취득원가는 9,000,000원이고 처분 시까지 계상한 감가상각누계액은 3,500,000원이다.(3점)

문제 5 　일반전표입력 메뉴에 입력된 내용 중 다음과 같은 오류가 발견되었다. 입력된 내용을 확인하여 정정 또는 추가 입력하시오.(6점)

[1] 9월 20일 현금으로 지출한 500,000원은 영업부서의 광고선전비가 아니라 영업부서의 소모품비인 것으로 확인되었다.(3점)

[2] 11월 1일 수진상회로부터 상품을 매입하고 4,500,000원을 보통예금에서 지급하였다. 해당 상품매입에 대한 회계처리시 매입계약에 따라 선지급했던 계약금 500,000원을 누락하였다.(3점)

문제 6 　다음의 결산정리사항을 입력하여 결산을 완료하시오.(12점)

[1] 12월분 영업부 직원급여 3,000,000원은 다음달 4일에 지급될 예정이다.(3점)

[2] 기말합계잔액시산표의 가지급금 잔액은 거래처 대연상사에 대한 외상매입금 상환액으로 판명되다.(3점)

[3] 7월 1일 우리은행으로부터 10,000,000원을 연이자율 6%로 12개월 간 차입(차입기간: 2019.7.1.~2020.6.30.)하고, 이자는 12개월 후 차입금 상환시 일시에 지급하기로 하였다. 월할 계산하여 결산분개 하시오.(3점)

[4] 우현상사에서 사용하고 있는 자산에 대한 당기분 감가상각비(판)는 건물 1,500,000원, 차량운반구 2,500,000원, 비품 1,100,000원이다.(3점)

문제 7 　다음 사항을 조회하여 답안을 이론문제 답안작성 메뉴에 입력하시오.(10점)

[1] 3월에 발생한 이자비용은 얼마인가?(3점)

[2] 5월말 현재 외상매출금 잔액이 가장 많은 거래처명과 금액은 얼마인가?(3점)

[3] 6월 중에 발생한 상품매출은 몇 건이며, 총 금액은 얼마인가?(4점)

CHAPTER 03 제90회 전산회계 2급 A형

이론시험

■ 다음 문제를 보고 알맞은 것을 골라 이론문제 답안작성 메뉴에 입력하시오.(객관식 문항당 2점)

> **기본전제**
> 문제에서 한국채택국제회계기준을 적용하도록 하는 전제조건이 없는 경우, 일반기업회계기준을 적용한다.

01 다음 중 장부를 기록하는 방법에 대한 설명이 틀린 것은?
① 부기는 기록, 계산하는 방법에 따라 단식부기와 복식부기로 분류된다.
② 복식부기는 일정한 원리나 원칙에 따라 현금이나 재화의 증감은 물론 손익의 발생을 조직적으로 계산하는 부기이다.
③ 복식부기는 대차평균의 원리에 의하여 오류를 자동으로 검증하는 자기검증기능이 있다.
④ 복식부기는 일정한 원리원칙이 없이 재산의 증가 감소를 중심으로 기록하며 손익의 원인을 계산하지 않는 부기이다.

02 다음 중 외상대금의 조기회수로 인한 매출할인을 당기 총매출액에서 차감하지 않고 영업외비용으로 처리하였을 경우 손익계산서상 매출총이익과 당기순이익에 미치는 영향으로 옳은 것은?

	매출총이익	당기순이익		매출총이익	당기순이익
①	과소계상	과대계상	②	과소계상	불 변
③	과대계상	불 변	④	과대계상	과소계상

03 다음 중 현금 및 현금성자산에 포함되는 것은?
① 매출채권
② 우표
③ 타인발행수표
④ 선일자수표

04 다음 거래의 회계처리에 대한 설명으로 옳은 것은?

> • 장기 보유 목적으로 ㈜문정의 주식(1주당 액면금액 1,000원) 100주를 액면금액으로 매입하고 수수료 10,000원과 함께 자기앞수표로 지급하다.

① 영업외비용이 10,000원 증가한다.
② 투자자산이 110,000원 증가한다.
③ 만기보유증권이 110,000원 증가한다.
④ 유동자산이 10,000원 감소한다.

05 합계잔액시산표상 혼합 상품계정에 대한 자료는 다음과 같다. 상품매출원가는 얼마인가?

> • 차변 : 5,000,000원   • 대변 : 4,500,000원   • 기말상품재고액 : 750,000원

① 3,250,000원
② 4,250,000원
③ 4,500,000원
④ 5,000,000원

06 다음 중 재고자산의 취득원가에 가산되는 항목은?
① 매입에누리
② 매입환출
③ 매입할인
④ 매입운임

07 2020년 7월 1일에 구입한 영업용 건물(취득원가 70,000,000원, 잔존가액 20,000,000원, 내용연수 10년, 결산 연 1회)에 대한 2020년 12월 31일 결산시 정액법에 의한 감가상각비는 얼마인가?(단, 감가상각은 월할상각한다.)
① 2,500,000원
② 3,500,000원
③ 5,000,000원
④ 7,000,000원

08 다음 내용을 모두 포함하는 계정과목은 무엇인가?

> • 기업의 영업활동에 장기간 사용되며, 기업이 통제하고 있다.
> • 물리적 형체가 없으나 식별가능하다.
> • 미래의 경제적 효익이 있다.

① 실용신안권 ② 선수금
③ 기계장치   ④ 재고자산

09 다음과 같은 결합관계에 해당하는 거래로 옳지 않은 것은?

> (차변) 부채의 감소   (대변) 자산의 감소

① 현금 2,000,000원을 단기간 차입하다.
② 미지급금 100,000원을 현금으로 지급하다.
③ 외상매입금 500,000원을 현금으로 상환하다.
④ 예수금 200,000원을 보통예금 계좌에서 이체하여 지급하다.

10 전자부품을 도소매하는 회사의 경우, 다음의 계정과목들 중 ( )에 들어올 수 없는 항목은?

> (차) 차량운반구 20,000,000원   (대) (   ) 20,000,000원

① 현금   ② 미지급금
③ 보통예금 ④ 외상매입금

11 다음과 같은 자료에서 당기의 추가출자액은 얼마인가?

> • 기초자본금 : 10,000,000원   • 기업주의 자본인출액 : 4,000,000원
> • 기말자본금 : 10,000,000원   • 당기순이익 : 2,000,000원

① 2,000,000원   ② 4,000,000원
③ 6,000,000원   ④ 10,000,000원

12 다음 자료를 토대로 2020년말 손익계산서에 보고할 대손상각비는 얼마인가?

> • 2020년 1월 1일 현재 대손충당금 잔액은 150,000원이다.
> • 2020년 7월 10일 거래처의 파산으로 매출채권 200,000원이 회수불능 되었다.
> • 기말 매출채권 잔액 7,500,000원에 대해 1%의 대손을 설정하다.

① 25,000원　　　　　　　　　② 75,000원
③ 105,000원　　　　　　　　　④ 125,000원

13 다음 중 기말결산 수정정리사항이 아닌 것은?
① 미지급비용의 인식　　　　　② 기타채권에 대한 대손의 추정
③ 유가증권 처분에 따른 손익 인식　　④ 건물의 감가상각

14 다음 중 손익계산서에 표시되는 항목으로 옳은 것은?
① 유동자산　　　　　　　　　② 자본금
③ 매출원가　　　　　　　　　④ 비유동부채

15 다음 등식 중 잘못된 것은?
① 기초부채 + 기초자본 = 기초자산　　② 기말자산 - 기초자본 = 순손익
③ 총비용 + 순손익 = 총수익　　　　　④ 자산 + 비용 = 부채 + 자본 + 수익

실무시험

- 금정문구(코드번호:0904)는 문구 및 잡화를 판매하는 개인기업이다. 당기(제7기) 회계기간은 2020.1.1.~2020.12.31.이다. 전산세무회계 수험용 프로그램을 이용하여 다음 물음에 답하시오.

> **기본전제**
> 문제에서 한국채택국제회계기준을 적용하도록 하는 전제조건이 없는 경우, 일반기업회계기준을 적용한다.

문제1 다음은 금정문구의 사업자등록증이다. 회사등록메뉴에 입력된 내용을 검토하여 누락분은 추가 입력하고 잘못된 부분은 정정하시오.(주소 입력 시 우편번호는 입력하지 않아도 무방함)(6점)

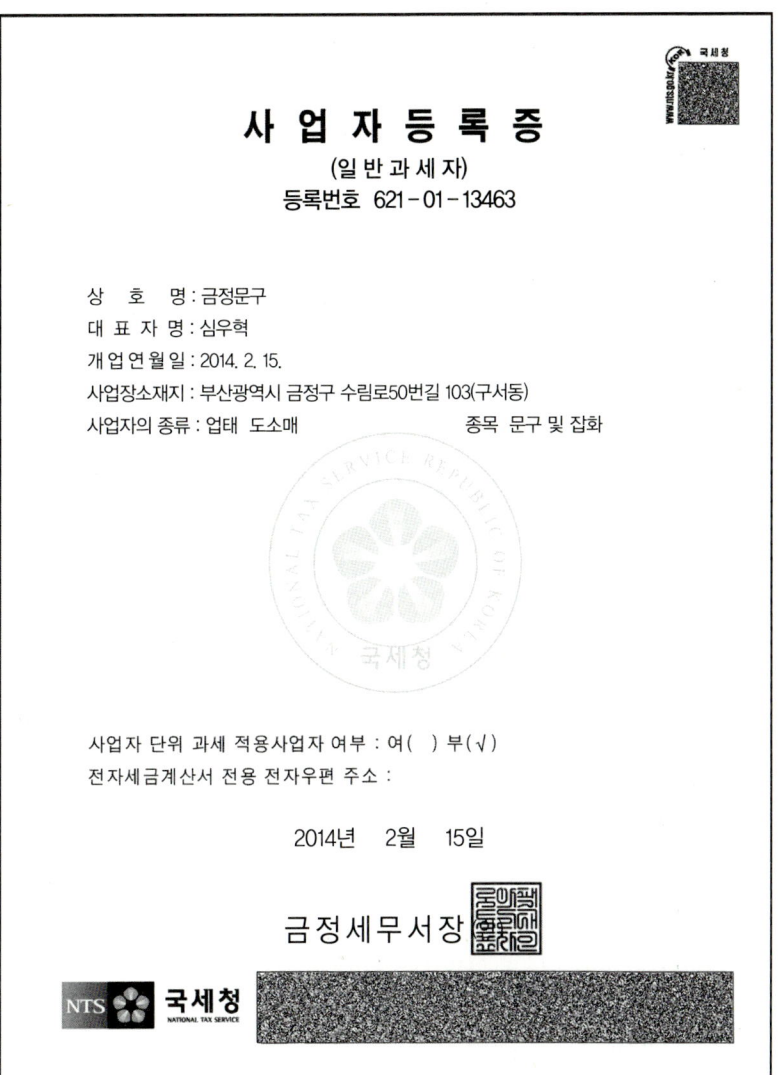

문제 2 | 다음은 금정문구의 전기분 재무상태표이다. 입력되어 있는 자료를 검토하여 오류부분은 정정하고 누락된 부분은 추가 입력하시오.(6점)

재무상태표

회사명 : 금정문구　　　　　　　제6기 2019. 12. 31.　　　　　　　(단위 : 원)

과목	금액		과목	금액	
현금		15,000,000	외상매입금		15,000,000
당좌예금		13,000,000	지급어음		5,000,000
보통예금		11,000,000	미지급금		5,500,000
외상매출금	25,000,000		단기차입금		15,000,000
대손충당금	2,000,000	23,000,000	선수금		1,000,000
받을어음	8,000,000		자본금		70,900,000
대손충당금	800,000	7,200,000	(당기순이익		
단기대여금		10,000,000	:7,694,200)		
미수금		3,000,000			
선급금		2,000,000			
상품		9,000,000			
차량운반구	20,000,000				
감가상각누계액	8,000,000	12,000,000			
비품	9,000,000				
감가상각누계액	1,800,000	7,200,000			
자산총계		112,400,000	부채와자본총계		112,400,000

문제 3 | 다음 자료를 이용하여 입력하시오.(6점)

[1] 신규거래처인 에프디노㈜와 태양금속㈜를 거래처등록메뉴에 추가등록 하시오.(단, 사업장 소재지 입력 시 우편번호 입력은 생략하고 직접 입력할 것)(3점)

에프디노㈜ (코드:03094)	• 대표자명 : 김정은　• 사업자등록번호 : 208-81-14446　• 거래처유형 : 매입 • 사업장소재지 : 경기도 안산시 상록구 예술광장1로 116(성포동) • 업태/종목 : 도소매/문구
태양금속㈜ (코드:05046)	• 대표자명 : 박서영　• 사업자등록번호 : 220-81-51306　• 거래처유형 : 매출 • 사업장소재지 : 전라북도 완주군 이서면 낙산로 223 • 업태/종목 : 도소매/건축자재

[2] 금정문구는 오래 사용하는 소모품을 별도로 관리하고자 한다. [830. 소모품비] 계정과목에 다음의 적요를 등록하시오.(3점)

> 현금적요 4. : 장기 사용 소모자재 구입비 지급

문제 4 다음 거래 자료를 일반전표입력 메뉴에 추가 입력하시오.(24점)

입력 시 유의사항
- 적요의 입력은 생략한다.
- 부가가치세는 고려하지 않는다.
- 채권·채무와 관련된 거래처명은 반드시 기 등록되어 있는 거래처코드를 선택하는 방법으로 거래처명을 입력한다.
- 회계처리시 계정과목은 등록되어 있는 계정과목 중 가장 적절한 과목으로 한다.

[1] 7월 13일 업무용 오토바이의 주유비를 신용카드(비씨카드)로 결제하고 다음과 같은 신용카드전표를 수취하였다.(3점)

매 출 전 표

단말기번호	3657398	전표번호	134
카드종류		거래종류	결제방법
비씨카드		신용구매	일시불
회원번호(Card No)		취소시 원거래일자	
9710-****-****-4587			
유효기간		거래일시	
(**/**)		2020년 7월 13일 09 : 13 : 57	
상품명	단가	수량	금액
무연휘발유	1,443원	13.860L	
전표제출		금액/AMOUNT	20,000원
		부가세/VAT	
전표매입사		봉사료/TIPS	
비씨카드사			
에스원에너지 (주)금정주유소		합계/TOTAL	20,000원
거래번호	0487	승인번호/(Approval No.)	
		98421147	

가맹점	에스원에너지(주)금정주유소		
대표자	최우성	TEL	0515132700
가맹점번호	785250476	사업자번호	621-85-34245
주소	부산 금정구 중앙대로 1972 금정주유소		

서명(Signature) 심유혁

[2] 8월 12일 주차장으로 사용할 토지를 20,000,000원에 준선상사로부터 매입하고 대금은 당좌수표를 발행하여 지급하다. 토지 취득 시 취득세 920,000원은 현금으로 지급하였다.(3점)

[3] 9월 11일 사업주가 가정에서 사용할 목적으로 컴퓨터를 국민카드로 1,000,000원에 구입하였다.(3점)

[4] 10월 1일 금정문구는 소유한 창고를 ㈜민철산업에 임대하기로 하고 임대보증금의 잔금을 ㈜민철산업이 발행한 당좌수표로 받다.(단, 계약금은 계약서 작성일인 7월 1일에 현금으로 이미 받았으며 별도의 영수증을 발행하여 주었다.)(3점)

부동산 임대차 계약서						■월세 □전세	
임대인과 임차인 쌍방은 표기 부동산에 관하여 다음 계약 내용과 같이 임대차계약을 체결한다.							
1. 부동산의 표시							
소재지	부산광역시 금정구 금샘로323(구서동)						
토지	지목	대지			면적		3,242㎡
건물	구조	창고	용도	사업용	면적		1,530㎡
임대할부분	전체				면적		3,242㎡
2. 계약내용							
제1조(목적) 위 부동산의 임대차에 한하여 임대인과 임차인은 합의에 의하여 임차보증금 및 차임을 아래와 같이 지불하기로 한다.							
보증금	金 10,000,000원정						
계약금	金 1,000,000원정은 계약 시에 지불하고 영수함영수자 ( )						(인)
중도금	金 원정은 년 월 일에 지불하며						
잔 금	金 9,000,000원정은 2020 년 10월 1일에 지불한다.						
차 임	金 800,000원정은 매월 20일(후불)에 지급한다.						
제2조(존속기간) 임대인은 위 부동산을 임대차 목적대로 사용할 수 있는 상태로 2020년 10월 1일까지 임차인에게 인도하며 임대차기간은 인도일로부터 2021년 9월 30일(12개월)까지로 한다.							

[5] 10월 20일 판매용 문서세단기 5,000,000원(5대분)과 업무용 문서세단기 1,000,000원(1대)을 전포문구에서 구입하고, 대금은 이번 달 30일에 모두 지급하기로 하였다.(하나의 전표로 회계처리할 것)(3점)

[6] 11월 19일 거래처 대전상사에 경영자금 100,000,000원을 보통예금에서 단기대여해주면서 이체수수료 1,500원을 현금으로 지급하다.(단, 수수료는 수수료비용(금융비용)으로 회계처리한다.)(3점)

[7] 12월 12일 일중상사에 외상으로 매출한 상품 중 불량품 200,000원이 반품되어 오다. 반품액은 외상매출금과 상계하기로 하였다.(3점)

[8] 12월 15일 상품(100개, 개당 10,000원)을 양촌상사로부터 외상으로 매입하고, 운반비 50,000원은 현금으로 지급하였다.(3점)

문제 5 일반전표입력 메뉴에 입력된 내용 중 다음과 같은 오류가 발견되었다. 입력된 내용을 확인하여 정정 또는 추가 입력하시오.(6점)

[1] 8월 11일 거래처 남산문구로부터 입금된 2,970,000원은 외상매출금 3,000,000원 전액이 입금된 것이 아니라, 약정기일보다 빠르게 외상매출금이 회수되어 외상매출금의 1%를 할인한 후의 금액을 보통예금 계좌로 입금받은 것이다.(3점)

[2] 11월 29일 임차료 300,000원을 보통예금 계좌에서 지급한 것으로 회계처리 한 거래는, 실제로 보통예금 계좌로 임대료(904) 300,000원을 받은 것이다.(3점)

문제 6 다음 주어진 자료의 결산정리사항을 입력하여 결산작업을 하시오.(12점)

[1] 결산일 현재 별이상사의 단기대여금 5,000,000원에 대한 기간 경과분 미수이자 62,500원을 계상하다.(3점)

[2] 하나은행의 보통예금통장은 마이너스 통장으로 개설된 것이다. 기말 현재 하나은행의 보통예금통장 잔액은 -6,352,500원이다.(단기차입금으로 대체하는 회계처리를 하시오.)(3점)

[3] 당기분 차량운반구 감가상각비는 250,000원이며, 비품 감가상각비는 150,000원이다.(3점)

[4] 당기 기말상품재고액은 5,000,000원이다.(단, 전표입력에서 구분으로 5:결산차변, 6:결산대변으로 입력할 것)(3점)

문제 7 다음 사항을 조회하여 답안을 이론문제 답안작성 메뉴에 입력하시오.(10점)

[1] 1분기(1월~3월) 중 상품매출이 가장 많은 월과 가장 적은 월의 차이는 얼마인가?(4점)

[2] 6월말 현재 비품의 장부가액은 얼마인가?(3점)

[3] 상반기(1월~6월) 중 상품매입액과 기초상품재고액을 합한 판매가능한 상품액은 얼마인가?(3점)

CHAPTER 04

제91회 전산회계 2급 A형

전산회계2급

이론시험

■ 다음 문제를 보고 알맞은 것을 골라 이론문제 답안작성 메뉴에 입력하시오.(객관식 문항당 2점)

> **기본전제**
> 문제에서 한국채택국제회계기준을 적용하도록 하는 전제조건이 없는 경우, 일반기업회계기준을 적용한다.

01 다음 자료에 의한 기말부채(가)와 기말자본금(나)을 계산하면 얼마인가?

| • 기초자산 : 600,000원 | • 기말자산 : 800,000원 | • 기초부채 : 200,000원 |
| • 총수익 : 900,000원 | • 총비용 : 700,000원 | |

① (가) 600,000원 (나) 200,000원 ② (가) 200,000원 (나) 600,000원
③ (가) 400,000원 (나) 300,000원 ④ (가) 600,000원 (나) 300,000원

02 다음 중 재무상태표에 포함되어야 하는 사항이 아닌 것은?
① 기업명
② 금액단위
③ 보고통화
④ 회계기간

03 다음 계정과목들 중 그 성격이 다른 것은?
① 가지급금
② 미지급금
③ 선수금
④ 외상매입금

04. 다음과 같이 주어진 자료에서 당기의 외상매출금 현금회수액은 얼마인가?

- 외상매출금 기초잔액 : 5,000,000원
- 외상매출금 기말잔액 : 3,000,000원
- 당기에 발생한 외상매출액 : 13,000,000원
- 당기에 외상매출금을 받을어음으로 대체한 금액 : 10,000,000원

① 13,000,000원　　② 10,000,000원
③ 5,000,000원　　④ 3,000,000원

05. 결산 결과 당기순이익 500,000원이 발생하였으나, 기말 정리 사항이 다음과 같이 누락되었다. 수정 후의 당기순이익은 얼마인가?

- 임대료 미수분 50,000원을 계상하지 않았다.
- 단기차입금에 대한 이자 미지급액 10,000원을 계상하지 않았다.

① 460,000원　　② 495,000원　　③ 505,000원　　④ 540,000원

06. 다음 자료를 활용하여 기초상품재고액을 바르게 계산한 것은?(단, 주어진 자료만 고려한다.)

- 매출원가 : 540,000원
- 총매입액 : 550,000원
- 매입할인 : 50,000원
- 총매출액 : 1,000,000원
- 매출에누리 : 100,000원
- 기말상품재고액 : 120,000원

① 100,000원　　② 160,000원　　③ 500,000원　　④ 900,000원

07. 다음은 사용하던 업무용 차량의 처분과 관련된 자료이다. 가장 거리가 먼 것은?

- 취득가액 : 25,000,000원
- 매각대금 : 10,000,000원
- 감가상각누계액 : 14,000,000원
- 매각대금결제 : 전액 외상

① 이 차량의 장부가액은 25,000,000원이다.
② 매각대금 10,000,000원의 처리계정은 미수금이다.
③ 감가상각누계액 14,000,000원은 이전에 비용처리 되었다.
④ 이 차량의 매각으로 1,000,000원의 유형자산처분손실이 발생했다.

08 다음과 같은 비유동자산들의 특징을 틀리게 설명한 것은?

| • 토지 | • 건물 | • 비품 |
| • 차량운반구 | • 기계장치 | • 구축물 |

① 보고기간 종료일로부터 1년 이상 장기간 사용가능한 자산
② 판매 목적의 자산
③ 물리적 형태가 있는 자산
④ 타인에 대한 임대 또는 자체적으로 사용할 목적의 자산

09 다음 중 재고자산의 매입원가에 가산하는 항목에 해당하지 않는 것은?

① 매입운임　　　　　　　② 매입보험료
③ 매입하역료　　　　　　④ 매입할인

10 우진상사의 기말 재무상태표에 계상되어 있는 미지급된 보험료는 10,000원이며(기초 미지급된 보험료는 없음), 당기 발생되어 기말 손익계산서에 계상되어 있는 보험료가 40,000원일 때 당기에 지급한 보험료는 얼마인가?

① 12,000원　　　　　　　② 20,000원
③ 30,000원　　　　　　　④ 40,000원

11 다음 중 자본금계정이 차변에 나타나는 것은?

① 현금 5,000,000원을 출자하여 영업을 개시하다.
② 기중에 현금 5,000,000원 추가출자하다.
③ 기말 결산 시 인출금 3,000,000원을 정리하다.
④ 기말 결산 시 당기순이익 300,000원을 자본금계정으로 대체하다.

12 다음 중 비용의 이연에 해당하는 계정과목은?

① 선수수익　　　　　　　② 미지급비용
③ 미수수익　　　　　　　④ 선급비용

13 다음과 같은 거래요소의 결합관계로 이루어지는 거래는?

| (차변) 자산의 증가 | (대변) 자산의 감소 |

① 거래처 경조사비로 200,000원을 보통예금에서 계좌이체하다.
② 보통예금 50,000,000원을 출자하여 영업을 개시하다.
③ 사무실 임차보증금 3,000,000원을 보통예금에서 지급하다.
④ 사무실에서 사용할 컴퓨터를 1,000,000원에 구매하고 신용카드로 결제하다.

14 다음 거래와 관련이 있는 계정과목은?

| 기말 현재, 미국 하이사의 외상매출금 $1,000에 대하여 외화평가를 하다.(매출 시 환율 1,300원/$, 기말 평가 시 환율 1,000원/$) |

① 외환차손　　　　　　　　② 외화환산손실
③ 외환차익　　　　　　　　④ 외화환산이익

15 다음 중 대여금에 대한 대손상각비를 판매비와관리비 항목에 포함하여 처리하였을 경우 일반기업회계기준으로 판단할 때, 손익계산서에 미치는 영향으로 옳은 것은?

① 영업이익은 과소계상 되었으나 당기순이익에는 변함없다.
② 기업의 매출활동 결과인 매출총이익에 영향을 미친다.
③ 기업회계기준에 따라 정상 처리되었다.
④ 당기순이익 계산에 영향을 미친다.

실무시험

- 한솔상사(회사코드: 0914)는 가전제품을 판매하는 도·소매 개인기업이며, 당기(제6기) 회계기간은 2020.1.1.~2020.12.31.이다. 전산세무회계 수험용 프로그램을 이용하여 다음 물음에 답하시오.

기본전제
문제에서 한국채택국제회계기준을 적용하도록 하는 전제조건이 없는 경우, 일반기업회계기준을 적용한다.

문제1 다음은 한솔상사의 사업자등록증이다. 회사등록메뉴에 입력된 내용을 검토하여 누락분은 추가 입력하고 잘못된 부분은 정정하시오.(주소 입력 시 우편번호는 입력하지 않아도 무방함)(6점)

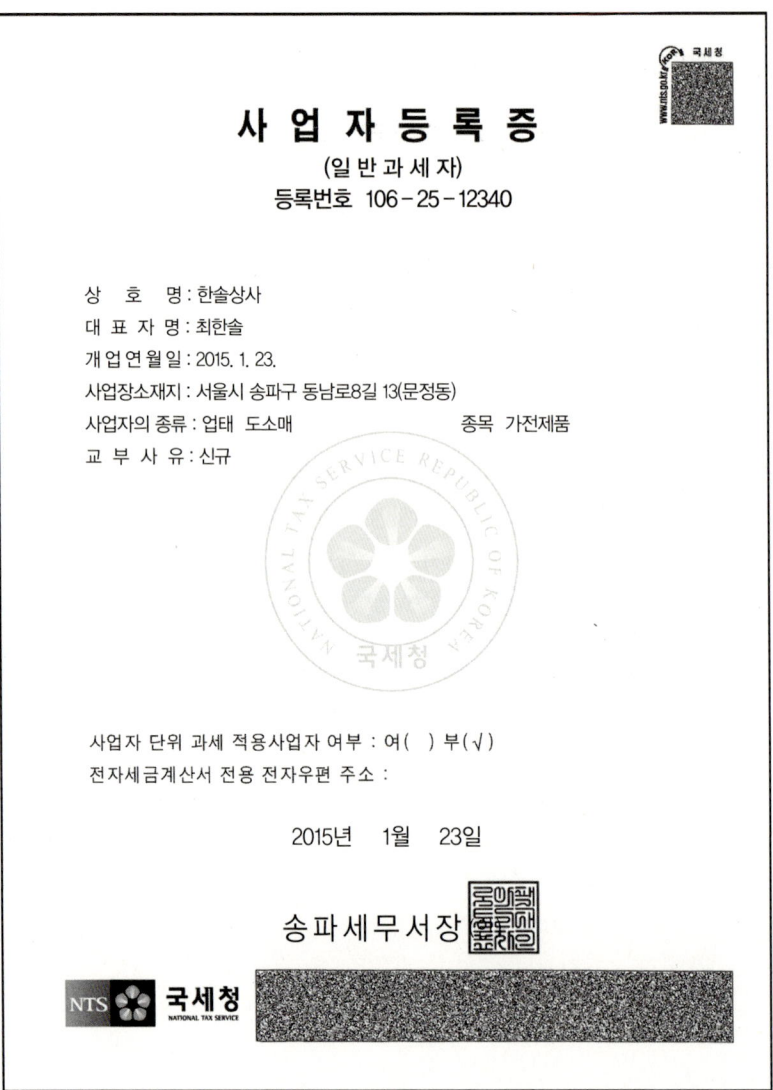

문제 2 | 다음은 한솔상사의 전기분 재무상태표이다. 입력되어 있는 자료를 검토하여 오류부분은 정정하고 누락된 부분은 추가 입력하시오.(6점)

재무상태표

회사명 : 한솔상사   제5기 2019. 12. 31. 현재.   (단위 : 원)

과목	금액		과목	금액
현금		50,000,000	외상매입금	45,000,000
보통예금		30,000,000	지급어음	20,000,000
정기예금		20,000,000	선수금	20,000,000
외상매출금	50,000,000		단기차입금	40,000,000
대손충당금	500,000	49,500,000	자본금	212,200,000
받을어음	30,000,000		(당기순이익	
대손충당금	300,000	29,700,000	: 15,000,000)	
단기대여금		10,000,000		
미수금		20,000,000		
상품		80,000,000		
차량운반구	52,000,000			
감가상각누계액	23,000,000	29,000,000		
비품	20,000,000			
감가상각누계액	1,000,000	19,000,000		
자산총계		289,200,000	부채와자본총계	337,200,000

문제 3 | 다음 자료를 이용하여 입력하시오.(6점)

[1] 당사는 여행자 보험료를 현금으로 지급하였다. 다음의 적요를 등록하시오.(3점)

코드	계정과목	적요구분	적요 등록 사항
821	보험료	현금적요	7. 여행자 보험료 납부

[2] 한솔상사의 외상매출금과 외상매입금에 대한 거래처별 초기이월 자료는 다음과 같다. 주어진 자료를 검토하여 잘못된 부분을 정정하거나 누락된 부분을 추가 입력하시오.(3점)

계정과목	거래처명	금액(원)	계정과목	거래처명	금액(원)
외상매출금	양촌상사	15,000,000	외상매입금	명성상사	20,000,000
	신읍상사	5,000,000		대도상사	25,000,000
	길음상사	30,000,000			

문제 4 다음 거래 자료를 일반전표입력 메뉴에 추가 입력하시오. (24점)

입력 시 유의사항
- 적요의 입력은 생략한다.
- 부가가치세는 고려하지 않는다.
- 채권·채무와 관련된 거래처명은 반드시 기 등록되어 있는 거래처코드를 선택하는 방법으로 거래처명을 입력한다.
- 회계처리시 계정과목은 등록되어 있는 계정과목 중 가장 적절한 과목으로 한다.

[1] 7월 26일 태풍으로 인한 피해자를 돕기 위해 송파구청에 현금 100,000원을 기부하였다. (3점)

[2] 8월 8일 상품 2,000,000원을 지나상사에 판매하고 대금은 지나상사 발행 약속어음으로 받고 판매 시 발생한 운송비 50,000원은 현금으로 지급하였다. (3점)

[3] 9월 30일 한일광고와 체결한 광고대행계약과 관련하여 9월 30일 잔금 900,000원을 보통예금 계좌에서 이체하였다. 계약금 100,000원은 계약일인 9월 1일에 지급하고 선급비용으로 회계처리하였다. (3점)

[4] 10월 21일 거래처 세종스타일의 외상매출금을 현금으로 회수하고 다음의 입금표를 발행하다. (3점)

No. 1	(공급자 보관용) 입 금 표														
											세종스타일 귀하				
공급자	사업자등록번호	106 - 25 - 12340													
	상호	한솔상사					성명				최한솔 (인)				
	사업장소재지	서울시 송파구 동남로 8길 13(문정동)													
	업태	도소매					종목				가전제품				
작성일		금액								세액					
년	월	일	공란수	억	천	백	십	만	천	백	십	일	천	백	십	만	천	백	십	일
20	10	21														
합계		십	억	천	백	십	만	천	백	십	일				
					3	0	0	0	0	0	0				
내용 : 외상매출금 회수															
	위 금액을 정히 영수함 영수자 (인)														

[5] 11월 20일 신입사원들에게 지급할 소모품을 구입하고 다음과 같은 전표를 받았다.(비용 처리할 것)(3점)

```
                카드매출전표
                  (공급받는자용)
------------------------------------
카드종류 : 비씨카드
회원번호 : ****-****-****-6553
거래일시 : 2020.11.20. 13 : 20 : 26
거래유형 : 신용승인
매    출 :    153,000원
부 가 세 :         0원
합    계 :    153,000원
결제방법 : 일시불
승인번호 : 133501449
은행확인 : 비씨카드사
------------------------------------
가맹점명 : 동산문구
            - 이 하 생 략 -
```

[6] 11월 21일 안양상사에 지급할 외상매입금 3,500,000원을 상환하기 위해 매출거래처인 호수상사로부터 받아 보관중이던 약속어음 3,500,000원을 배서양도하였다.(3점)

[7] 11월 27일 당사는 보유하고 있던 차량운반구(취득원가 8,000,000원, 감가상각누계액 2,000,000원)를 영동상사에 7,000,000원에 매각하고 대금을 자기앞수표로 지급받았다.(3점)

[8] 12월 17일 단기간의 매매차익을 얻을 목적으로 황수건설의 주식 100주(1주당 액면금액 20,000원)를 1주당 18,000원에 매입하고 대금은 수수료 100,000원을 포함하여 보통예금 계좌에서 이체하였다.(3점)

문제 5 일반전표입력 메뉴에 입력된 내용 중 다음과 같은 오류가 발견되었다. 입력된 내용을 확인하여 정정 또는 추가 입력하시오.(6점)

[1] 8월 20일 장전문구로부터 받은 600,000원은 외상매출금의 회수가 아니라, 상품매출 계약금을 자기앞수표로 받은 것이다.(3점)

[2] 11월 4일 서울상사로부터 상품 3,000,000원을 매입하고, 선지급한 계약금을 제외한 잔금 2,700,000원을 보통예금 계좌에서 이체하였으나, 담당 직원은 선지급한 계약금 300,000원을 회계처리에서 누락하였다.(3점)

문제 6 다음 주어진 자료의 결산정리사항을 입력하여 결산작업을 하시오.(12점)

[1] 기말 현재 현금과부족 50,000원은 대표자가 개인적인 용도로 사용한 금액으로 판명되었다.(3점)

[2] 기중에 미국 ABCtech Corp.에 판매한 외상매출금 11,500,000원(미화 $10,000)의 결산일 현재 적용환율이 미화 1$당 1,200원이다. 기업회계기준에 따라 외화환산손익을 인식한다.(3점)

[3] 11월 2일 지급 시 전액 비용 처리한 보험료 지급분 중 당기 기간미경과분은 200,000원이다.(3점)

[4] 3년 전 취득하였던 차량운반구(취득원가 20,000,000원, 잔존가액 4,000,000원, 내용연수 5년, 정액법)의 당기분 감가상각비를 계상하다.(3점)

문제 7 다음 사항을 조회하여 답안을 이론문제 답안작성 메뉴에 입력하시오.(10점)

[1] 6월 말 현재 지급어음은 전기 말과 대비하여 얼마 증가하였는가?(3점)

[2] 1월부터 3월까지의 상품매출액은 얼마인가?(3점)

[3] 2분기(4월~6월) 중 접대비가 가장 많은 월과 가장 적은 월의 차이는 얼마인가?(4점)

CHAPTER 05 제92회 전산회계 2급 A형

전산회계2급

이론시험

■ 다음 문제를 보고 알맞은 것을 골라 이론문제 답안작성 메뉴에 입력하시오.(객관식 문항당 2점)

> **기본전제**
> 문제에서 한국채택국제회계기준을 적용하도록 하는 전제조건이 없는 경우, 일반기업회계기준을 적용한다.

01 다음은 재무상태표 작성기준에 대한 설명이다. 틀린 것은?
① 재무상태표의 계정과목은 유동성이 낮은 순서대로 배열한다.
② 재무상태표에서 자산·부채·자본은 총액 표시를 원칙으로 한다.
③ 자본 항목 중 잉여금은 자본잉여금과 이익잉여금으로 구분하여 표시한다.
④ 자산과 부채는 원칙적으로 결산일 현재 1년을 기준으로 유동항목과 비유동항목으로 구분하여 표시한다.

02 다음 중 회계상 거래를 모두 고른 것은?

> • 영미실업은 ㉠ 종업원을 추가로 채용하고 ㉡ 건물을 추가로 사용하기 위해 임대차계약을 체결하였으며 ㉢ 영업용 자동차 1대를 현금으로 매입하였다. 또한, ㉣ 1천만원의 상품을 추가로 주문하였고, ㉤ 바른은행에서 현금 2천만원을 3년간 차입하였다.

① ㉢, ㉤ ② ㉠, ㉣
③ ㉠, ㉡ ④ ㉣, ㉤

03 다음 중 회계정보의 내부이용자에 속하는 이해관계자로 옳은 것은?
① 고객 ② 정부
③ 경영자 ④ 채권자

04 다음 거래에서 표시될 수 없는 계정과목은?

> • 11월 30일 상품 1,100,000원을 지니상사에 외상으로 판매하고 운송비 140,000원을 국민은행 보통예금으로 지급하였다.

① 외상매출금　　　　　　② 상품매출
③ 보통예금　　　　　　　④ 외상매입금

05 다음 자료에 의하여 재무상태표에 표시되는 당좌자산을 계산하면 얼마인가?

> • 현금 : 200,000원　　• 보통예금 : 300,000원　　• 외상매출금 : 600,000원
> • 예수금 : 50,000원　　• 지급어음 : 100,000원　　• 단기대여금 : 180,000원

① 1,100,000원　　　　　② 1,230,000원
③ 1,280,000원　　　　　④ 1,330,000원

06 다음에서 설명하고 있는 자산에 해당하지 않는 것은?

> 1. 한국은행에서 발행된 지폐나 주화
> 2. 통화와 언제든지 교환할 수 있는 통화 대용 증권

① 자기앞수표　　　　　　② 우편환증서
③ 배당금지급통지표　　　④ 수입인지

07 기말재고자산을 과소평가한 경우 나타나는 현상으로 옳은 것은?

	매출총이익	당기순이익		매출총이익	당기순이익
①	과대계상	과대계상	②	과대계상	과소계상
③	과소계상	과대계상	④	과소계상	과소계상

08 다음 거래 내용에서 기록되어야 할 보조부가 아닌 것은?

> • 상품을 600,000원에 매출하고, 대금은 동점 발행 당좌수표로 회수하다.

① 매출장 ② 당좌예금출납장
③ 현금출납장 ④ 상품재고장

09 다음의 자산 중 감가상각의 대상이 아닌 것은?

① 건물 ② 차량운반구
③ 기계장치 ④ 임차보증금

10 자본적 지출을 수익적 지출로 잘못 회계처리한 경우, 이로 인해 발생하는 영향으로 바른 것은?

① 자산은 증가하고 이익은 감소한다. ② 자산은 증가하고 이익은 증가한다.
③ 자산은 감소하고 이익은 감소한다. ④ 자산은 감소하고 이익은 증가한다.

11 다음 계정과목 중 재무제표상 분류기준 항목이 다른 것은?

① 예수금 ② 미지급금
③ 미수수익 ④ 미지급비용

12 다음 거래를 회계처리 시 차변 계정과목으로 옳은 것은?

> 기업주가 매출처로부터 외상매출금 1,000,000원을 현금으로 회수하여 개인적 용도로 사용하다.

① 보통예금 ② 인출금
③ 단기차입금 ④ 외상매출금

13 다음 중 수익의 이연에 해당하는 계정과목은?

① 미수수익　　　　　　　　② 선수수익
③ 미지급비용　　　　　　　④ 선급비용

14 다음 중 세금과공과 계정으로 처리할 수 없는 것은?

① 적십자 회비　　　　　　　② 회사 소유 건물에 대한 재산세
③ 업무용 승용차에 대한 자동차세　④ 건물 구입 시 지급한 취득세

15 다음 자료에 의하여 2020년 말 손익계산서에 계상될 감가상각비는 얼마인가?

• 기계장치 취득원가 : 11,000,000원　　• 취득시기 : 2020년 1월 1일
• 잔존가치 : 1,000,000원　　　　　　　• 내용연수 : 5년
• 감가상각방법 : 정액법

① 2,000,000원　　　　　　② 2,200,000원
③ 4,510,000원　　　　　　④ 4,961,000원

chapter 05. 제92회 전산회계 2급 A형

실무시험

■ 동백상사(코드번호: 0924)는 컴퓨터부품을 판매하는 개인기업이다. 당기(제11기) 회계기간은 2020.1.1. ~2020.12.31.이다. 전산세무회계 수험용 프로그램을 이용하여 다음 물음에 답하시오.

> **기본전제**
> 문제에서 한국채택국제회계기준을 적용하도록 하는 전제조건이 없는 경우, 일반기업회계기준을 적용한다.

문제1 다음은 동백상사의 사업자등록증이다. 회사등록메뉴에 입력된 내용을 검토하여 누락분은 추가 입력하고 잘못된 부분은 정정하시오.(주소 입력 시 우편번호는 입력하지 않아도 무방함)(6점)

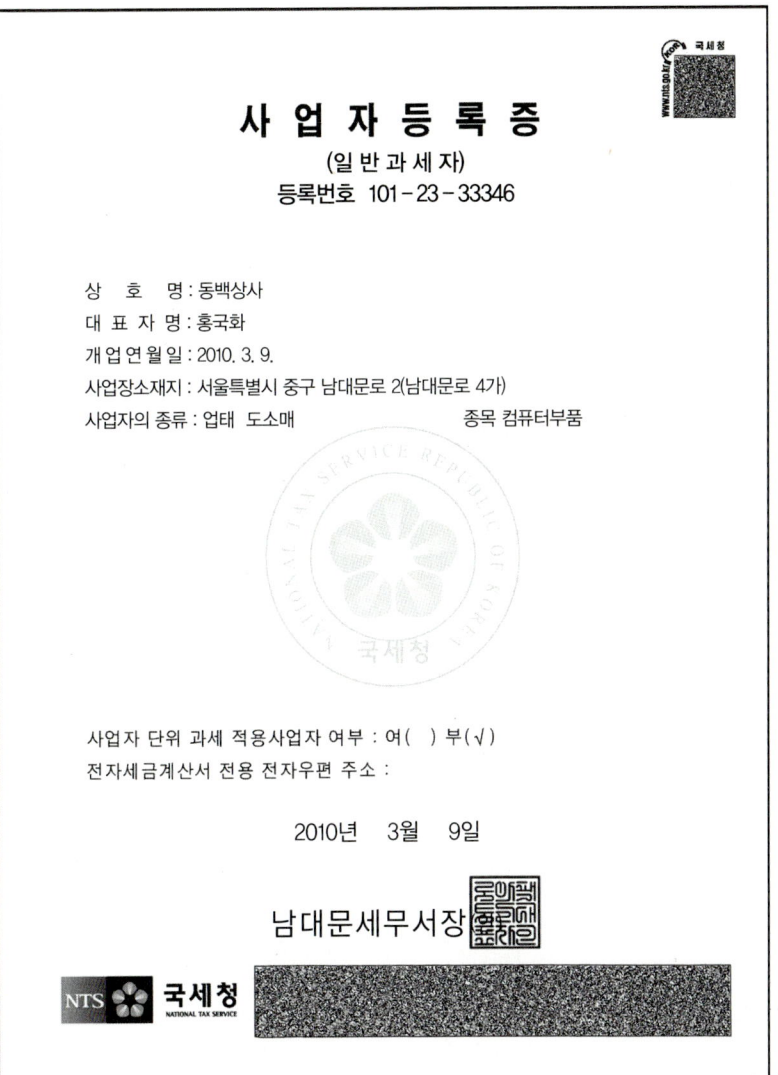

문제 2

다음은 동백상사의 전기분 재무상태표이다. 입력되어 있는 자료를 검토하여 오류부분은 정정하고 누락된 부분은 추가 입력하시오.(6점)

재무상태표

회사명 : 동백상사 제10기 2019. 12. 31. (단위 : 원)

과목	금액		과목	금액	
현금		21,000,000	외상매입금		23,200,000
당좌예금		25,200,000	지급어음		18,020,000
보통예금		5,000,000	미지급금		15,000,000
외상매출금	12,000,000		단기차입금		21,800,000
대손충당금	80,000	11,920,000	자본금		38,000,000
받을어음	20,000,000		(당기순이익12,800,000)		
대손충당금	100,000	19,900,000			
단기대여금		2,000,000			
미수금		1,000,000			
상품		6,000,000			
차량운반구	35,000,000				
감가상각누계액	15,000,000	20,000,000			
비품	7,000,000				
감가상각누계액	3,000,000	4,000,000			
자산총계		116,020,000	부채와자본총계		116,020,000

문제 3

다음 자료를 이용하여 입력하시오.(6점)

[1] 동백상사의 거래처별 초기이월 채권과 채무잔액은 다음과 같다. 자료에 맞게 추가 입력이나 정정 및 삭제하시오.(3점)

계정과목	거래처	잔액	계
받을어음	영미실업	2,250,000원	20,000,000원
	삼미그룹	3,300,000원	
	더베스트유통	14,450,000원	
외상매입금	잘남회사	19,100,000원	23,200,000원
	삼송물류	2,300,000원	
	우진상사	1,800,000원	

[2] 당사의 신규 거래처이다. 거래처등록메뉴에 추가 등록하시오.(3점)

- 거래처코드 : 41120
- 상호 : 지니상사
- 유형 : 동시
- 사업자등록번호 : 215-48-16654
- 대표자명 : 김지니
- 업태/종목 : 도소매/조명기구
- 사업장소재지 : 경기도 수원시 장안구 팔달로 197(영화동)
※ 주소 입력 시 우편번호는 입력하지 않아도 무방함

문제 4 다음 거래 자료를 일반전표입력 메뉴에 추가 입력하시오.(24점)

| 입력 시 유의사항 |

- 적요의 입력은 생략한다.
- 부가가치세는 고려하지 않는다.
- 채권·채무와 관련된 거래처명은 반드시 기 등록되어 있는 거래처코드를 선택하는 방법으로 거래처명을 입력한다.
- 회계처리 시 계정과목은 등록되어 있는 계정과목 중 가장 적절한 과목으로 한다.

[1] 7월 3일 창고에서 상품의 적재를 위해 고용한 일용직 근로자에게 일당 150,000원을 현금으로 지급하였다.(3점)

[2] 8월 6일 경리부서에서 사용할 사무용품을 다모아문구에서 구입하고 신한카드로 결제하였다.(비용으로 회계처리하며 사무용품비 계정과목을 사용하시오)(3점)

```
           카드매출전표
           (공급받는자용)
------------------------------------
카드종류 : 신한카드
회원번호 : 5841-4512-****-8858
거래일시 : 2020.8.6. 16 : 05 : 16
거래유형 : 신용승인
금    액 : 80,000원
결제방법 : 일시불
승인번호 : 71999995
은행확인 : 신한은행
------------------------------------
가맹점명 : 다모아문구
           - 이 하 생 략 -
```

[3] 9월 25일 승합차 등록비용 205,000원을 자동차등록대행업체인 예스카에 현금으로 지급하였다.(3점)

영수증		발행일	2020.9.25.	
		받는이	동백상사	귀하
공 급 자				
상 호	예스카	대표자	김센타	(인)
등록번호	321-21-00256			
주 소	경기도 구리시 경춘로 125			
전 화	031-570-9963	팩스		
받은금액				205,000원
날 짜	품목	수량	단가	금액
9/25	차량등록비용			150,000원
	번호판구입외			55,000원
합 계				₩ 205,000원
부가가치세법시행규칙 제25조의 규정에 의한(영수증)으로 개정				

[4] 10월 11일 상품 1,700,000원을 매입하고 대금은 당좌수표를 발행하여 지급하였다.(단, 당좌예금 잔액은 300,000원이었고 국민은행과의 당좌차월계약 한도액은 5,000,000원이다.)(3점)

[5] 11월 8일 영업부 사무실 에어컨이 고장나서 이를 수리하고 수리비를 현금으로 지급하였다.(단, 수익적 지출로 처리한다.)(3점)

NO.	영수증 (공급받는자용)		
	동백상사		귀하

공급자	사업자등록번호	126-01-18454		
	상호	에지서비스	성명	오휘연
	사업장소재지	인천 서구 승학로 57		
	업태	서비스	종목	수리

작성일자	금액합계	비고
2020. 11. 8.	30,000원	

공급내역				
월/일	품명	수량	단가	금액
11. 8.	수리비			30,000원
합 계				30,000원
위 금액을 영수(청구)함				

[6] 11월 19일 거래처 아사달유통의 상품매출에 대한 외상대금 3,000,000원을 회수하면서 약정기일보다 빠르게 회수하여 2%를 할인해 주고, 대금은 보통예금 계좌로 입금받다.(3점)

[7] 12월 10일 11월분 건강보험료 250,000원(회사부담분 125,000원, 본인부담분 예수액 125,000원)을 현금으로 납부하였다.(회사부담분은 복리후생비로 처리하며, 하나의 전표로 입력할 것)(3점)

[8] 12월 22일 단기 운용목적으로 ㈜동행 발행주식 1,000주(1주당 액면 5,000원)를 1주당 6,500원에 구입하다. 취득 시 수수료 110,000원을 포함한 대금은 보통예금에서 지급하다.(3점)

문제 5 일반전표입력 메뉴에 입력된 내용 중 다음과 같은 오류가 발견되었다. 입력된 내용을 확인하여 정정 또는 추가 입력하시오.(6점)

[1] 10월 3일 외상매출금 170,000원의 회수거래로 회계처리한 내용은 지에스상사에 대여한 단기대여금에 대한 이자가 국민은행 보통예금 계좌에 입금된 거래로 확인되었다.(3점)

[2] 10월 15일 지출된 대금은 당좌수표를 발행하여 지급한 것이 아니라 보통예금으로 지급한 것으로 밝혀졌다.(3점)

문제 6 다음의 결산정리사항을 입력하여 결산을 완료하시오.(12점)

[1] 2020년 4월 1일에 본사영업부 운영차량에 대해 아래와 같이 보험에 가입하고 전액 당기비용으로 처리하였다. 기말수정분개를 하시오.(단, 월할 계산하고, 음수로 입력하지 말 것)(3점)

- 보험회사 : ㈜만세보험
- 보험적용기간 : 2020년 4월 1일~2021년 3월 31일
- 보험료납입액 : 1,200,000원

[2] 결산일 현재 장부에 계상되지 않은 당기분 임대료(영업외수익)는 500,000원이다.(3점)

[3] 결산일 현재 현금실제액이 현금장부잔액보다 51,000원 많고 차이원인은 확인되지 않았다.(3점)

[4] 결산일 현재 기말상품재고액은 8,500,000원이다.(단, 전표입력에서 구분으로 '5.결산차변, 6.결산대변'을 사용하여 입력할 것)(3점)

문제 7 다음 사항을 조회하여 답안을 이론문제 답안작성 메뉴에 입력하시오.(10점)

[1] 6월 30일 현재 유동부채의 금액은 얼마인가?(4점)

[2] 3월 31일 현재 거래처 아사달유통의 외상매출금 잔액은 얼마인가?(3점)

[3] 상반기(1월~6월) 중 복리후생비의 지출이 가장 많은 월과 가장 적은 월의 차이금액은 얼마인가?(3점)

CHAPTER 06

전산회계2급
제93회 전산회계 2급 A형

이론시험

- 다음 문제를 보고 알맞은 것을 골라 이론문제 답안작성 메뉴에 입력하시오.(객관식 문항당 2점)

> **기본전제**
> 문제에서 한국채택국제회계기준을 적용하도록 하는 전제조건이 없는 경우, 일반기업회계기준을 적용한다.

01 다음 설명 중 잘못된 것은?
① 자산은 과거의 거래나 사건의 결과로서 현재 기업실체에 의해 지배되고 미래에 경제적 효익을 창출할 것으로 기대되는 자원
② 기업의 자금조달방법에 따라 타인자본과 자기자본으로 구분된다. 부채는 자기자본에 해당되며, 타인으로부터 빌린 빚을 말한다.
③ 자본은 기업실체의 자산총액에서 부채총액을 차감한 잔여액 또는 순자산을 말한다.
④ 비용은 기업실체의 경영활동과 관련된 재화의 판매 또는 용역의 제공 등에 따라 발생하는 자산의 유출이나 사용 또는 부채의 증가이다.

02 다음 중 회계의 순환과정을 올바르게 나열한 것은?

| ㉠ 시산표 작성 | ㉡ 재무제표 작성 | ㉢ 거래의 발생 |
| ㉣ 총계정원장 기입 | ㉤ 분개장 기입 | |

① ㉠ → ㉢ → ㉤ → ㉣ → ㉡
② ㉢ → ㉤ → ㉣ → ㉠ → ㉡
③ ㉢ → ㉤ → ㉠ → ㉣ → ㉡
④ ㉢ → ㉠ → ㉤ → ㉣ → ㉡

03 다음 중 잔액시산표에서 잔액이 대변에 나타나는 계정과목으로 옳은 것은?
① 개발비
② 영업권
③ 자본금
④ 장기대여금

04 다음 중 결산 절차 (가)에 해당하는 내용으로 옳은 것은?

결산 예비 절차 ➡ 결산 본 절차 ➡ (가)

① 시산표 작성   ② 분개장 마감
③ 총계정원장 마감   ④ 재무상태표 작성

05 다음은 유동자산의 분류이다. (ㄱ)에 해당하는 계정과목으로 적절한 것은?

• 유동자산은 (ㄱ)과 재고자산으로 구성된다.

① 상품   ② 장기금융상품
③ 외상매출금   ④ 토지

06 다음 자료에 의하여 당기 외상매출금 기말잔액을 계산한 금액은 얼마인가?

• 외상매출금 기초잔액 : 500,000원   • 당기 외상매출액 : 700,000원
• 외상매출금 중 환입액 : 30,000원   • 외상매출금 당기 회수액 : 300,000원

① 800,000원   ② 870,000원
③ 900,000원   ④ 930,000원

07 유형자산의 취득 또는 완성 후의 지출이 유형자산으로 인식되기 위한 조건을 충족한 자본적 지출로 처리해야 하는 경우가 아닌 것은?

① 내용연수 연장   ② 상당한 원가절감
③ 생산능력 증대   ④ 수선유지를 위한 지출

08 판매용 TV 10대(@1,000,000원)를 구입하면서 어음을 발행(3개월 후 지급조건)하여 교부하였을 경우, 올바른 분개(계정과목)는?

① (차) 비품 10,000,000원   (대) 지급어음 10,000,000원
② (차) 비품 10,000,000원   (대) 미지급금 10,000,000원
③ (차) 상품 10,000,000원   (대) 지급어음 10,000,000원
④ (차) 상품 10,000,000원   (대) 미지급금 10,000,000원

09 다음 중 유형자산으로 분류할 수 없는 것은?

① 전화기 생산업체가 보유하고 있는 조립용 기계장치
② 생수업체가 사용하고 있는 운반용 차량운반구
③ 핸드폰 판매회사가 사용하는 영업장 건물
④ 자동차판매회사가 보유하고 있는 판매용 승용자동차

10 2020년 10월 1일에 구입한 영업용 차량(단, 취득원가 25,000,000원, 잔존가액 1,000,000원, 내용연수 10년, 결산 연 1회)에 대한 2020년 12월 31일 결산시 정액법으로 계산한 감가상각비는 얼마인가?

① 600,000원
② 625,000원
③ 1,875,000원
④ 2,400,000원

11 다음 계정과목 중 성격(소속구분)이 다른 하나는?

① 매입채무
② 미지급금
③ 장기차입금
④ 유동성장기부채

12 다음 자료에서 A 개인기업의 2020년 12월 31일 현재 자본금은 얼마인가?

- 1월 1일 현금 51,000,000원을 출자하여 영업을 개시하였다.
- 9월 15일 사업주가 개인사용을 목적으로 1,910,000원을 인출하였다.
- 12월 31일 기말 결산시 사업주가 인출한 금액을 자본금계정으로 대체하였다.
- 12월 31일 기말 결산시 당기순이익 6,200,000원이다.

① 49,090,000원
② 51,000,000원
③ 55,290,000원
④ 57,200,000원

13 다음의 계정과목 중 영업이익에 영향을 주지 않는 것은?

① 접대비
② 감가상각비
③ 유형자산처분손실
④ 대손상각비

14 다음 자료를 참고로 적절한 회계처리는?

> • 4월 2일 매출처 A사의 부도로 매출채권 2,000,000원이 회수불가능하여 대손처리하였다.
>   (대손충당금 잔액은 930,000원으로 확인됨).

① (차) 대손상각비　　2,000,000원　　(대) 매출채권　2,000,000원
② (차) 대손충당금　　　930,000원　　(대) 매출채권　2,000,000원
　　　 대손상각비　　1,070,000원
③ (차) 대손충당금　　　930,000원　　(대) 매출채권　　930,000원
④ (차) 대손상각비　　1,070,000원　　(대) 매출채권　1,070,000원

15 다음 자료에 의하여 영업외비용을 계산하면 얼마인가?

> • 이자비용 : 100,000원　　• 복리후생비 : 120,000원　　• 통신비 : 150,000원
> • 잡손실 : 170,000원　　　• 임차료 : 210,000원　　　• 기부금 : 110,000원

① 270,000원
② 380,000원
③ 480,000원
④ 650,000원

실무시험

■ 나리상사(코드번호:0934)는 전자제품을 판매하는 개인기업이다. 당기(제9기) 회계기간은 2020.1.1.~2020.12.31.이다. 전산세무회계 수험용 프로그램을 이용하여 다음 물음에 답하시오.

기본전제

문제에서 한국채택국제회계기준을 적용하도록 하는 전제조건이 없는 경우, 일반기업회계기준을 적용한다.

문제 1 다음은 나리상사의 사업자등록증이다. 회사등록메뉴에 입력된 내용을 검토하여 누락분은 추가 입력하고 잘못된 부분은 정정하시오.(주소 입력 시 우편번호는 입력하지 않아도 무방함)(6점)

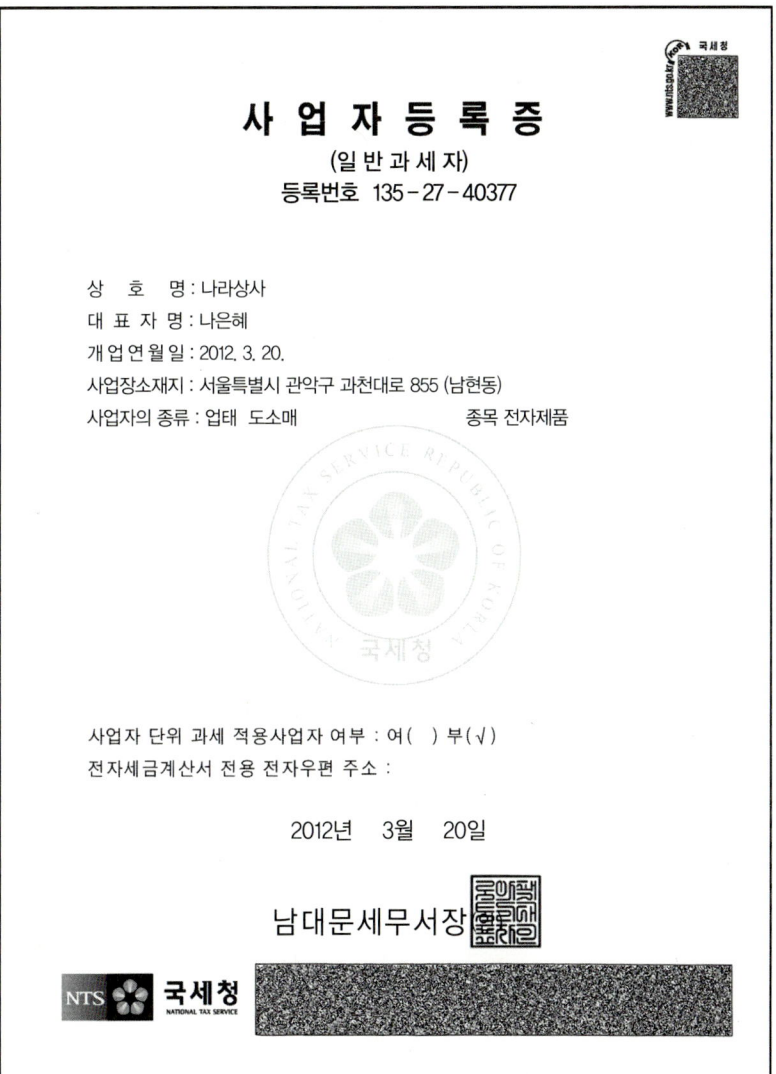

문제 2 다음은 나리상사의 전기분 손익계산서이다. 입력되어 있는 자료를 검토하여 오류부분은 정정하고 누락된 부분은 추가 입력하시오. (6점)

손익계산서

회사명 : 나리상사 제8기 2019.1.1.～2019.12.31. (단위 : 원)

과목	금액	과목	금액
Ⅰ. 매출액	200,000,000	Ⅴ. 영업이익	14,350,000
상품매출	200,000,000	Ⅵ. 영업외수익	3,550,000
Ⅱ. 매출원가	160,000,000	이자수익	1,100,000
상품매출원가	160,000,000	임대료	2,450,000
기초상품재고액	11,000,000	Ⅶ. 영업외비용	1,100,000
당기상품매입액	170,000,000	이자비용	1,100,000
기말상품재고액	21,000,000	Ⅷ. 소득세차감전순이익	
Ⅲ. 매출총이익	40,000,000	Ⅸ. 소득세등	0
Ⅳ. 판매비와관리비	25,650,000	Ⅹ. 당기순이익	16,800,000
급여	13,200,000		
복리후생비	1,500,000		
여비교통비	3,240,000		
차량유지비	2,200,000		
소모품비	3,130,000		
광고선전비	2,380,000		

문제 3 다음 자료를 이용하여 입력하시오. (6점)

[1] 나리상사의 거래처별 초기이월 채권과 채무잔액은 다음과 같다. 자료에 맞게 추가 입력이나 정정 및 삭제하시오. (3점)

계정과목	거래처	잔액	계
외상매출금	내일관광	4,500,000원	12,000,000원
	퓨처뷰티	3,300,000원	
	한국상사	4,200,000원	
지급어음	한샘크루즈	10,000,000원	18,020,000원
	넥스코	5,000,000원	
	미래투어	3,020,000원	

[2] 다음 자료를 이용하여 [기초정보등록]의 [거래처등록] 메뉴에서 거래처(신용카드)를 추가로 등록하시오.(주어진 자료 이외 다른 항목은 입력할 필요 없음)(3점)

- 거래처코드 : 99601
- 카드번호 : 1234-4568-6464-8431
- 거래처명 : 희망카드
- 카드종류(매입) : 사업용카드
- 유형 : 매입

문제 4 다음 거래 자료를 일반전표입력 메뉴에 추가 입력하시오.(24점)

입력 시 유의사항
- 적요의 입력은 생략한다.
- 부가가치세는 고려하지 않는다.
- 채권·채무와 관련된 거래처명은 반드시 기 등록되어 있는 거래처코드를 선택하는 방법으로 거래처명을 입력한다.
- 회계처리시 계정과목은 등록되어 있는 계정과목 중 가장 적절한 과목으로 한다.

[1] 7월 31일 영업부에서 구독한 신문대금(정기구독료)을 현금으로 지급하였다.(도서인쇄비로 처리할 것)(3점)

[영수증]

나리상사 귀하

월구독료 15,000원

위 금액을 7월분 구독료로 영수함.
2020.07.31.

희망일보

[2] 9월 12일 본사 건물에 엘리베이터를 설치하고 13,000,000원을 넥스코에 2개월 후에 지급하기로 하다.(건물에 대한 자본적지출로 회계처리)(3점)

[3] 9월 21일 삼촌컴퓨터로부터 컴퓨터 11대를 구입(@1,750,000원)하였다. 이 중 10대는 판매용으로 외상구입했으며, 1대는 업무용으로 현금결제하였다.(3점)

[4] 9월 30일 영업사원 김창원의 9월 급여를 다음과 같이 당사 보통예금통장에서 이체하였다. (3점)

나리상사 2020년 9월 급여내역

(단위 : 원)

이 름	김창원	지 급 일	2020년 9월 30일
기본급여	3,800,000원	소득세	111,000원
직책수당	200,000원	지방소득세	11,100원
상여금		고용보험	36,450원
특별수당		국민연금	122,000원
차량유지		건강보험	50,000원
급여계	4,000,000원	공제합계	330,550원
노고에 감사드립니다.		지급총액	3,669,450원

[5] 11월 6일 영업부 직원용 유니폼을 600,000원에 삼호패션㈜에서 제작하고 신한카드로 결제하였다. (3점)

카드매출전표
(공급받는자용)

카드종류 : 신한카드
회원번호 : 2234-2222-****-1767
거래일시 : 2020.11.06.15:07:18
거래유형 : 신용승인
매   출 : 600,000원
부 가 세 :
합   계 : 600,000원
결제방법 : 일시불
승인번호 : 61999998
은행확인 : 신한은행

가맹점명 : 삼호패션㈜
- 이 하 생 략 -

[6] 12월 2일 에코상점에 상품 1,000,000원을 매출하고, 대금은 외상으로 하다.(단, 부가가치세는 무시한다.)(3점)

권		2호		거 래 명 세 표 (보관용)					
2020 년 12 월 02 일				공급자	등록번호	135-27-40377			
에코상점		귀하			상호	나리상사	성명	나은혜	인
					사업장소재지	서울 관악구 과천대로 855			
아래와 같이 계산합니다.					업태	도·소매업	종목	전자제품	
합계금액	백만원				원정 (₩ 1,000,000)				
월일	품목		규격	수량	단가		공급가액	세액	
12/2	상품			10	100,000		1,000,000원		
			이하	여백					
	계								
전잔금					합 계		1,000,000원		
입 금				잔금	1,000,000		인수자	김영수	인
비 고									

[7] 12월 9일 매출거래처의 야유회 지원을 위해 경품 2,000,000원을 구매하고 사업용카드(하나카드)로 결제하였다.(3점)

[8] 12월 27일 희망은행으로부터 2021년 12월 20일 상환하기로 하고, 30,000,000원을 차입하여 보통예금에 입금하였다.(3점)

문제5 일반전표입력 메뉴에 입력된 내용 중 다음과 같은 오류가 발견되었다. 입력된 내용을 확인하여 정정 또는 추가 입력하시오.(6점)

[1] 11월 9일 매입거래처 장미상사에 보통예금으로 이체하여 지급된 외상매입금 320,000원이 담당직원의 실수로 상품계정으로 입력되어 있음을 확인하였다.(3점)

[2] 11월 12일 신용카드로 결제한 저녁식사비(350,000원)는 거래처 직원들이 아닌 영업부 판매담당 직원들을 위한 지출이다.(3점)

전자서명전표

```
단말기번호
8002124738                    120524128234
카드종류
비씨카드                        신용승인
회원번호
4906-0302-3245-9952
유효기간
2020/11/12 13:52:46
일반
일시불                          금액          350,000원

은행확인                        세금           (무시)
비씨
판매자                          봉사료              0원
                               합계          350,000원
대표자
이학주
사업자등록번호
117-09-52793
가맹점명
평화정
가맹점주소
경기 구리시 경춘로 20
                               서명
                               나리상사
```

문제 6 다음의 결산정리사항을 입력하여 결산을 완료하시오. (12점)

[1] 결산일 현재 단기대여금에 대한 이자수익 중 기간 미경과분이 300,000원이다. (3점)

[2] 판매부문의 소모품 구입시 비용으로 처리한 금액 중 기말 현재 미사용한 금액은 150,000원이다. (3점)

[3] 결산 시 관리 및 영업부문으로 사용하는 건물에 대하여 4,200,000원, 업무용 차량에 대하여 1,600,000원의 감가상각을 하다. (3점)

[4] 기말상품재고액은 3,600,000원이다.(5.결산차변, 6.결산대변으로 입력할 것)(3점)

문제 7 다음 사항을 조회하여 답안을 이론문제 답안작성 메뉴에 입력하시오.(10점)

[1] 6월 30일 현재 보통예금 잔액은 총 얼마인가?(3점)

[2] 5월말 외상매출금 잔액이 가장 많은 거래처와 금액은 얼마인가?(4점)

[3] 상반기(1월~6월) 중 자산계정으로 처리된 소모품 구입 건수는 몇 건이며, 총금액은 얼마인가? (3점)

정답 및 해설 | 제88회 전산회계 2급 필기

이론시험

01 ④	02 ③	03 ①	04 ④	05 ②	06 ④	07 ②	08 ①	09 ④	10 ①
11 ②	12 ③	13 ③	14 ②	15 ①					

01 　미수금은 자산이므로 잔액은 차변, 선수금, 가수금, 예수금은 부채이므로 잔액은 대변

02 　자산총계(930,000원) = 미수금(550,000원) + 외상매출금(250,000원) + 선급금(130,000원)
　　부채총계(630,000원) = 자산총계(930,000원) − 자본금(300,000원)
　　단기차입금(480,000원) = 부채총액(630,000원) − 미지급비용(150,000원)

03 　현금(당좌자산), 상품(재고자산), 비품(유형자산), 영업권(무형자산) 순으로 배열

04 　④ 손익거래(이자비용), ①, ②, ③ 교환거래

05 　판매비와관리비 = 급여 2,500,000원 + 복리후생비 600,000원 + 소모품비 300,000원 = 3,400,000원

07 　미수금, 선급금, 외상매출금, 받을어음은 자산계정이다.

09 　결산일 대손추산액 : 외상매출금 10,000,000원 × 대손율 2% = 200,000원
　　대손추산액 200,000원 − 대손충당금 100,000원 = 100,000원(추가설정)

10 　수익과 비용은 총액으로 기재함을 원칙으로 한다.(총액주의)

11 　기초자산(1,000,000원) = 기초부채(400,000원) + 기초자본(600,000원)
　　기말자산(900,000원) = 기말부채(500,000원) + 기말자본(600,000원 + 500,000원 − 700,000원 = 400,000원)

12 　일반기업회계기준 제2장 재무제표의 작성과 표시, 선수수익은 수익의 이연, 미수수익의 수익의 계상, 미지급비용은 비용의 계상, 선급비용은 비용의 이연에 해당된다.

13 　기초상품재고액 900,000원 + (당기총매입액 2,000,000원 + 상품매입운반비 50,000원 − 매입환출 및 에누리 100,000원 − 매입할인 50,000원) − 기말상품재고액 300,000원 = 2,500,000원

14 　당점발행수표는 당좌예금으로 처리한다.

15 　차) 미수금　　　　　　　　　　　5,000,000원　　대) 차량운반구　　　　　　　　20,000,000원
　　　감가상각누계액　　　　　　　16,000,000원　　　유형자산처분이익　　　　　 1,000,000원

기출문제 정답

실무시험

문제 1

1. 개업연월일 : '2011년 1월 25일' → '2012년 1월 25일' 수정 입력
2. 종목 : '조명기구' → '컴퓨터및컴퓨터부품' 수정 입력
3. 관할세무서 : '용산' → '관악' 수정 입력

문제 2

1. 전기분 재무상태표의 기말상품재고액 3,000,000원을 4,000,000원으로 수정 후 전기분 손익계산서 확인
2. 전기분 손익계산서의 복리후생비 1,000,000원을 2,000,000원으로 수정
3. 전기분 손익계산서의 소모품비 130,000원 추가 입력

문제 3

[1] [거래처등록] 메뉴의 금융기관 탭에 거래처코드를 99100으로 등록하여 나머지 항목 모두 입력

[2] 거래처별초기이월 메뉴 이동
 [108]외상매출금계정의 용산컴퓨터 10,000,000원을 추가 입력
 [252]지급어음계정의 관악컴퓨터 15,000,000원에서 18,000,000원으로 수정 입력

문제 4

[1] 8월 16일 일반전표입력
 (차) 당좌예금 385,000원 (대) 받을어음(아산상점) 400,000원
  매출채권처분손실 15,000원

[2] 9월 3일 일반전표입력
 (차) 통신비(판) 59,050원 (대) 현금 59,050원

[3] 9월 5일 일반전표입력
 (차) 보통예금 2,000,000원 (대) 선수금(미래상사) 2,000,000원

[4] 10월 17일 일반전표입력
 (차) 당좌예금 10,000,000원 (대) 상품매출 16,500,000원
  외상매출금 6,500,000원(강원컴퓨터)

[5] 11월 5일 일반전표입력
 (차) 상품 10,000,000원 (대) 지급어음(인천상사) 10,000,000원
  비품 2,000,000원 미지급금(인천상사) 2,000,000원

[6] 11월 10일 일반전표입력
(차) 예수금 250,000원 (대) 보통예금 400,000원
　　　세금과공과 150,000원

[7] 12월 20일 일반전표입력
(차) 미지급금(신한상사) 500,000원 (대) 현금 500,000원

[8] 12월 22일 일반전표입력
(차) 감가상각누계액(209) 3,500,000원 (대) 차량운반구 9,000,000원
　　　미수금(무등상사) 5,000,000원
　　　유형자산처분손실 500,000원

문제 5

[1] 9월 20일 일반전표입력
수정 전 : (차) 광고선전비(판관비) 500,000원 (대) 현금 500,000원
수정 후 : (차) 소모품비(판관비) 500,000원 (대) 현금 500,000원

[2] 11월 1일 일반전표입력
수정 전 : (차) 상품 4,500,000원 (대) 보통예금 4,500,000원
수정 후 : (차) 상품 5,000,000원 (대) 보통예금 4,500,000원
　　　　　　　　　　　　　　　　　　　　선급금(수진상회) 500,000원

문제 6

[1] 12월 31일 일반전표입력
(차) 급여(판) 3,000,000원 (대) 미지급비용 또는 미지급금 3,000,000원

[2] 12월 31일 일반전표입력
(차) 외상매입금(대연상사) 500,000원 (대) 가지급금 500,000원

[3] 12월 31일 일반전표입력
(차) 이자비용 300,000원 (대) 미지급비용 300,000원
※ 미지급이자 = 10,000,000원 × 6% × 6개월/12개월 = 300,000원

[4] 12월 31일 일반전표입력
(차) 감가상각비(판) 5,100,000원 (대) 감가상각누계액(건물) 1,500,000원
　　　　　　　　　　　　　　　　　　　　감가상각누계액(차량운반구) 2,500,000원
　　　　　　　　　　　　　　　　　　　　감가상각누계액(비품) 1,100,000원

또는

결산자료입력 메뉴에서 감가상각비 건물 1,500,000원, 차량운반구 2,500,000원, 비품 1,100,000원 입력 후 전표 추가

문제 7

[1] 500,000원 (월계표에서 3월을 선택하고 이자비용 계정조회)

차변 계	대체	현금	계정과목
12,860,000	12,860,000		상　　　　　품
			2.유 동 부 채
			외 상 매 입 금
			지 급 어 음
			미 지 급 금
			3.매　　　　　출
			상 품 매 출
5,846,730	2,341,000	3,505,730	4.판 매 비밀일반관리비
2,000,000		2,000,000	급　　　　　여
660,050	156,000	504,050	복 리 후 생 비
160,000		160,000	여 비 교 통 비
300,000	300,000		통　신　비
285,000	285,000		수 도 광 열 비
200,000		200,000	임　차　료
10,000		10,000	수　선　비
1,785,150	1,500,000	285,150	차 량 유 지 비
100,000	100,000		도 서 인 쇄 비
146,530		146,530	소 모 품 비
200,000		200,000	수 수 료 비 용
500,000		500,000	5.영 업 외 비 용
500,000		500,000	이 자 비 용

[2] 성효상사 12,500,000원(거래처원장 외상매출금계정 5월말 잔액 조회)

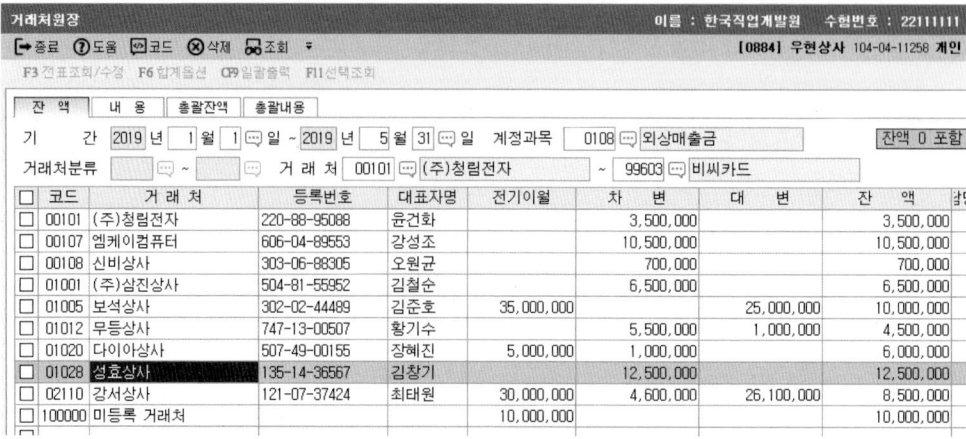

[3] 3건, 45,500,000원(계정별원장조회, 상품매출계정 선택, 대변란의 건수와 합계금액 조회)

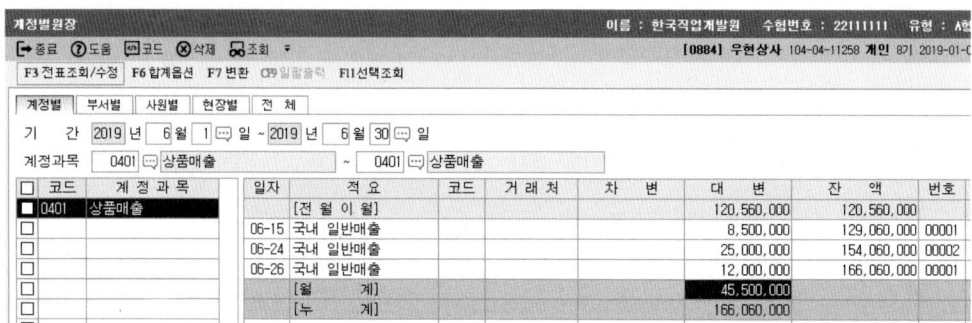

정답 및 해설 — 제90회 전산회계 2급 필기

이론시험

| 01 | ④ | 02 | ③ | 03 | ③ | 04 | ② | 05 | 모두정답 | 06 | ④ | 07 | ① | 08 | ① | 09 | ① | 10 | ④ |
| 11 | ① | 12 | ④ | 13 | ③ | 14 | ③ | 15 | ② |

01. 단식부기는 일정한 원리원칙이 없이 재산의 증가 감소를 중심으로 기록하며 손익의 원인을 계산하지 않는 기장방법이다.

02. 매출액의 과대계상으로 매출총이익이 과대계상
    매출총이익 − 판매비와관리비 = 영업이익 과대계상
    영업이익 + 영업외수익 − 영업외비용 = 당기순이익

03. 타인발행수표는 현금에 해당한다.

04. (차변) 매도가능증권 110,000원 (대변) 현금 110,000원으로 영업외비용과 만기보유증권은 관련이 없으며 투자자산(매도가능증권)은 110,000원 증가한다. 또한 유동자산은 자기앞수표의 지급으로 인해 110,000원 감소한다.

05. 합계잔액시산표상 상품계정 차변금액은 기초상품재고액 + 당기상품매입액을 의미한다.
    상품매출원가 : (기초상품재고액 + 당기상품매입액 − 기말상품재고액)
              = (5,000,000원 − 750,000원) = 4,250,000원

06. 매입에누리, 매입환출, 매입할인은 재고자산의 취득원가에서 차감한다.

07. *정액법에 의한 당기 감가상각비 계산
    정액법 = (취득원가 − 잔존가액) ÷ 내용연수
          = (70,000,000원−20,000,000원) ÷ 10년×6/12
          = 2,500,000원

08. 무형자산에 대한 설명이다. 실용신안권은 무형자산이다.

09. (차변) 현금 2,000,000원(자산의 증가) (대변) 단기차입금 2,000,000원(부채의 증가)

10. 외상매입금은 일반적인 상거래에서 발생하는 계정이다. 전자부품을 도소매하는 회사이므로 차량운반구는 상품이 아니다.

11. 인출액 + 기말자본금 = 기초자본금 + 추가출자액 + 당기순이익
    4,000,000원 + 10,000,000원 = 10,000,000원 + 추가출자액 + 2,000,000원

12. 〈7월 10일 회계처리〉
    (차) 대손충당금   150,000원   (대) 매출채권   200,000원
    (차) 대손상각비   50,000원
    〈기말 회계처리〉
    (차) 대손상각비   75,000원   (대) 대손충당금   75,000원
    2020년말 손익계산서에 보고할 대손상각비는 50,000원 + 75,000원 = 125,000원

13. 유가증권 처분에 따른 손익 인식 – 처분 시 인식한다. 결산정리와는 관계없다.

14. 매출원가는 비용이기 때문에 손익계산서에 표시가 되며 ①,②,④는 재무상태표에 표시되는 항목이다.

15. 순손익 = 기말자본 – 기초자본이다.

실무시험

문제 1

기초정보등록의 회사등록메뉴에서
1. 사업장소재지 : 부산광역시 금정구 금샘로229번길 25 → 부산광역시 금정구 수림로50번길 103(구서동)
2. 사업자등록번호 : 624-01-14363 → 621-01-13463
3. 종목 : 장난감 → 문구 및 잡화

문제 2

1. 당좌예금: 10,300,000원을 13,000,000원으로 수정 입력
2. 감가상각누계액(차량운반구) 800,000원을 8,000,000원으로 수정 입력
3. 단기차입금 15,000,000원을 추가 입력

문제 3

[1] 에프디노㈜와 태양금속㈜를 제시한 대로 입력할 것.

[2] 기초정보등록의 계정과목 및 적요등록 메뉴에서 830 소모품비 현금적요란 4번에 '장기 사용 소모자재 구입비 지급'을 입력한다.

문제 4

[1] 7월 13일 일반전표입력
    (차) 차량유지비(판)   20,000원   (대) 미지급금 또는 미지급비용(비씨카드)   20,000원

[2] 8월 12일 일반전표입력
    (차) 토지   20,920,000원   (대) 당좌예금   20,000,000원
                                              현금   920,000원

[3] 9월 11일 일반전표입력
　　(차) 인출금　　　　　　　　　1,000,000원　　(대) 미지급금(국민카드)　　1,000,000원

[4] 10월 1일 일반전표입력
　　(차) 현금　　　　　　　　　　9,000,000원　　(대) 임대보증금(㈜민철산업)　10,000,000원
　　　　선수금(㈜민철산업)　　　1,000,000원

[5] 10월 20일 일반전표입력
　　(차) 상품　　　　　　　　　　5,000,000원　　(대) 외상매입금(전포문구)　5,000,000원
　　　　비품　　　　　　　　　　1,000,000원　　　　미지급금(전포문구)　　1,000,000원

[6] 11월 19일 일반전표입력
　　(차) 단기대여금(대전상사)　100,000,000원　　(대) 보통예금　　　　　　100,000,000원
　　(차) 수수료비용(984 또는 831)　1,500원　　(대) 현금　　　　　　　　　　1,500원

[7] 12월 12일 일반전표입력
　　(차) 상품매출　　　　　　　　　200,000원　　(대) 외상매출금　　　200,000원(일중상사)
또는 (차) 매출환입및에누리　　　　200,000원　　(대) 외상매출금　　　200,000원(일중상사)
또는 (차) 외상매출금(일중상사)　 −200,000원　　(대) 상품매출　　　　−200,000원

[8] 12월 15일 일반전표입력
　　(차) 상품　　　　　　　　　　1,050,000원　　(대) 외상매입금(양촌상사)　1,000,000원
　　　　　　　　　　　　　　　　　　　　　　　　　　현금　　　　　　　　　50,000원

문제 5

[1] 8월 11일 일반전표입력
　　수정 전 : (차) 보통예금　　　　2,970,000원　　(대) 외상매출금(남산문구)　2,970,000원
　　수정 후 : (차) 보통예금　　　　2,970,000원　　(대) 외상매출금(남산문구)　3,000,000원
　　　　　　　　매출할인(403)　　　　30,000원

[2] 11월 29일 일반전표입력
　　수정 전 : (차) 임차료　　　　　　300,000원　　(대) 보통예금　　　　　　　300,000원
　　수정 후 : (차) 보통예금　　　　　300,000원　　(대) 임대료(904)　　　　　300,000원

문제 6

[1] 12월 31일 일반전표입력
　　(차) 미수수익　　　　　　　　　62,500원　　(대) 이자수익　　　　　　　62,500원

[2] 12월 31일 일반전표입력
　　(차) 보통예금　　　　　　　6,352,500원　　(대) 단기차입금(하나은행)　6,352,500원
　　마이너스 통장에서 인출 또는 이체액은 보통예금의 잔액이 있어서 인출 또는 이체하는 것이 아니라, 단기차입금을
　　인출 또는 이체하는 것이므로 '단기차입금(부채)' 계정으로 처리한다.

[3] 12월 31일 일반전표입력
(차) 감가상각비   400,000원   (대) 감가상각누계액(차량운반구)   250,000원
                                              감가상각누계액(비품)   150,000원

[4] 12월 31일 일반전표입력
(결차) 상품매출원가   105,660,000원   (결대) 상품   105,660,000원
합계잔액시산표 상품계정(110,660,000원)에서 110,660,000원 − 5,000,000원 = 105,660,000원
또는, 결산자료입력 메뉴에서 자동결산 방식으로 진행

문제 7

[1] 37,000,000원 (월계표 상품매출을 1월, 2월, 3월 각각 조회)
3월 상품매출 62,500,000원 − 2월 상품매출 25,500,000원 = 37,000,000원

[2] 재무상태표를 조회한다 : 7,200,000원
비품 금액(9,000,000원) − 비품 감가상각누계액(1,800,000원)

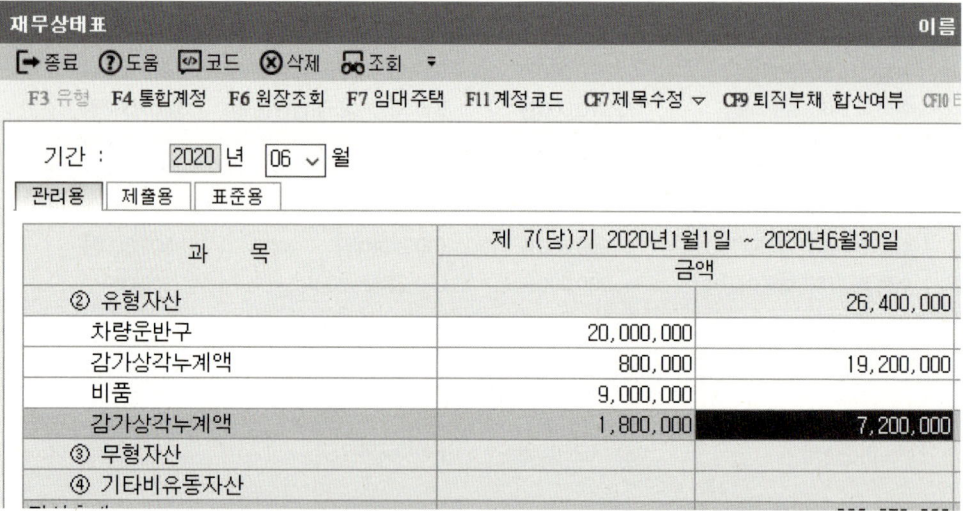

[3] 52,960,000원

(6월말의 재무상태표의 당기 상품잔액 또는 6월말의 합계잔액시산표의 상품차변합계, 계정별원장의 1월 1일부터 6월 30일까지 상품 조회)

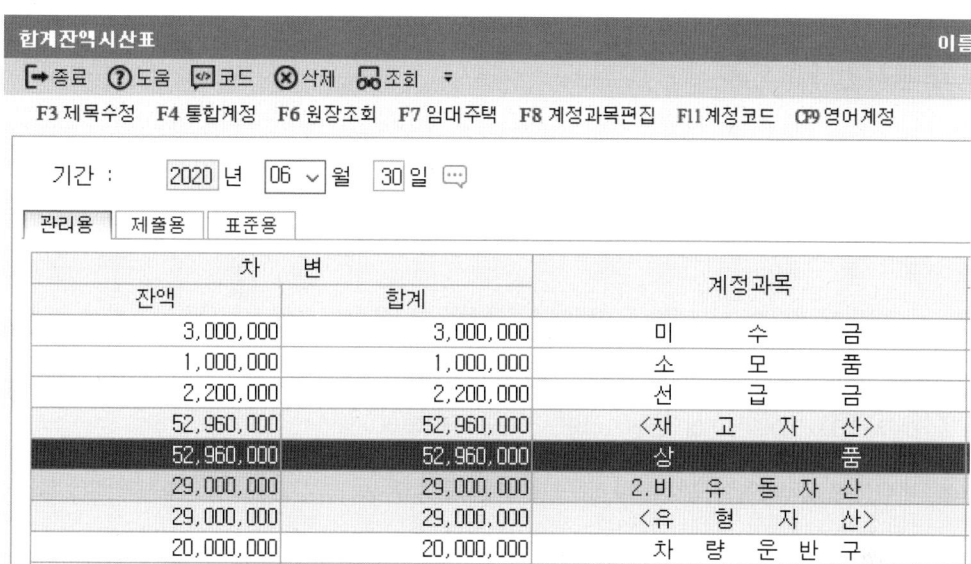

정답 및 해설 | 제91회 전산회계 2급 필기

이론시험

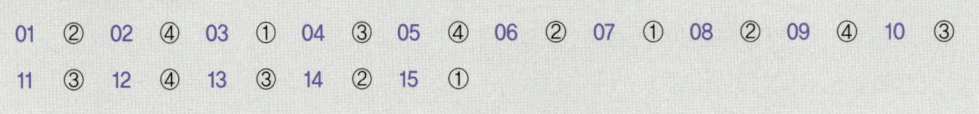

01. 기초자산(600,000원) − 기초부채(200,000원) = 기초자본(400,000원)
    총수익(900,000원) − 총비용(700,000원) = 당기순이익(200,000원)
    기초자본(400,000원) + 당기순이익(200,000원) = 기말자본(600,000원)
    기말자산(800,000원) − 기말자본(600,000원) = 기말부채(200,000원)

02. 회계기간은 손익계산서에 포함되어야 하는 사항이며 재무상태표에는 '보고기간종료일'이 표시되어야 한다.

03. 가지급금은 자산계정에 속한다(임시계정)

04. 외상매출금 현금회수액 = 기초잔액 5,000,000원 + 당기외상매출액 13,000,000원 − 받을어음 10,000,000원
    − 기말잔액 3,000,000원 = 5,000,000원

05. 수정 후 당기순이익(540,000원) = 당기순이익(500,000원) + 임대료 미수분(50,000원) − 이자 미지급액(10,000원)

06. 당기상품매입액(500,000원) = 총매입액(550,000원) − 매입할인(50,000원)
    매출원가(540,000원) = 기초상품재고액 + 당기상품매입액(500,000원) − 기말상품재고액(120,000원)
    ∴ 기초상품재고액은 160,000원

07. 이 차량의 장부가액은 취득가액에서 감가상각누계액을 차감한 11,000,000원이다.

08. 유형자산은 재화의 생산, 용역의 제공, 타인에 대한 임대 또는 자체적으로 사용할 목적으로 보유하는 물리적 형체가 있는 자산으로서, 1년을 초과하여 사용할 것이 예상되는 자산을 말한다.

09. 재고자산의 매입원가는 매입금액에 매입운임, 하역료 및 보험료 등 취득과정에서 정상적으로 발생한 부대원가를 가산한 금액이다. 매입과 관련된 할인, 에누리 및 기타 유사한 항목은 매입원가에서 차감한다.

10. 당기발생 보험료(40,000원) − 기말미지급보험료(10,000원) = 당기지급보험료(30,000원)

11. ① (차) 현금   5,000,000원   (대) 자본금   5,000,000원
    ② (차) 현금   5,000,000원   (대) 자본금   5,000,000원
    ③ (차) 자본금   3,000,000원   (대) 인출금   3,000,000원
    ④ (차) 손익   300,000원   (대) 자본금   300,000원

12. 일반기업회계기준 제2장 재무제표의 작성과 표시, 선수수익은 수익의 이연, 미지급비용은 비용의 계상, 미수수익은 수익의 계상에 해당된다.

13. ① (차) 접대비(비용의 발생)　　　　200,000원　　(대) 보통예금(자산의 감소)　　200,000원
    ② (차) 보통예금(자산의 증가)　　50,000,000원　　(대) 자본금(자본의 증가)　　50,000,000원
    ③ (차) 임차보증금(자산의 증가)　　3,000,000원　　(대) 보통예금(자산의 감소)　　3,000,000원
    ④ (차) 비품(자산의 증가)　　　　1,000,000원　　(대) 미지급금(부채의 증가)　　1,000,000원

14. 기말에 외화자산, 부채에 대한 평가를 하였을 때의 원화금액과 장부상에 기입되어 있는 원화금액과의 사이에서 발생하는 차액은 외화환산손익으로 회계처리한다. 위 경우는 장부상에 기입되어 있는 원화금액보다 평가 시 금액이 하락했기 때문에 외화환산손실 계정과목으로 회계처리한다.

15. 대여금에 대한 대손상각비는 기타대손상각비 계정으로 영업외비용에 속하며, 보고식 손익계산서에서 영업이익에 영향을 미치나 당기순이익에는 같아진다. 그리고, 매출총이익은 매출액과 매출원가의 관계이므로 기타대손상각비는 관련이 없다.

실무시험

문제 1

1. 사업자등록번호: 106-25-12346을 106-25-12340으로 수정
2. 대표자명: 오태식을 최한솔로 수정
3. 사업장소재지: 서울시 강남구 광평로 295, 812호를 서울시 송파구 동남로8길 13(문정동)으로 수정

문제 2

1. 단기대여금 : 1,000,000원을 10,000,000원으로 수정 입력
2. 감가상각누계액(비품) : 10,000,000원을 1,000,000원으로 수정 입력
3. 단기차입금 : 40,000,000원 추가 입력

문제 3

[1] 계정과목 및 적요등록에 등록

[2] [거래처별 초기이월] 메뉴에서,
　　외상매출금 : 양촌상사 8,500,000원을 15,000,000원으로 수정
　　외상매입금 : 대도상사 6,000,000원을 25,000,000원으로 수정
　　　　　　　　영광상사 1,360,000원을 삭제 또는 0원

문제 4

[1] 7월 26일 일반전표입력
  (차) 기부금   100,000원   (대) 현금   100,000원
  또는 출금전표 기부금 100,000원

[2] 8월 8일 일반전표입력
  (차) 받을어음(지나상사)   2,000,000원   (대) 상품매출   2,000,000원
    운반비(판)   50,000원   현금   50,000원

[3] 9월 30일 일반전표입력
  (차) 광고선전비(판)   1,000,000원   (대) 선급비용(한일광고)   100,000원
                       보통예금   900,000원

[4] 10월 21일 일반전표입력
  (차) 현금   3,000,000원   (대) 외상매출금(세종스타일) 3,000,000원
  또는
  (입금) 외상매출금(세종스타일) 3,000,000원

[5] 11월 20일 일반전표입력
  (차) 소모품비(판)   153,000원   (대) 미지급금(비씨카드)   153,000원
    또는 사무용품비(판)   또는 미지급비용

[6] 11월 21일 일반전표입력
  (차) 외상매입금(안양상사) 3,500,000원   (대) 받을어음(호수상사) 3,500,000원

[7] 11월 27일 일반전표입력
  (차) 현금   7,000,000원   (대) 차량운반구   8,000,000원
    감가상각누계액(209) 2,000,000원   유형자산처분이익   1,000,000원

[8] 12월 17일 일반전표입력
  (차) 단기매매증권   1,800,000원   (대) 보통예금   1,900,000원
    수수료비용(984)   100,000원

문제 5

[1] 8월 20일 일반전표입력
  수정 전 : (차) 현금   600,000원   (대) 외상매출금(장전문구) 600,000원
  수정 후 : (차) 현금   600,000원   (대) 선수금(장전문구)   600,000원
  또는 입금전표 선수금(장전문구) 600,000원

[2] 11월 4일, 일반전표 입력

수정 전 : (차) 상품	2,700,000원	(대) 보통예금	2,700,000원
수정 후 : (차) 상품	3,000,000원	(대) 선급금(서울상사)	300,000원
		보통예금	2,700,000원

문제 6

[1] 12월 31일 일반전표입력

(차) 인출금(자본금)   50,000원   (대) 현금과부족   50,000원

[2] 12월 31일 일반전표입력

(차) 외상매출금(미국 ABCtech Corp.)   500,000원   (대) 외화환산이익   500,000원

[3] 12월 31일 일반전표입력

(차) 선급비용   200,000원   (대) 보험료(판)   200,000원

[4] 12월 31일 일반전표입력

(차) 감가상각비(판)   3,200,000원   (대) 감가상각누계액(차량운반구)   3,200,000원

또는 결산자료입력의 결산반영금액란에 감가상각비 차량운반구 3,200,000원을 입력 후 전표추가 한다.

문제 7

[1] 16,500,000원 (재무상태표 6월 조회)

[2] 101,760,000원 (월계표에서 1월부터 3월까지의 상품매출액 합계액을 조회, 또는 손익계산서 3월분 조회)

[3] 500,000원 (총계정원장 접대비 4월~6월 조회)

4월 접대비 1,100,000원 – 5월 접대비 600,000원 = 500,000원

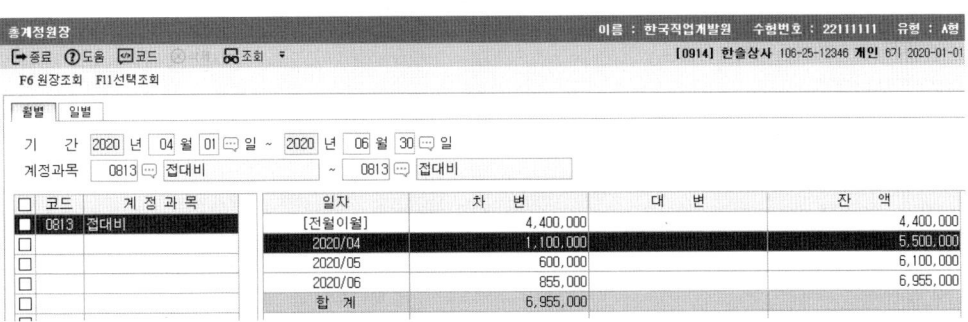

정답 및 해설 — 제92회 전산회계 2급 필기

이론시험

| 01 | ① | 02 | ① | 03 | ③ | 04 | ④ | 05 | ③ | 06 | ④ | 07 | ② | 08 | ② | 09 | ④ | 10 | ③ |
| 11 | ③ | 12 | ② | 13 | ② | 14 | ①,④ | 15 | ① | | | | | | | | | | |

01 유동성배열법: 재무상태표의 계정과목은 유동성이 높은 순서대로 배열한다.

02 회계상의 거래는 회사 재산상 증감을 가져오는 사건을 의미한다. 종업원 채용, 임대차계약의 체결, 상품의 주문은 회계상 거래에 해당하지 않는다.

03 회계정보이용자 중 내부이용자는 경영자와 종업원이 해당되며, 외부이용자에는 투자자, 채권자, 주주, 정부, 거래처 등이 있다.

04 외상매입금
    차) 외상매출금   1,100,000원   (대) 상품매출   1,100,000원
       운반비   140,000원   보통예금   140,000원

05 당좌자산 = 현금 200,000원 + 보통예금 300,000원 + 외상매출금 600,000원 + 단기대여금 180,000원
           = 1,280,000원

06 수입인지는 세금과공과로 회계처리한다.

07 기초상품재고액 + 당기매입액 − 기말상품재고액(⇩) = 매출원가(⇧)
    순매출액 − 매출원가(⇧) = 당기순이익(⇩)

08 (차) 현금 600,000원 (대) 상품매출 600,000원
    현금 → 현금출납장
    상품매출 → 상품재고장, 매출장

09 임차보증금은 기타비유동자산으로 분류되며 감가상각대상 자산이 아니다.

10 자본적 지출(자산)을 수익적 지출(비용)로 처리하였으므로 자산은 감소, 비용이 증가하여 이익은 감소하게 된다.

11 미수수익은 자산항목이다.

12 분개 (차) 인출금 1,000,000원 (대) 외상매출금 1,000,000원

13. 선수수익

    선수수익은 수익의 이연, 선급비용은 비용의 이연, 미수수익의 수익의 계상, 미지급비용은 비용의 계상에 해당된다.

14. 자산 구입 시 취득세는 자산의 취득원가이므로 해당 자산계정으로 처리한다.

15. (취득가액 11,000,000원 - 잔존가치 1,000,000원) / 내용연수 5년
    = 2020년 12월 31일 감가상각비 2,000,000원

실무시험

문제 1

1. 업태 : 제조 → 도소매 로 수정 입력
2. 종목 : 문구 → 컴퓨터부품
3. 관할세무서 : '종로'세무서에서 → '남대문'세무서로 수정한다.

문제 2

1. 외상매출금 대손충당금 80,000원 추가 입력할 것
2. 단기차입금 2,180,000원 → 단기차입금 21,800,000원으로 수정

문제 3

[1] 1. 거래처별 초기이월 메뉴 110.받을어음의 삼미그룹 잔액을 2,200,000원에서 3,300,000원으로 수정
    2. 251.외상매입금 계정의 우진상사 1,800,000원을 추가로 입력

[2] 거래처등록 메뉴(일반거래처 탭)에 등록

문제 4

[1] 7월 3일 일반전표 입력

(차) 잡급(판)	150,000원	(대) 현금	150,000원

[2] 8월 6일 일반전표 입력

(차) 사무용품비(판)	80,000원	(대) 미지급금(신한카드) 또는 미지급비용	80,000원

[3] 9월 25일 일반전표 입력

(차) 차량운반구 또는 출금 차량운반구	205,000원 205,000원	(대) 현금	205,000원

[4] 10월 11일 일반전표입력
  (차) 상품   1,700,000원   (대) 당좌예금   300,000원
                       당좌차월(또는 단기차입금)1,400,000원
  또는
  (차) 상품   1,700,000원   (대) 당좌예금   1,700,000원
  (차) 당좌예금   1,400,000원   (대) 단기차입금   1,400,000원

[5] 11월 8일 일반전표입력
  (차) 수선비(판)   30,000원   (대) 현금   30,000원

[6] 11월 19일 일반전표입력
  (차) 매출할인(403)   60,000원   (대) 외상매출금(아사달유통) 3,000,000원
    보통예금 2,940,000원

[7] 12월 10일 일반전표입력
  (차) 예수금   125,000원   (대) 현금   250,000원
    복리후생비(판)   125,000원

[8] 12월 22일 일반전표입력
  (차) 단기매매증권   6,500,000원   (대) 보통예금   6,610,000원
    수수료비용(984)   110,000원

문제 5

[1] 10월 3일 일반전표 수정
  수정 전 : (차) 보통예금   170,000원   (대) 외상매출금(지에스상사)   170,000원
  수정 후 : (차) 보통예금   170,000원   (대) 이자수익   170,000원

[2] 10월 15일 일반전표 수정
  수정 전 : (차) 소프트웨어(0227)   200,000원   (대) 당좌예금   200,000원
  수정 후 : (차) 소프트웨어(0227)   200,000원   (대) 보통예금   200,000원

문제 6

[1] 12월 31일 일반전표 입력
  (차) 선급비용   300,000원   (대) 보험료(판)   300,000원
  보험료 미경과분 계산 1,200,000*3/12 = 300,000원

[2] 12월 31일 일반전표입력
  (차) 미수수익   500,000원   (대) 임대료(904)   500,000원

[3] 12월 31일 일반전표입력
  (차) 현금   51,000원   (대) 잡이익   51,000원

기출문제 정답

[4] 12월 31일 일반전표 입력
(결차) 상품매출원가 182,080,000원   (결대) 상품   182,080,000원
* 190,580,000 − 8,500,000 = 182,080,000원
또는 [결산자료입력]에서 기말상품재고액 란에 8,500,000원을 입력 후, 전표추가

문제 7

[1] 160,180,000원 (합계잔액시산표 → 6월 30일 조회)

[2] 4,200,000원 (거래처원장을 선택하고 외상매출금, 아사달유통 조회)

[3] 1,320,000원 (총계정원장에서 1월~6월 복리후생비 계정조회)

1,825,000원(2월) − 505,000원(6월) = 1,320,000원

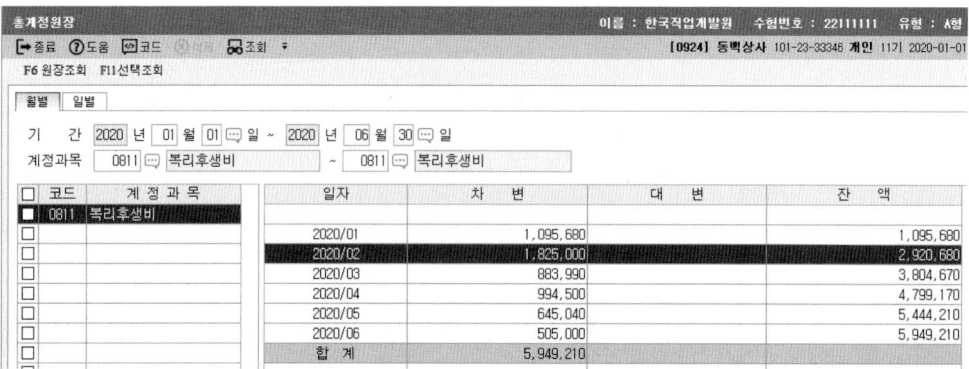

정답 및 해설 — 제93회 전산회계 2급 필기

이론시험

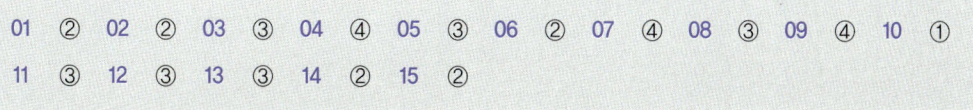

01 부채는 타인자본에 해당한다.

02 회계의 순환과정 : 거래의 발생 → 분개(분개장 기입) → 전기(총계정원장 기입) → 수정전시산표 작성 → 결산분개 → 수정후시산표 작성 → 재무제표 작성

03 잔액시산표에서 잔액이 차변에 나타나는 것은 자산 계정과목이며, 대변에 나타나는 것은 부채와 자본금이다.

04 (가)는 결산의 재무제표 작성 절차에 해당한다. 따라서 재무상태표 작성이 결산의 재무제표의 작성 절차이다.

05 (ㄱ)은 당좌자산이다. 외상매출금은 매출채권으로서 당좌자산에 해당한다.

06.

외상매출금			
기초 잔액	500,000원	매출환입	30,000원
외상매출액	700,000원	회 수 액	300,000원
		기말잔액	(870,000원)
	1,200,000원		1,200,000원

07 일반기업회계기준 10.14에 의거 유형자산의 취득 또는 완성 후의 지출이 문단 10.5의 인식기준을 충족하는 경우 (예: 생산능력 증대, 내용연수 연장, 상당한 원가절감 또는 품질향상을 가져오는 경우)에는 자본적 지출로 처리하고, 그렇지 않은 경우(예: 수선유지를 위한 지출)에는 발생한 기간의 비용으로 인식한다.

09 판매회사가 보유하고 있는 판매용 승용자동차는 재고자산(상품)이다.

10. 600,000원
정액법에 의한 감가상각비 = (취득원가 − 잔존가액) ÷ 내용연수
= ((25,000,000원 − 1,000,000원) ÷ 10년) × 3/12 = 600,000원

11. 장기차입금은 비유동부채이고, 나머지는 유동부채이다.

12. 자본금 51,000,000원 − 인출금 1,910,000원 + 당기순이익 6,200,000원 = 55,290,000원

13. 유형자산처분손실은 영업외비용에 해당하므로 영업이익에 영향을 미치지 않는다. 다른 항목들은 판매관리비에 해당하며 영업이익을 감소시킨다.

14. (차) 대손충당금   930,000원   (대) 매출채권   2,000,000원
       대손상각비   1,070,000원

15. 영업외비용 = 이자비용 + 잡손실 + 기부금
    380,000 = 100,000 + 170,000 + 110,000

실무시험

문제 1

기초정보등록의 회사등록메뉴에서
1. 사업장소재지 주소신규입력 : 서울특별시 관악구 과천대로 855 (남현동)
2. 종목 : 문구 → 전자제품
3. 관할세무서 : '수원' → '관악'으로 수정 입력

문제 2

1. 전기분 재무상태표의 기말상품재고액 20,000,000원을 21,000,000원으로 수정 후 전기분 손익계산서 확인
2. 전기분 손익계산서의 여비교통비 2,240,000원을 3,240,000원으로 수정
3. 전기분 손익계산서의 광고선전비 2,380,000원을 추가 입력

문제 3

[1] 1. 거래처별초기이월 메뉴 108.외상매출금의 퓨처뷰티 잔액을 33,000,000원에서 3,300,000원으로 수정
     2. 252.지급어음계정의 넥스코 5,000,000원을 추가 입력

[2] [거래처등록] 메뉴의 신용카드 탭에 거래처코드를 99601로 등록하여 나머지 항목 모두 입력

문제 4

[1] 7월 31일 일반전표 입력
    (차) 도서인쇄비(판)   15,000원   (대) 현금   15,000원

[2] 9월 12일 일반전표 입력
    (차) 건물   13,000,000원   (대) 미지급금(넥스코)   13,000,000원

[3] 9월 21일 일반전표 입력
    (차) 상품   17,500,000원   (대) 외상매입금(삼촌컴퓨터)   17,500,000원

| | 비품 | 1,750,000원 | 현금 | 1,750,000원 |

[4] 9월 30일 일반전표 입력
(차) 급여(판)   4,000,000원   (대) 예수금   330,550원
                                   보통예금   3,669,450원

[5] 11월 6일 일반전표 입력
(차) 복리후생비(판)   600,000원   (대) 미지급금 또는 미지급비용(신한카드)   600,000원

[6] 12월 2일 일반전표 입력
(차) 외상매출금(에코상점)   1,000,000원   (대) 상품매출   1,000,000원

[7] 12월 9일 일반전표 입력
(차) 접대비(판)   2,000,000원   (대) 미지급금(하나카드)   2,000,000원
                                   또는 미지급비용(하나카드)

[8] 12월 27일 일반전표 입력
(차) 보통예금   30,000,000원   (대) 단기차입금(희망은행)   30,000,000원

문제 5

[1] 11월 9일 일반전표입력
수정 전 : (차) 상품   320,000원   (대) 보통예금   320,000원
수정 후 : (차) 외상매입금(장미상사) 320,000원   (대) 보통예금   320,000원

[2] 11월 12일 일반전표입력
수정 전 : (차) 접대비(판)   350,000원   (대) 미지급금(비씨카드)   350,000원
수정 후 : (차) 복리후생비(판)   350,000원   (대) 미지급금(비씨카드)   350,000원

문제 6

[1] 12월 31일 일반전표 입력
(차) 이자수익   300,000원   (대) 선수수익   300,000원

[2] 12월 31일 일반전표입력
(차) 소모품   150,000원   (대) 소모품비(판)   150,000원

[3] 12월 31일 일반전표입력
(차) 감가상각비(판)   5,800,000원   (대) (203)감가상각누계액   4,200,000원
                                        (209)감가상각누계액   1,600,000원

[4] 12월 31일 일반전표 입력
(결차) 상품매출원가   210,550,000원   (결대) 상품   210,550,000원

* 합계잔액시산표 상품계정(214,150,000원)에서 214,150,000원 - 3,600,000원 = 210,550,000원
  또는 [결산자료입력]에서 기말상품재고액 란에 3,600,000원을 입력 후, 전표추가

문제 7

[1] 49,651,000원(총계정원장 → 보통예금계정 잔액 월계액)

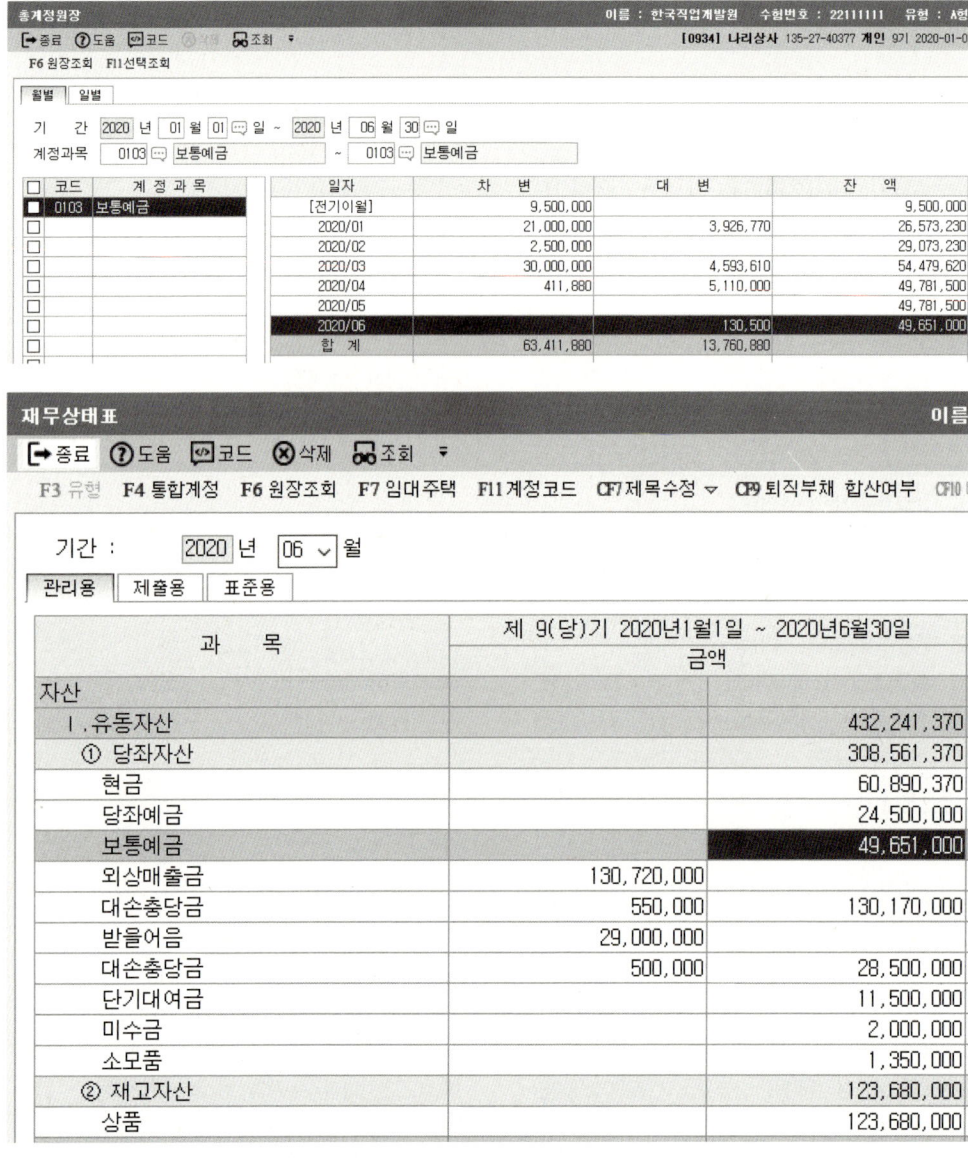

[2] 충남상회, 55,000,000원(거래처원장 : 외상매출금 잔액 조회)

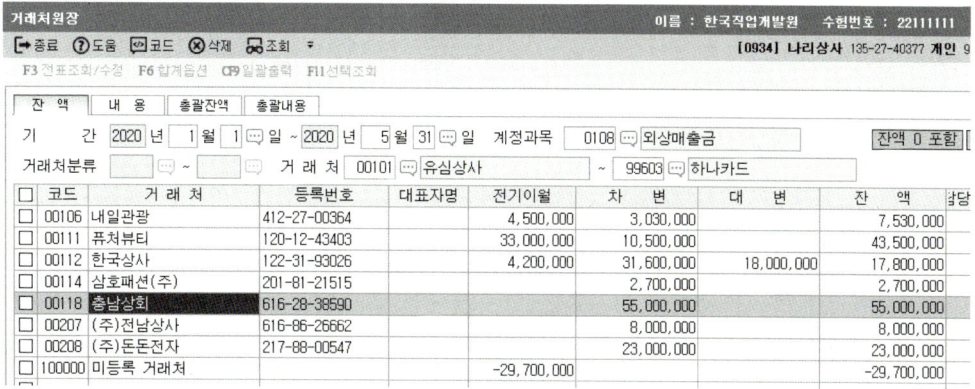

[3] 4건, 1,350,000원(계정별원장 조회)

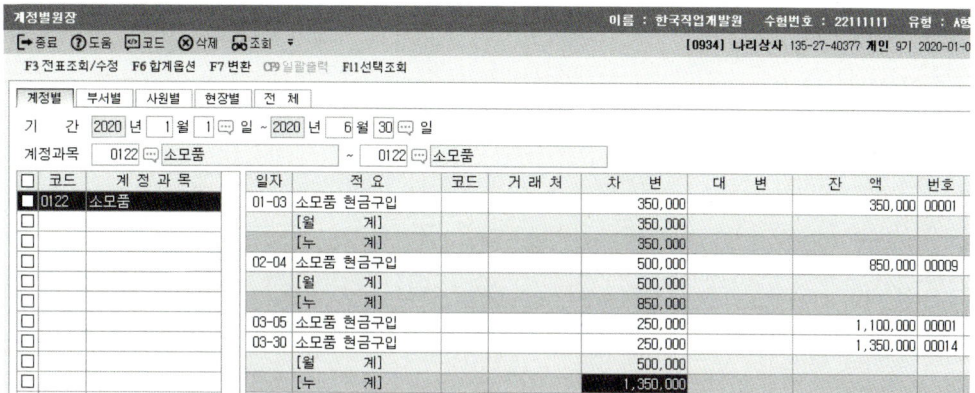

Impact 전산회계 2급

2021년 7월 9일 초판 1쇄 인쇄 | 2021년 7월 16일 초판 1쇄 발행

저자 박춘발 | **발행인** 장진혁 | **발행처** (주)형설이엠제이
주소 서울시 마포구 월드컵북로 402 KGIT 상암센터 1212호 | **전화** (070) 4896-6052~3
등록 제2014-000262호 | **홈페이지** www.emj.co.kr | **e-mail** emj@emj.co.kr
공급 형설출판사

정가 23,000원

ⓒ 2021 박춘발 All Rights Reserved.

ISBN 979-11-86320-97-6 93320

* 본서는 저자와의 협의에 따라 인지는 붙이지 않습니다.
* 이 책은 저작권법에 의해 보호를 받는 저작물이므로 동영상 제작 및 무단전재와 복제를 금합니다.

Impact
전산회계 2급